LA JEFA

Vida pública y privada de
Marta Sahagún de Fox

OLGA WORNAT

LA JEFA
Vida pública y privada de Marta Sahagún de Fox

Documentación y archivo:
Alma Delia Fuentes

Grijalbo

LA JEFA
Vida pública y privada de Marta Sahagún de Fox

3a. reimpresión: Junio, 2003

© 2003, Olga Wornat

Fotografía de portada: José Manuel Jiménez / Proceso

Investigación y edición fotográfica: Fernando Villa del Ángel

D.R. © 2003, por EDITORIAL GRIJALBO, S.A. de C.V.
      (Grijalbo Mondadori)
      Av. Homero núm. 544,
      Col. Chapultepec Morales, C.P. 11570
      Miguel Hidalgo, México, D.F.

www.randomhousemondadori.com.mx

ISBN 970-05-1610-5

IMPRESO EN MÉXICO

A Joseph, siempre.
A mis hijos

Advertencia

Descubrí a Marta Sahagún cuando vine a México el 2 de julio de 2001. Yo vine a presentar mi libro *Menem-Boloco, S.A.* y ese día Vicente Fox contrajo matrimonio con su vocera, después de tantas especulaciones y rumores fundados sobre el romance. No se hablaba de otra cosa en las calles de la capital mexicana; los taxistas, las trabajadoras del hotel donde me hospedaba, los comensales en los restaurantes, todos estaban fascinados con la novia, con su traje, con su peinado, con sus zapatos, con el beso que dio la vuelta al mundo. La gente común veía en este acto la culminación de un cuento de hadas: una mujer provinciana, vocera del presidente, se convierte en primera dama.

Tal vez por intuición periodística, pero lo cierto es que me dije: "ésta es una historia para contar, me interesa esta mujer". A partir de ahí seguí todas sus actividades, quería saber lo que había detrás de ella, por qué despertaba tantas controversias, por qué la amaban y la odiaban, por qué se quería parecer a *mi* Evita de la adolescencia.

En la década de los setenta en Argentina, Eva Perón era una heroína para todas las mujeres de mi generación, sobre todo si éramos militantes. Audaz, contestataria, revolucionaria, entregada, Evita rompió con todos los esquemas. De repente, me encuentro en México con una mujer que dice admirar y sentirse inspirada por la leyenda argentina. Me di a la tarea de descubrir por qué.

En el camino, supe que Marta Sahagún y Vicente Fox habían tenido una vida tormentosa. Como estoy convencida de que la vida privada de las mujeres y los hombres públicos es pública —pues en la medida que sepamos más de ella entenderemos por qué actúan como lo hacen y cuál es el último significado de sus decisiones y las actitudes que adoptan—, vi en la historia de Marta una posibilidad de confirmar mi creencia. Después de todo, las mujeres y los hombres en el poder tienen las mismas miserias y virtudes que todos. No son próceres.

Para realizar este trabajo me enfrenté a las dificultades propias de quien viene a un país que no es suyo. El tema me apasionó y conté con la oportunidad de entrevistar a casi toda la gente próxima a la primera dama a lo largo de su historia. A partir de este material insólito, reconstruí un mosaico de voces que delinearon un tapiz complejo e irreductible: la complejidad detrás del poder no es muy diferente en México que en el resto de Latinoamérica y, a decir verdad, del mundo entero.

Despúes de haber escrito la biografía de Carlos Menem y adentrarme en el tenebroso mundo de la política de la década de los noventa en Argentina, por un momento pensé que había perdido mi capacidad de asombro. Al sumergirme en la tortuosa vida de Marta, advertí que no sólo el asombro, también la pasión por entender el poder estaban intactos.

Quizás a algunos les pueda molestar mi intromisión en la vida privada de los protagonistas de esta historia, pero fue imperativo para mí, en éste como en mis anteriores libros, contar las cosas tal como las fui descubriendo, porque lo narrado es parte ya de la historia del poder en México.

Agradezco especialmente a los protagonistas y testigos de esta historia, quienes me abrieron las puertas de su vida y me revelaron sus dolores, alegrías y miserias; los que me permitieron mencionarlos y los que prefirieron permanecer en el anonimato. Sin ellos este libro habría sido imposible.

Siempre estaré en deuda con Ramón Alberto Garza, quien me alentó y aconsejó en este *viaje*; con Félix Arredondo, por la paciencia y el afecto; con Giancarlo Corte, por su confianza; con Ariel Rosales y Daniel González Marín, que creyeron en mi trabajo y soportaron mis inseguridades; con Raymundo Riva Palacio, por su generosidad; con Isaac Lee, David Yanovich, José, *Mono*, López y Juan Rendón, que aguantaron, solidarios, mis locuras; con Willie Schavelzon, por estar siempre; con Darío Mendoza y Ana García, por su valiosísima ayuda; con Alejandra Dehesa, por su colaboración desinteresada; y con Sergio Dorantes, por su hospitalidad.

La gran boda

En aquellos tumultuosos días de finales de junio de 2001, había algo extraño en sus ojos y en sus gestos, como si flotara dentro de una inmensa y chispeante burbuja. Ella, que se vanagloriaba de ser una perfeccionista, una trabajadora incansable pendiente de todo, que no se le escapaba ni el vuelo de una mosca, ese día se reía hasta de las estupideces. Como una adolescente, sus largas pestañas cargadas de *rimmel* negro parpadeaban cual abanico. Sus incondicionales lo percibieron: "¿Han visto a *La Jefa*? Está dispersa, a todo dice que sí, no le importa nada... ¿Le pasa algo?", se preguntaban a coro, pero en voz baja en la cabaña de Los Pinos donde trabajaba el equipo de Comunicación Social que ella dirigía.

Marta María Sahagún Jiménez andaba extraña y perdida, tal cual aseguraban sus asistentes, sus amigas y hasta los sirvientes. Era verdad y tenía motivos. La perseverancia teresiana que impregnó su personalidad por obra y gracia de las estrictas monjas del colegio de Zamora que la educaron desde niña, y que por nada del mundo abandona, la había llevado a conseguir lo único que ansiaba. El poder implica maniobras a largo plazo y capacidad para actuar con frialdad. Y ella, una diminuta ama de casa de Celaya, católica y conservadora, divorciada y madre de tres hijos, explosiva y ambiciosa, había comprendido a fondo esas triquiñuelas de alto vuelo y se había aguantado todo —hasta las peores humillaciones— para conseguirlo.

De la sala de prensa había pegado el salto a la alcoba presidencial con no pocos contratiempos: no era nada fácil ejercer de amasia en un México machista e hipócrita.

"Aunque me muera, aunque no pueda, aunque reviente, aunque no quiera…" era y es una de las frases favoritas de Sahagún arrebatadas a Teresa de Jesús, y que ella machaca como una noria, absolutamente convencida de su éxito. Es más, tan imbuida estaba con esta prédica, tan ansiosa de ser, que encargó a su acólita, Sari Bermúdez, una especie de biografía, *Marta, la fuerza del espíritu*, que salió a la luz en octubre del año 2000; un libro blanco de tapa dura —que naufragó estrepitosamente— con su fotografía en primer plano, cargado de sentimentalismos y errores de ortografía, y en cuya contraportada lucía la famosa oración de la monja española hecha santa.

"Quería llegar alto, quería estar donde está, es muy voraz", me confesó una de sus antiguas amigas de Celaya que conoce a fondo los entretelones de la personalidad de la dama. Y fue cierto. Ese día de fines de junio, Marta María Sahagún Jiménez era feliz, inmensamente feliz: había dejado atrás los ajetreados tiempos pueblerinos, los chismes maliciosos, la derrota electoral en la contienda por la alcaldía de Celaya que tanto la deprimió, un marido que la maltrataba; tenía el amor de Vicente, *Chente*, Fox Quesada, y, sobre todo, tendría por fin el poder.

—*Tony*, ¿puedes quedarte hasta el lunes? Es que viene Aznar con su esposa…

—Sí, Marta, claro que sí…

—Pero tendrás que venir a atenderme a las cinco y media de la mañana… —dijo Sahagún a su peluquera.

Tony también la había notado extraña, pero no se animó a preguntarle nada y se preparó para pasar lo mejor posible esos días en la residencia oficial. Desde tiempos inmemoriales, depositarios de los secretos de sus clientas que los ven como a confesores, los fígaros de este

siglo dominan como nadie el arte de domesticar e influir sobre primeras damas o presidentes. Las orejas de los estilistas patrios se cargaron
en los últimos años, producto de la farandulización de la política, no
solamente de secretos de alcoba, sino de intimidades de Estado.

María Antonieta Pérez de Ovando, *Tony*, una simpatiquísima y
garbosa mujer, conocía a Marta desde Celaya, cuando la entonces
señora de Bribiesca, esposa del "doctor", el voluminoso y malhablado veterinario del pueblo, iba a visitarla a su salón. Allí, en Tony Es-
tética, la exclusiva peluquería para las "señoras bien" de Celaya, hoy
ubicada en la Galería Tecnológica, *Tony* se ufana de haber conocido
a la verdadera Marta María Sahagún: sus intimidades, su "excesivo
control" emocional, sus impulsos, sus pesares y ambiciones. Cuando Marta asumió la tarea de ser vocera de Vicente Fox, *Tony* viajaba
cada 15 días a atenderla a Los Pinos: corte y color y dejarla "bonita
y a la moda, como ningún estilista del DF lo lograba". Hoy es la primera en entrar a la suite presidencial cada mañana y es su dama de
compañía en todos los viajes oficiales al exterior.

Esa tarde de sábado de finales de junio, cuando los jóvenes que
rodeaban a la vocera se retiraron, ella se acercó a *Tony* y con lágrimas en los ojos le confesó: "Tengo que contarte un secreto. El lunes me caso con Vicente, pero por Dios te pido que nadie, nadie se
entere". Después de unos segundos de silencio, mientras Sahagún
no podía dejar de llorar, las dos mujeres se abrazaron en la soledad
de la habitación y recordaron los convulsionados tiempos senti-
mentales. *Tony*, la fiel encargada de atusar la cabeza de su patrona
fue —como se debe— una de las privilegiadas sabedoras del sorpresivo final del clandestino romance, que era la comidilla de todos,
como en una deliciosa telenovela.

Marta se secó las lágrimas con ese pañuelo que siempre lleva encima y jaló a *Tony* a su dormitorio. Sobre la cama estaba desplegado
el traje Chanel de seda de tres piezas color manteca, que la portavoz

había hecho traer especialmente de la casa de la firma en Nueva York y que iba a usar para desposarse. Los aretes de brillantes y perlas que había pedido prestados a su antigua amiga de Celaya, María Auxilio, *Chilo*, Lozada de Nieto, y los zapatos al tono de Gucci. "Dime, *Tony*, ¿qué te parece? Es bonito, ¿verdad?", exclamó con voz susurrante y un cierto seseo, tan excitada como una púber.

Dos años después de aquella privadísima conversación, *Tony* Pérez, estilista oficial y asistente de vestuario de la primera dama (cargo que oficialmente no existe en México), ya instalada en el DF junto a su marido y ambos trabajando en Los Pinos por una abultada mensualidad que les dará tranquilidad por unos años, recuerda frente a mí —en un café de Polanco— aquellos días color pastel, mientras un chofer oficial en una cuatro por cuatro de vidrios polarizados la espera en la esquina:

Marta es una mujer especial, la conozco desde hace muchísimos años, de Celaya. Es muy noble, auténtica, los pobres le duelen al punto de que no puede dejar de pensar en ellos y muchas veces se siente impotente por no poder hacer más. No entiendo por qué los periodistas y los políticos se ensañan tanto con ella... es tan buena. Nos hicimos amigas en mi salón, mejor dicho en mi casa, cuando venía a peinarse y ya en esa época ayudaba a la gente necesitada, que a veces hacía cola en la puerta de su casa. Ella les daba dinero de su bolsillo, o alimentos o remedios. Siempre fue muy cuidadosa y coqueta, le gustaba verse bien y era muy exigente; si algo que yo le sugería no le gustaba, me decía que no y listo, pero jamás la vi levantarme la voz o gritar. Hoy es igual. Se controla mucho, no muestra sus dolores a extraños, y eso que por dentro, en aquel tiempo, sufría terriblemente. Su matrimonio con Manuel [Bribiesca] era un desastre: conflictivo y violento. Muchas veces la veía triste y le preguntaba qué le pasaba y ella empezaba a llorar desconsoladamente. "Estoy mal con Manuel...", decía. Un día me mostró las marcas de los golpes, los tenía en todas partes y ahí me contó que se había peleado con su marido, que se peleaba mucho. Sé que algunos dudan de esos golpes, pero yo puedo decir que los vi con estos ojos. Yo la vi golpeada. Pobrecita Marta, aguantó todo ese horror en soledad, sin decir nada a nadie. Yo le pedía por favor que lo abandonara, que no podía seguir así, que no tenía que pensar en la gente o en los hijos, sino en ella. Le rogaba, pero ella dudaba. Y entonces apareció en su vida Vicente, se enamoraron enseguida, y ahí tuvo la valentía de divorciarse de Manuel. Había encontrado al hombre de su vida. Yo siempre les digo que los dos se salvaron mutuamente. Marta sufrió mucho y vivió en una gran soledad y Vicente también fue muy infeliz con Lillian [de la Concha]. Dios permitió que se juntaran y aquel día de julio fue el más importante de su vida: lloraba como una niña y estaba tan feliz, con su vestido, sus perlas, sus zapatos… Y yo también lloraba con ella…

—Tienes que casarte Vicente, esta situación con Marta no da para más, no puedes vivir en amasiato…

(Largo silencio.)

—Vicente, escúchame, tienes que hacerlo, es mi consejo…

—*Pepe*, ¿te parece? ¿Y qué les diré a mis hijos? ¿Y a mi madre? No, no y no, ya discutimos esto muchas veces… Yo me casé una vez y para toda la vida. Ni modo… ¿Te digo algo?: ¡ni aunque truenen todos los caballos me caso!

Los dos hombres platicaban en el despacho presidencial de la residencia de Los Pinos, en la más estricta soledad, sin siquiera las sombras de Ramón Muñoz o Francisco, *Paco*, Ortiz, los infaltables acompañantes. Nadie. Era una tardecita soleada de mediados de junio del año 2001 y en 15 días más se cumpliría un año de que Vicente Fox había ganado las elecciones —algo que él nunca imaginó— haciendo trizas 71 años de dominio del PRI, una casta política autoritaria y delictiva que había sumido al país en la corrupción, el descalabro económico, la pobreza y los crímenes políticos. Eso sí, muchísimo más culta que los nuevos habitantes de Los Pinos.

La histórica transición había llenado de esperanzas los corazones de millones de mexicanos que veían en ese ranchero gigante, rudo, malhablado y espontáneo, al hacedor del gran cambio y al hombre que acabaría con sus largas penurias económicas. Y también, como si fuera poco, era su cumpleaños número 59.

—Dime la verdad, *Pepe*, dime, por favor —rogó Marta Sahagún temblando, después de aguardar largo rato al amigo de su amante en el jardín ubicado a la salida de la cabaña.

—Que no, Marta, *Chente* dice que no quiere casarse, no hay manera de que cambie. No quiero mentirte...

—¿Y qué haré con mi vida, *Pepe*? No aguanto más, me quiero morir... ¡Abandoné todo por él!... mi casa, mis hijos, mi familia... ¡No puede hacerme esto! ¡Es una humillación! —dijo la vocera y comenzó a llorar, mientras Reyes trataba de calmarla. Ambos conversaban a escondidas del presidente, como siempre que el abogado venía a hablar del tema.

José, *Pepe*, Reyes no era un ministro ni un asesor, tampoco era cualquier persona. Formal, amable, delicado, algo ingenuo y antiguo miembro del PRI, es amigo de Vicente Fox desde hace 18 años, cuando el actual presidente era miembro del patronato de la Universidad Iberoamericana de León y los sacerdotes jesuitas le recomendaron a Reyes como abogado para atender sus cuestiones familiares, hacía tiempo algo desequilibradas. Y aunque la diferencia de edad entre ambos es importante —el abogado tiene 48 años—, esto nunca fue motivo de distancia, al contrario. *Pepe* Reyes, un preparado —aunque poco reconocido por sus pares— abogado originario de León, es el depositario de los secretos más íntimos del presidente Vicente Fox: sus cíclicas depresiones, sus eternas dudas, sus líos matrimoniales. Es al único que escucha cuando un problema personal lo agobia. Sus amigos, celosos de la cercanía con Fox, bautizaron a Reyes como *Pepe* Rollo —un apodo que lo enfurece— por su locuacidad. El hombre tiene, sobre todas las cosas, una misión: viajar al Vaticano las veces que sea necesario para lograr la anulación del matrimonio religioso de Fox con su ex esposa, para que éste pueda contraer nuevas nupcias de acuerdo "con la ley de Dios", aunque íntimamente confiesa que "mientras dure el sexenio la anulación será imposible". Los dueños de San Pedro se lo confirman todo el tiempo.

Fiel como un lacayo, en aquel tiempo en que además de los chismes que circulaban sobre el idilio y las presiones de los escandalizados jerarcas de la Iglesia, la popularidad presidencial caía en picada y desanimaba de manera inusual al primer mandatario, *Pepe* Reyes no dejaba de reportarse a Los Pinos diariamente.

Esa fidelidad lo llevó aquel día a decirle a su amigo lo que creía conveniente para su estabilidad emocional y política: casarse de una vez por todas con Marta María Sahagún. Un devaneo que a esa altura no era desconocido para el grueso de los mexicanos, que se lo tomaban con sorna, en un país donde lo más normal es que los presidentes tuvieran, además de la casa grande, la bien puesta casa chica. No hay más que recordar a Carlos Salinas de Gortari, que esperó hasta que dejó de ser presidente para separarse de su esposa Cecilia Occeli, aunque era sabido que mantenía una relación clandestina. ¿Qué era, después de todo, ese ridículo escándalo de que su presidente, el gigante de las botas estrafalarias, tuviera una amante, que además era su vocera, viviendo en Los Pinos?

Sin embargo, la historia de los tórtolos oficiales ya había trascendido las fronteras y causaba no pocos encontronazos con algunos integrantes del gabinete. Y duros roces con sus hijas.

"La mujer a la sombra de Vicente Fox. El poder de Martha Sahagún, portavoz y novia del presidente", titulaba, el 6 de mayo de ese año el diario *El País* de Madrid, en una crónica sobre el romance firmada por su corresponsal en México, Juan Jesús Aznárez. "Una señora conservadora que estudió administración en La Salle e inglés en Cambridge, tiene 48 años y mucho poder [...] Su ascendencia sobre el presidente Vicente Fox trasciende las competencias propias del cargo para adentrarse en los negociados del Tribunal de la Rota, pues no en vano, según anuncia regularmente la prensa mexicana desde hace casi un año, se matrimoniarán en breve".

Y Aznárez prosigue: "Pocos miembros del gabinete son tan polémicos y tan manoseados en los cenáculos de corresponsales y políticos como esta dama de élite provinciana, que hace ocho años se constituyó en la sombra del Jefe de Gobierno, en su secretaria y confidente, en la mano que le arregla la corbata y lo protege de la prensa".

El 1 de junio, la corresponsal de *The New York Times*, Ginger Thompson, escribió:

Ella [Marta] ayudó notablemente al éxito del primer político de oposición que interrumpió 71 años del partido dominante en la Presidencia de la República. También ama a su jefe Vicente Fox, y habla abiertamente acerca de sus sentimientos por él. Esta relación se ha convertido en tema incesante de debate. Las columnas de chismes y las fiestas están llenas de comentarios acerca de su abierta y ambigua relación con Fox. Y el país se hace preguntas sobre si Sahagún quiere más al presidente de lo que él la quiere, sobre su relación con los cuatro hijos adoptivos del presidente y sobre si algún día de estos dos católicos divorciados se casarán.

En una entrevista con Sahagún, ésta aseguró a la periodista norteamericana, haciendo gala de la profundidad de sus pensamientos: "Puedo perfectamente separar mi vida íntima de mi vida profesional. Nada complica mis responsabilidades cotidianas. Empiezo y termino el día perfectamente concentrada en mi trabajo. Y no dejo que nada me distraiga ni por un segundo".

Pero a pesar de la seguridad de sus palabras, Marta Sahagún no convenció a Thompson, según ella misma lo expresa en su artículo: "Ha habido muestras de que la Sahagún mezcla y confunde la línea divisoria entre su trabajo, portavoz de Fox, y el lugar que él tiene en su corazón".

Es que Marta, la pobrecita Marta, después de que Cupido hizo de la suyas y cuando ya pernoctaba con el presidente electo, comenzó a cometer errores en su trabajo, tropiezos públicos que la convirtieron rápidamente en una funcionaria polémica. Su impulsividad y sus inmanejables ansias le metían zancadillas, y la Presidencia no era la gubernatura de Guanajuato, donde ella hacía y deshacía a su antojo. Allí todo era suyo: la relación con el gobernador, la línea con los medios, la publicidad, el manejo arbitrario del presupuesto.

Cuando Fox asumió el poder presidencial, Marta impuso como principal método de comunicación diarias conferencias de prensa a las que asistirían secretarios de Estado y hasta el mismísimo Fox se daría una vueltecita. "Tenemos claro que los medios son un negocio. No estamos en contra de su derecho lícito a obtener utilidades. Sin embargo, es claro que los medios también tienen una responsabilidad social. Desde esta perspectiva es preciso que los medios no confundan el interés público con el interés comercial [¿?]. Debemos procurar en todo momento que sean intereses complementarios", fue parte de su discurso al entrar en funciones.

Al celebrar el Día Internacional de la Mujer, se refirió a su tema preferido: las madres. "La mujer tiene que participar en todos los espacios de la vida moderna, sin que eso signifique menospreciar su capacidad de ser madre. Promover a la mujer es entender sus necesidades, sus ansias de progreso, sus aspiraciones más nobles, su participación política, pero también procurar el fortalecimiento de la familia, el bienestar de los hijos y la armonía de donde vivimos y en donde nos movemos. Seré así y ésta es la mejor aportación de la mujer a la sociedad."

En enero, la periodista de *Reforma* Ivonne Melgar la entrevistó:

> Este sistema de trabajo me ha obligado a modificar varios esquemas de mi vida, como es que la primera acción que tengo que hacer en el día, después de pedir humildad, fortaleza y sabiduría —que las pido a un ser superior en el que creo— es informarme. Saber cómo amanecimos en los medios de comunicación, hablar con Ana [García] para coordinar entre las dos que la coyuntura que estamos analizando es la correcta para dar a conocer el mensaje que el presidente quiere hacer llegar a los ciudadanos.

Pero, pobre Marta, estaba cada vez más sumergida en la sima de las críticas públicas, y en cada ocasión que trastabillaba, el presidente tenía que salir a corregirla o desmentirla en público. Como aquel día en que descalificó al canciller Jorge Castañeda Gutman cuando éste se refirió a los cubanos y dijo que estaban "ardidos" por la abstención de México en la votación de la Comisión de Derechos Humanos de Naciones Unidas que había condenado a La Habana, algo que no ocurría en México hacía tiempo, donde las relaciones con la isla del dictador fueron siempre muy cordiales. Castañeda estalló furioso frente a Fox y éste —que tenía una dependencia psicológica con el erudito escritor— se vio obligado a respaldarlo en contra de su amante.

Pero a propósito de este jaleo, Marta se ganó de un golpe las simpatías del anciano dictador cubano, que —astuto— en una reunión posterior con renombrados economistas, entre ellos los premio Nobel Stiglitz y Robert Mundel, respondió ante una pregunta sobre México: "Fox no me interesa, me interesa ella, la Marta Sahagún".

Mientras tanto, el celular de la vocera no dejaba de sonar. Le gustaba contar que en un solo día entraron 160 llamadas y en su mesa se acumulaban los papeles y carpetas, mientras ella juraba a los periodistas que la visitaban que "resolvía todos, todos los problemas". ¿Su secreto? "Trabajo, trabajo y trabajo." Y las infaltables tarjetas auxiliares, con las que se movía a todas partes —como en el colegio de las teresianas— y la salvaban de algunos papelones informativos.

—A ver, chicos, pregunten, pregunten… ¿qué quieren saber? Estoy bien tarjeteada —decía sonriente y, como siempre, arrastrando la ese, rodeada de su tribu, que nunca la desatendía.

Entre los errores se mencionaron varios: "No tengo asesores de planta, tengo mucha comunicación con mucha gente experta, que está dispuesta a colaborar y ayudar al gobierno". Y esto le juró a *Reforma*, diez días después de que había negado que Carlos Salomón Cámara trabajara para ella con un sueldo de 100 mil pesos mensuales. El hombre —ex director de Lotería Nacional y ex vocero de Ernesto Zedillo y otros— había sido recomendado por el controvertido monseñor, abogado, ex boxeador, fanático jugador de golf y eximio degustador de buenos vinos, Onésimo Cepeda, obispo de Ecatepec, que había ofrecido a Marta, a cambio de retenerlo en Los Pinos, una ayudita para la anulación vaticana de su matrimonio con Manuel Bribiesca, ofrecimiento que jamás cumplió. Salomón Cámara, algo retorcido según los que lo conocen, fungía como una especie de consejero social, asesorándola sobre la identidad de los personajes con los que ella debería estrechar lazos. El mismo día que salía esa información, Cámara seguía ocupando despacho en las oficinas de Comunicación Social que dependían de Sahagún.

O como aquella otra vez que se refirió a la gobernabilidad. "La Presidencia de la República intervendría en el estado de Tabasco en caso de ingobernabilidad y no antes." Un periodista le preguntó: ¿Qué elementos configurarían un estado de ingobernabilidad? Y ella respondió: "Desconozco yo en estos momentos cuáles son los términos para declarar ingobernabilidad en Tabasco, pero prometo poderlos tener en un momentito más y dártelos". Inmediatamente volvía locos a sus asistentes más próximos, obsesiva como es, para que le dijeran qué tenía que responder. Muchas veces, según cuentan los mismos periodistas, se iban con las manos vacías, desanimados y sin nada, porque además era casi imposible reunirse cada día y tener una primicia. Pero así es *La Jefa*: nada es más importante que aparecer cada día en los diarios o en la televisión. Los medios aseguraban que la flamante vocera tenía una estructura de comunicación monumental: 220 personas, y que al mismo tiempo que era la voz y la oreja de Vicente Fox, era la receptora y trasmisora de la información proveniente de 47 secretarías y oficinas del Poder Ejecutivo. "Demasiado poder; parecía un ministro o un jefe de gabinete", recuerda un hombre que vivió aquellos tiempos de convulsión, cuando la dama caminaba ya escaleras arriba y se ocupaba de todo y de todos.

Frente a los embates permanentes del gabinete, la vocera no tuvo más remedio que reconocer abiertamente sus errores en una entrevista, y prometió que en un futuro "trataría de evitar contradicciones entre la dependencia a su cargo y los funcionarios del presidente". Y al más puro estilo Madre Teresa de Calcuta, pidió que se "le exigiera más, que no se le perdonara nada y que su trabajo se viera a través de una lente de aumento".

El respetado periodista Ciro Gómez Leyva se preguntaba en el semanario *Milenio*:

¿Está haciendo bien su trabajo esta mujer? ¿La exitosa vocera de la campaña es una exitosa vocera presidencial? En el equipo de gobierno las opiniones parecen estar divididas. Existen los *fans* de Marta Sahagún, ciertamente. Pero no hay que olvidar que ella es un personaje a subestimar y que mucha gente quisiera estar más cerca de Fox. Pocos, sin embargo, pueden señalarle falta de rigor o de cumplimiento de los proyectos acordados.

Por su lado, Denise Dresser escribía en *Proceso*:

Martha Sahagún sabe cómo organizar pero no sabe cómo hablar. Le es absolutamente leal al presidente, pero no entiende cabalmente sus programas. Sabe cómo amar a Vicente pero no sabe cómo explicar exactamente lo que está haciendo. Los buenos voceros presidenciales cultivan a los medios en vez de exhortarlos a portarse bien. Los buenos voceros están preparados para las preguntas difíciles y saben cómo contestarlas. Los buenos voceros rehuyen los reflectores en vez de buscarlos. Los buenos voceros no salen a informar sobre las decisiones tomadas sino a explicar el impacto que tendrán. […] Martha Sahagún no fue una buena vocera, pero es posible que sea una buena primera dama…

Y esto último era lo único que a Marta le importaba, después de todo. Más que una buena primera dama, ella quería ser *La Jefa*.

En los medios vernáculos la relación amorosa no pasaba desapercibida; todo lo contrario, hacía tiempo que era atizada por la misma Marta o alguno de sus acólitos en cada encuentro *off the record* con los periodistas antes de la asunción de Fox, y después con mayor ahínco. Guiños de ojos, pómulos arrobados, sonrisas pícaras, frases más que claras y actitudes obvias daban a entender que ambos cohabitaban como dos palomitas. Y la historia, vendía como pan caliente, tenía morbo y generaba una extraña fascinación en la que se mezclaban el amor, la fama, las infidelidades y el poder.

Después de ser presidente electo, en una gira por Estados Unidos y Canadá Fox rompió el protocolo al descender del avión acompañado únicamente por su amante, a la vista de todos, lo que provocó reclamos privados de sus colaboradores cercanos en todas direcciones. En octubre de 2000 y durante un alicaído viaje a Francia, alojados en el exclusivo e histórico hotel Raphael, un lujoso hospedaje de 87 habitaciones muy cerca de los Campos Elíseos —refugio predilecto del comandante venezolano Hugo Chávez—, la desatada y bulliciosa vocera aseguró que todavía seguía soltera. "No me he casado, chicos, todavía no me caso." Parecía un juego que la remitía a sus años de adolescencia. Todos los días aparecía en los medios una supuesta fecha de casamiento, lo que hacía que los periodistas, ávidos de saber sobre la intimidad de la pareja, se lanzaran tras ellos. O mejor dicho, tras ella. Rudimentaria técnica de mercadotecnia que hacía que todo el tiempo ambos estuvieran en primera plana y, de paso, ejercía presión sobre el dubitativo amante guanajuatense, que aprovechaba los periplos europeos para encontrarse con sus hijas Ana Cristina y Paulina, quienes pasaban temporadas con su madre Lillian de la Concha en un lujoso *penthouse* de Roma.

Vicente Fox había pedido a su ex esposa que "le diera tiempo", que se sentía confundido y necesitaba pensar más acerca de la reconciliación. Meses antes había conversado animadamente con Lillian la posibilidad de volver a estar juntos, de casarse de nuevo. Así que, temporalmente, parte de la familia —Paulina y su madre— permanecía en Italia, sin fecha de regreso.

El diario *El Financiero* reprodujo el siguiente y divertido diálogo entre Marta Sahagún y los periodistas enviados a París:

—¿Todavía vienes solterita a la gira? —preguntó una reportera.

—No me he casado, chicos, no me he casado… todavía no, respondió sonrojada.

—¿No se casaron en Huatulco? —se le insistió.

—No, pero… —replicó de inmediato—: ¿No que en Oaxaca?

—Pues eso, Huatulco está en Oaxaca, dijo otro reportero.

—¿Y aquí, Marta? —se le preguntó ante los rumores de una posible boda en París.

—Tampoco va a haber boda aquí —dijo machacona la Sahagún, lo cual provocó las carcajadas de los reporteros, que poco antes interrogaron a Fox sobre los objetivos de la gira por Europa.

—¿Nos vas a invitar, Marta?, acuérdate que Notre Dame es muy bonito, todos traemos el vestido de noche —exclamó una periodista.

—Aquí se compra el ajuar —dijo otra.

—Váyanmelo eligiendo [*sic*] —reviró juguetona Marta Sahagún, cediendo así a los deseos de quienes querían escuchar una respuesta en ese sentido.

El mismo diálogo fue reproducido en los diarios *Reforma* y *El Universal*.

En la desaparecida revista *Gente*, de mayo de 2001, apareció una entrevista a Sahagún realizada por Karla Rodríguez y Alberto Carbot, director del semanario.

—¿Cómo se enamoró de él? —preguntaron.

—Como suceden las cosas bellas, casi sin darte cuenta —respondió, ruborizada, y con aires de Silvia Pinal en una película de los años cincuenta.

—¿Hubo empatía entre los dos, así de simple? —insistieron los periodistas.

—Absolutamente, y respetando cada cual sus propias vidas.

—Y aun cuando este tema pertenece a su vida privada, ¿existe la probabilidad de que en un momento dado formen una pareja? Usted es una mujer inteligente y muy guapa, enamorada del presidente y, entonces, bueno, ¿por qué no Martha Sahagún como primera dama? (Es bueno aclarar que tanto en su partida de nacimiento como en su documento, el nombre va con H, y que por alguna extraña razón ella se lo quitó.)

—Déjame decirte algo: yo tengo muy claro que mi destino, que mi misión es servir. Cómo, dónde y cuándo, no me interesa ni me preocupa. Creo que debo y quiero servirle a mi país. El resto, que se dé cuando se tenga que dar...

—Y eso cómo puede servirle como vocera, como secretaria de Estado o como Primera Dama... —volvieron a la carga los periodistas.

—Como sea que tenga que ser, cualquiera que sea el papel que me toque jugar. Por ahora no tengo otro proyecto más que hacer bien lo que se me ha encomendado. No me gusta adelantarme a los hechos, me gusta disfrutar el momento, vivir en plenitud el día que vivo, porque me parece que es un regalo de Dios. Lo demás llegará a su debido tiempo.

Tampoco el prestigioso semanario *Proceso* dejó de tocar el tema del que hablaba todo México. "Amor en Los Pinos" fue el título de su edición 1238 del 3 de junio de 2001, cuya crónica firmada por Rodolfo Montes y Rodrigo Vera no tiene desperdicio. En la apertura del artículo se leía: "Bajo el mismo techo". Toda una definición de lo que sucedía tras los pesados cortinados del palacio.

Vicente Fox no quedaba al margen de las persecuciones: adláteres, amigos, periodistas y los integrantes de su gabinete, cada vez que se daba la ocasión, insistían con la regularización del amasiato.

"Dale gracias a Dios de que el avión está presurizado que si no, te tiro por una ventana", cuentan que le dijo Fox al ex canciller Jorge Castañeda cuando el académico —y exquisito niño bien, hoy dedicado a la "agitación social"— se animó a sugerirle la idea casamentera. Aunque a beneficio de la verdad, muchos de los integrantes del gabinetazo foxista, Castañeda incluido, como algunos de los amigos del primer mandatario, empujaban con furia inusual el casamiento con Marta, imaginando que así mataban políticamente a la portavoz, a la que detestaban por sus "ambiciones políticas y sus fuertes influencias". Y en algunos casos por mujer, aunque esto último todos lo negaran sospechosamente. Sin embargo, en la intimidad, se despachaban contra ella en términos despectivos y con cierto tufillo a misoginia.

Ana Cristina, la mayor de los hijos de Fox —especie de hermana menor de Zulemita Menem, ciertamente menos mala, aunque igual de adicta a la frivolidad—, ardía en llamas con la relación amorosa de su padre y la posibilidad de boda. Nunca había soportado a la vocera (y a ninguna otra fémina, aunque ella diga que otra sí), desde los tiempos del trabajo duro en Guanajuato. Después de todo, su papi, cuando ganó la Presidencia le había prometido el cargo de primera dama y, como ella confiaba en la intimidad, "esa pinche vieja" (como llama habitualmente a Sahagún) había truncado sus sueños de viajar por el mundo y disfrutar de los placeres del poder. Es más, cuando ya era presidente electo, Vicente Fox llevó a sus hijos a un *resort* en una playa "para hablar en intimidad" y les prometió que durante todo el "sexenio no iba a modificar su estado civil". Pero algo cambió y el papi traicionó a la niña. Los amigos y compañeros de estudios de Ana Cristina aseguran que el rencor todavía le dura como una espina clavada en el pecho, y que cada día la situación familiar se vuelve más intolerable.

"No voy a hacer declaraciones sobre esto. Es algo que ni siquiera ha salido a la luz y como mi papá no me ha pedido que haga declaración alguna en ese sentido, cuando pueda pronunciarme lo hago. Sólo te digo que a mí me criaron en familia católica y podré ser mocha o lo que quieran, pero tengo firmes mis valores y estoy apegada a lo que mis padres me enseñaron de chiquita", declaró con tono aniñado y empapada de religiosidad —y de paso para sabotear el hígado de su padre— a *Proceso*, al mismo tiempo que confirmaba su nuevísima morada: una cabaña para ella y su hermana Paulina en Los Pinos.

En entrevista con el diario *The San Antonio Express-News*, Vicente Fox dijo acerca de su posible boda: "Lo estoy pensando porque para mí la familia es muy importante y tomaré la decisión en el momento adecuado". Cuando la revista *Hola*, a la que los políticos mexicanos —como el resto de los latinoamericanos— son desesperados adeptos, le preguntó por su vocera, aseguró: "Es la mujer ideal". Para él, esta mujer ideal debía "tener inteligencia, pasión, corazón, calor, amor… si puede tener algo de belleza, nunca está de más, pero esta belleza puede no ser necesariamente física, sino espiritual", declaró tan consustanciado como si explicara un problema de Estado.

—*Pepe*, necesito que te vengas inmediatamente a Los Pinos, ahorita… Es que no he podido dormir en toda la noche… —dijo Vicente Fox a su amigo Reyes la mañana siguiente de la primera conversación.

—Dile a uno de tus médicos que te dé una pastillita de esas que tomas… —respondió el abogado haciéndose el gracioso.

—No seas tonto, *Pepe*, tú sabes a qué me refiero. Tienes razón en lo que me dijiste, necesito que te vengas ahorita… Por favor…

Cuando el leguleyo de León llegó a Los Pinos, el primer mandatario lo recibió con una sonrisa y preso absoluto de su enamoramiento. Había claudicado frente al poder de la vocera.

—Tienes razón, me caso con Marta. Arregla todo para que se haga en total secreto, que nadie se entere, no quiero líos. Ocúpate también de mis chavos, pero arréglalo lo más rápido posible…

Después de hablar con Fox, Reyes salió a los amplios jardines y entabló una conversación con el jefe del Estado Mayor Presidencial, general Armando Tamayo, a quien le transmitió la buena nueva:

—¿Ve usted esa hermosa bandera y la gran asta que está en el Campo Marte? ¿Ve lo grande y poderosa que es? Bueno, le quiero decir que allí nos va a colgar el presidente si alguien se entera de que se va a casar… Sí, se casa y hay que guardar el secreto cueste lo que cueste…

El militar, azorado, no podía creer lo que escuchaba y sonrió. Eso sí, le quedó clarísimo que no debía abrir la boca. Luego, el abogado presidencial se metió en la tarea de conseguir juez; un profesional que no fuera de la Ciudad de México para evitar filtraciones a la prensa, aunque tuvieran que pagar la multa que le habrían de imponer por pertenecer a otro estado. Así lo había ordenado el primer mandatario cuando a su interrogante por este tema le contestó: "¿Y qué pinche problema hay, *Pepe*? Pagamos la multa y se acabó..." Después habló con Marta, que lo esperaba ansiosa y, apenas le contó, rompió en llanto. También tuvo que hacerse cargo del raudo alejamiento de los "chavos Fox" para evitar imprudentes reacciones de chismorreo y la preocupación presidencial de que "no sufran".

Ana Cristina y Paulina eran las fastidiosas de los cuatro retoños adoptivos del presidente, las que en la trifulca matrimonial se colocaron siempre en la vereda de la madre frente al peligro de un casorio. Las desafinadas y pueblerinas herederas del hombre de Guanajuato odiaban a Sahagún y conspiraban contra ella: qué mejor que hacer declaraciones explosivas en el gran día. O más: estallar en llanto frente al padre, que culposo no se casaría. Amigos de Fox cuentan hoy que las niñas buscaban todo el tiempo entusiasmar a su progenitor para que regresara con su ex mujer, Lillian de la Concha, siempre lista para recuperar el amor perdido y el espacio patrio caído del cielo. Y el mismo Fox, con sus contradicciones internas, también estuvo indeciso mucho tiempo; los años que vivió con Lillian habían dejado huellas en su corazón. Había amado profundamente a *Sota*, como él la llamaba; había sufrido por ella y, quizá, todavía la amaba.

"Nada parecía fácil, pero finalmente lo logré, yo solito... *Chente* no es fácil y Marta sabe bien todo lo que me costó convencerlo...", recuerda hoy un entusiasmado *Pepe* Reyes, a dos años del gran acontecimiento.

Ana Cristina se encontraba en España, paseando con sus amigos, y el sábado previo al lunes 2 de julio llamó por teléfono a su padre, desde Madrid.

—Papi, me regreso mañana a México y quiero que sepas que lo hago por ti, quiero que pasemos juntos tu cumpleaños y tu primer año como presidente…

—Mira, Ana Cristina, no tiene sentido… Esteeee, mira, estaré muy ocupado todo el día. Vete a acompañar a tu madre…

—No me importa, papi, quiero ir para estar contigo, aunque te tenga que esperar todo el día en la cabaña. No quiero ir a Roma, quiero verte, quiero regresar, te extraño mucho…

—Es que Vicentico y Rodri se irán a Roma con tu mamá, salen mañana y llegan el domingo.

—¿Qué pasa, papi? ¿Qué hay? Tú me estás ocultando algo, está pasando algo grave… ¿Por qué no quieres que vaya y por qué mis hermanos salen de México? ¡Quiero saber!

—[Silencio…] Está bien, Ana Cristina, el domingo te llamaré y te diré qué pasa. Ahora vete a Italia a esperar a tus hermanos…

Ana Cristina llamó inmediatamente a su progenitora en Roma y exclamó al borde del llanto: "Mami, algo malo pasa. O hay una revolución o hay boda. Papá está muy extraño, no quiere que vuelva…"

El domingo en la tarde, Vicente Fox llamó a su hija mayor: "Ana Cristina, quiero participarte de mi felicidad. Me caso con Marta. Y quiero compartirlo contigo…"

Su hija lo escuchó paralizada y respondió terminante y furiosa:

—¡No, no, no! ¡Conmigo no cuentes nunca! ¡Me mentiste, me traicionaste!

Y le colgó el teléfono.

Cuando Vicentillo y Rodrigo llegaron a Roma, estaban desconcertados. Los acompañaba Rosa María Puente, y sólo repetían que su padre andaba raro, que los metió en un avión y les dijo que se fueran a Italia cuanto antes. Sin explicaciones.

Mucho antes de asumir la Presidencia, en diciembre de 2000, Vicente Fox Quesada se había convertido en el soltero más codiciado de México. Desmesurado y carismático, con gran facilidad para la comunicación, ahí donde pasaba las mujeres se abalanzaban, lo que provocaba no pocos ataques de celos en la posesiva vocera.

El poder seduce (¡¡y cómo!!, no hay más que remitirse a la historia política latinoamericana de los últimos años) y dicen que hace ver un pavorreal donde en realidad existe un pobre pato. No eran pocas las féminas que por esos tiempos imaginaban instalarse en Los Pinos como corolario de un cuento de hadas; tocado en su ego más profundo, Vicente Fox aprovechaba la ocasión. En plena campaña electoral y adentro del autobús en el que recorrían México, el candidato iba durmiendo al lado de su vocera, cuando al llegar a un poblado despertó y asomó su cabeza por la ventanilla. Vio un grupo de atractivas adolescentes y como un muchacho desesperado comenzó a saludarlas, a lanzarles besos y a chiflarles. De repente se sentía un *playboy*, un súper macho latino, aunque íntimamente era consciente de que no lo era, ni le interesaba serlo. Pero la política es el arte de lo posible y *Chente* Fox disfrutaba como un chamaco.

Por otra parte, miles de rumores se deslizaban en todas partes sobre las damiselas que podrían cumplir con el papel de consorte oficial y los medios hacían apuestas. La revista *Actual* llevó en portada el siguiente título: "¿Quién será la futura señora Fox?".

La elegante y glamorosa argentino-mexicana Viviana Dellavedova de Corcuera, una lejana y desconocida ex Miss Argentina oriunda de la ahora empobrecida provincia de Santa Fe y radicada en México desde la década de los setenta, figuraba primera en la lista. "Es sólo un amigo, respaldo su campaña, pero no había pensado en ello", respondió a un periodista la platinada señora de luminosos ojos verdes, que hasta hace poco dirigía la revista *Caras*, de Televisa, y a quien la revista *Vogue* señalaba como una de las "mujeres más elegantes del mundo". Las malas lenguas dicen que la Corcuera, viuda del aristocrático y millonario hacendado Enrique Corcuera García Pimentel, un *playboy* mexicano muy conocido en la década de los sesenta, conoció a Fox en 1997 y, deslumbrada, se convirtió en militante de su movimiento. Además, "estaba loca por él".

"Nada le disgustaba más a Viviana que ser primera dama de México", murmuraban en la *high society* varias de sus amigas. Ella lo negaba a medias y cuando el *cowboy* andaba en campaña, y aún fungía como gobernador de Guanajuato, realizó un ágape en su residencia de Campos Elíseos para agasajarlo y presentarlo en sociedad frente a la alta burguesía azteca que no tenía pálida idea del personaje o lo miraban con recelo. Una cena muy comentada por los medios.

En una maravillosa crónica de esa noche, el periodista Fernando Mayolo del diario *Reforma* —luego reflejado en el libro de Guadalupe Loaeza *Los de arriba*— cuenta detalles que desnudan el efecto que ya generaba el ciclópeo candidato. Vestido de colegial de escuela religiosa, pantalón gris y saco azul, comenzó a hablar y tan entusiasmado estaba por la atención de las mujeres presentes, en un ambiente impensado para un ranchero de medio pelo como él, les prometió todo tipo de control natal: "condones, preservativos… eso ya se está aplicando en Guanajuato", juró. Según Loaeza, éstas fueron algunas de las frases más escuchadas en la casa cuando el gigante partió.

—Pues a mí sí me convenció. Lo escuché como muy sincerote. Eso sí, me pareció demasiado ranchero.

—Le falta mucho, aunque todavía está muy verde. Aunque no es feo. Imagínatelo con otro traje, otra corbata y zapatos Churchill. ¿Ya se divorció, verdad?

—Oye, Viviana, no te quitaba los ojos de encima, definitivamente le gustas...

—Para nada, somos muy buenos amigos. Me cae muy bien y creo que puede llegar a ser muy buen presidente.

Convertida en un apetecible bocado para la prensa especializada en farándula —conversión que no le disgusta nada—, Viviana Corcuera continuó con sus comidas y desayunos en honor de su candidato, causa que había abrazado con devoción. A cada acto político del foxismo la ex Miss Argentina acudía presurosa con un gorro embutido en la cabeza con la inscripción: "Vicente Presidente", que el propio Fox le había regalado. Y a la par de tan trascendente tarea, deslizaba ambiguos comentarios sobre la naturaleza de la relación que los unía, a fin de sembrar el misterio. Por ejemplo: "Muy *chummy* ('cuatachos', en inglés). Él me llama 'amigocha' y tenemos amistad verdadera y sincera".

La periodista Guadalupe Loaeza escribió por esos días:

De ahí que Vicente Fox, desde que empezó su campaña presidencial, la haya adoptado como a una de sus activistas más solidarias, para que le organizara encuentros con su "mundo", con su "gente", por más minúsculo que sea, no deja de ser muy influyente. Pero de eso a que se pueda convertir en su futura esposa hay una distancia a nuestra manera de ver ¡enorme! Sin embargo, pensamos que nada más eso le faltaría a esta mujer que aparentemente lo ha tenido todo en la vida: una familia preciosa, dinero, prestigio, admiradores millonarios como Loel Guinness, dueño de la cerveza inglesa del mismo nombre, viajes, éxito social, etcétera. Lo único que le faltaría sería el Poder. Y ese aspecto no le ha de ser tan indiferente. "¿Con Fox?", imaginamos que le diría Quique (su marido) desde el más allá. "¡Pero si es un verdadero patán!".

Un periodista de *Actual* arremetió a Corcuera de manera precisa:

—¿Por qué se la considera a usted posible pareja del señor Fox?

—(Ella no se inmuta.) Porque tenemos ideas comunes en muchas cosas.

—¿Le parece atractivo?

—Es un ser humano muy atractivo...

—¿Se casaría usted con Vicente Fox?

—¿Con Vicente? Es sólo un amigo. Respaldo su campaña y la verdad no lo había pensado...

La exuberante, rejuvenecida y archifamosa actriz de telenovelas —también cantante—, casi un icono sexual del país, Lucía Méndez, también era parte del areópago sentimental del ranchero y los chismes sobre un romance entre los dos circulaban raudos. Los exegetas de la hoy primera dama cuentan que Sahagún enfurecía de celos cada vez que alguien nombraba a la Méndez.

—¡¡Con ésa tú no vas!! —le espetó a su hombre una noche en que éste estaba invitado a un programa con la actriz en Televisión Azteca. Y Vicente Fox, después de una ardua discusión con sus colaboradores y amigos, entre los que estaba el cuestionadísimo y extrovertido Lino Korrodi, fue... lo que le valió que Marta no le dirigiera la palabra por dos días. Hoy, la sola mención de la Méndez frente a su marido aún la pone de mal humor.

—Quisiera saber por qué tu nombre parece un *karma* en mi vida, por qué me preguntan por ti en cada sitio que piso y por qué la gente insiste en ligarme sentimentalmente a ti si apenas te conozco —le dijo en tono sensual a Fox, mirándolo a los ojos, mientras tomaban un café en Los Almendros.

El primer mandatario se puso rojo y comenzó a titubear, sin atinar a responder, mientras sus colaboradores sonreían, lo que para Lucía Méndez fue una clara respuesta. Sin embargo, los acompañantes de Fox, en la intimidad, reían a más no poder porque sabían de la terrible timidez de su jefe, un rasgo que le habría acarreado problemas en su relación con las mujeres durante la adolescencia y la juventud. Según confían los que lo conocen, esa época fue "bastante mala y poco productiva". Hay quienes van más allá y definen al primer mandatario como "asexuado o andrógino". Y los rumores sobre la virilidad presidencial circulan por todo México, lo comentan hasta los taxistas, lo que para el mito del "súper macho mexicano" es un duro golpe.

Lucía Méndez, reina de las telenovelas, otrora mimada por el *Tigre* Azcárraga, es nativa de Guanajuato, está divorciada del productor de videos Pedro Torres, tiene un niño de 12 años... y le encantan los poderosos. Antaño ya se había rumorado sobre una relación entre ella y Miguel de la Madrid. La actriz jura y perjura que jamás se hizo cirugías, que todo lo suyo es producto de la madre naturaleza y que "no entiende a las mujeres que acuden y acuden al quirófano".

Nunca le disgustó la idea de que la relacionaran con su paisano, todo lo contrario, exultante como un pimpollo, le gustaba relatar que cada vez que cantaba en algún pueblo, la gente la recibía con el grito de: "¡primera dama! ¡primera dama!" Y agregaba seductora:

En realidad sólo he visto a Fox en tres o cuatro ocasiones y no existe nada entre los dos, pero no puedo decir "de esta agua no he de beber". Si estuviera muy enamorada de él dejaría todo por seguirlo; no me importa que sea divorciado, que tenga muchos hijos, ni nada de su pasado, si me enamora perdidamente.

Después del 2 de julio de 2000, una despechada y dolida Lillian de la Concha, desde Italia, hizo declaraciones lacrimógenas, reclamando su lugar ante Dios y la santa Iglesia católica, y jurando que si su ex marido quería, ella regresaba a su lado corriendo para evitar, además, que los cuatro vástagos de la pareja fueran seducidos por el poder y las prebendas: "que llegaran solos a Los Pinos y se conviertan en chicos prepotentes, que pierdan el piso, se me paran los pelos". Todo en vano, aunque el mismo Fox confesaba a sus cuates más íntimos la posibilidad de rehacer el matrimonio que había sido presa fácil de los chismes pueblerinos por los escándalos e infidelidades.

Otra versión, durante la campaña, aseguraba que entre las candidatas amorosas del "soltero más codiciado de México" —como lo bautizaron las revistas del corazón— estaba la millonaria regiomontana Nina Zambrano, hermana viuda de Lorenzo Zambrano, uno de los hombres más ricos de México, y para nada mal partido.

Tanto Viviana Corcuera como Lucía Méndez no faltaron en la histórica ceremonia de asunción de mando de Vicente Fox en diciembre de 2000. Pero en la carrera por el corazón presidencial, lamentablemente para ellas, llevaba la delantera Marta María Sahagún, la mujer que desde hacía años no se despegaba del ranchero de Guanajuato, al punto de convertirse en imprescindible.

Ella conocía y manejaba con suma habilidad e intuición cada uno de los momentos de Vicente Fox: sus bajones anímicos, sus inseguridades sexuales, sus ciclotimias y su poca autoestima y, además, le elegía la corbata y el traje de cada mañana. Era su sombra, lista y astuta como ninguno de sus enemigos políticos había imaginado.

El 2 de julio de 2001, a las cinco y media de la mañana, Marta Sahagún Jiménez recibió a su estilista. Sus grandes ojos castaños brillaban como nunca y todo estaba en su lugar, preparado para el gran día. Cada vez que hablaba, su voz se quebraba por "la emoción", pero le dijo a *Tony* que se sentía en paz, ya que había dedicado, como siempre desde que era una niña, diez minutos a solas para la oración.

Los integrantes de su séquito, los más cercanos y a quienes más confianza tenía —que los medios bautizaron como el *Kindergarden*

de Marta, por su juventud—, estaban al tanto del gran acontecimiento. Ella misma se había encargado de confiarle a cada uno su
casamiento, con lágrimas en los ojos y haciéndolos sentir que eran
únicos y especiales: "Es un secreto y nadie, nadie debe enterarse".
Ana García, Gina Morris y Darío Mendoza eran los suyos. Llamó a
sus mejores amigas de Celaya, especialmente a Lupita Vargas,
Georgina Clark (de la que hoy está distanciada y con la que compartía viajes a Nueva York con Manuel) y *Chilo* Lozada de Nieto, a
sus hijos y a su padre.

Tony fue la encargada de maquillarla para la ceremonia, y hasta el
día de hoy es la única persona en la que Marta confía el embelleci-
miento diario de su cabellera y de su rostro: corto con rayitos de luz
y abultado fleco (hoy se lo ha quitado) y muy marcados los ojos,
para resaltarlos. Y como siempre en los últimos años, esa mañana
Marta eligió el traje negro, la camisa blanca y la corbata de seda gris
que lució su amado *Chente* en la ceremonia.

A las siete, los amigos del primer mandatario, enterados de la noticia, no dejaban de llamar para felicitarlo. El empresario regiomontano José Luis, *Bigotón*, González, amigo de Fox desde la época en
que ambos servían a Coca-Cola y que se había alejado por fuertes
discrepancias con Marta, fue de los primeros. Había integrado desde sus orígenes la organización Amigos de Fox, envuelta luego en
un escándalo por supuesta financiación ilícita en la campaña electoral del partido gobernante. "¿A ti te parece que yo me tuve que ir
por culpa de una vagina?", le confesó a un amigo, con vulgaridad, a
bordo de un avión que regresaba a México, refiriéndose con evidente desprecio a la Sahagún.

—Vicente, ¿ojalá sea la última boda, no? —le dijo González a
Fox, del otro lado del teléfono.

"Lo debía haber hecho antes, se tardó demasiado, una relación
tan moderna no era para él. Y además, se podía haber suscitado un

conflicto de intereses; con esto se evitaron malentendidos porque se podía confundir la relación de trabajo con la sentimental."

Alberto Sahagún de la Parra, padre de la novia, salió el día anterior de Zamora para asistir a la boda de su hija. Su esposa había muerto tres meses antes, después de una larga agonía. "Uno no quiere que los hijos se divorcien, la familia es muy importante, pero esto era mejor a vivir en concubinato. Hacía tiempo que me había dado cuenta de la relación entre ellos. Un día fui a Los Pinos a visitar a mi hija, entré en la cabaña donde vivía y vi un sable y ropa de Vicente. Ella no me dijo nada, pero yo me di cuenta."

Uno de los hombres más importantes en la vida de Marta Sahagún llegó a la residencia presidencial al amanecer del 2 de julio y se reunió con su hija a solas en el dormitorio. Ceremoniosamente abrió un paquete pequeño. Ella lo miró intrigada.

—Son tuyas y eran de tu madre cuando nos casamos. Ojalá que un día tú también las puedas usar como tanto deseas…

En la cama brillaban trece monedas de oro antiguas, las arras que el hombre entrega a la mujer en el momento más importante de la unión religiosa y que forman parte de un rito muy antiguo.

Los que también estaban asombrados eran los corresponsales españoles: en la tarjeta que había llegado a Madrid decía: "Presidente Vicente Fox Quesada y señora". Inmediatamente todos adivinaron de quién se trataba.

La ceremonia civil en Los Pinos fue corta y discretísima y el juez Gustavo Lugo Monroy se hizo cargo de la misma, aunque días más tarde tuvo que salir a explicar que había actuado fuera de su jurisdicción porque se lo pidió el presidente. Un periodista le preguntó si se mordió la lengua como lo hizo Marta Sahagún para no revelar el secreto: "No me mordí la lengua, me mordí un güevo".

A las 7:30 de la mañana, los tórtolos tuvieron una reunión privada con el sacerdote jesuita Enrique González Torres, rector de la

Universidad Iberoamericana, quien les obsequió un rosario y rezó con ellos una oración. Conservadores y católicos a ultranza, ambos tenían la necesidad de sentir que de alguna manera la Iglesia bendecía la unión, que el castigo sería menos cruento. Por parte de la novia se encontraban como testigos su padre, el médico cirujano zamorense Alberto Sahagún de la Parra, y su nuera, Mónica Jurado. Por el lado del novio, su hermano José Fox Quesada y la esposa de éste, Luz María Lozano Fuentes. Ni los hijos de Marta (aunque estaban enterados) ni los hijos de Vicente participaron esa mañana.

"¡Ramo! ¡Ramo!", gritaban eufóricas las "chicas" de Marta, mientras ésta, temblorosa, improvisaba con dos rosas blancas un rudimentario arreglo. Luego se colocó de espaldas al salón, en la grada de una escalera, la misma que conducía a su antigua oficina de portavoz, y lanzó el "ramo" al grupo de mujeres. En la mano izquierda lucía orgullosa el anillo de oro de 24 kilates, cuyo par a Vicente Fox no le entró en el dedo y, además, tampoco lo usó porque no era su costumbre. Todo era fiesta, alegría y enorme sorpresa para millones de mexicanos. Se habían terminado las especulaciones, ataques y murmuraciones sobre su vida íntima, aunque la primera dama nunca desconoció el morbo que su privacidad despertaba —y despierta— en la gente. Y en cada ocasión que tuvo a mano, la aprovechó mejor que cualquier experto en mercadotecnia.

Marta Sahagún Jiménez o Marta de Fox ama desesperadamente los reflectores, los micrófonos y el protagonismo, y aquel 2 de julio de 2001 tuvo conciencia de que la fotografía de su boda con Vicente Fox daría la vuelta al mundo. Por eso, previsora, la noche anterior pidió una cámara a la oficina del Centro de Producción y Programas Especiales de Presidencia, para retratar el famoso beso en la boca, que luego fue a los canales de televisión y a los medios gráficos. La misma que los mexicanos miraron con devoción como si fuera el final de una novela rosa de Televisa que les hizo olvidar por un buen rato las desilusiones que ya generaba Fox en sus votantes. El "cambio" tan esperado comenzaba a no sentirse, el ambiente político andaba algo convulsionado, la tan ansiada paz en Chiapas no llegaba, a pesar de la exitosa marcha zapatista por todo el país, y eso que el presidente había prometido resolver el conflicto en "15 minutos"; además, el *toallagate*, la escandalosa compra de menajes para la remodelación de Los Pinos, entre los que se contaban toallas de 80 dólares cada una, había hecho bajar la popularidad del guanajuatense, aunque no en términos preocupantes.

Esa misma foto alcanzaría a la prensa italiana. Terrible para Lillian, la ex esposa, y las hijas caminar por las calles de Roma mientras veían la imagen de su padre anclado a la boca de la mujer que más odiaban. Aunque en apariencia feliz, Vicente no podía eludir la culpa inmensa que tal acontecimiento le causaba cuando pensaba en sus hijas. Quizá por ello, un mes después del enlace, el *grandote* llamó a Lillian, a quien jamás dijo una palabra del asunto ni dio una explicación, ya que sólo Ana Cristina tuvo la "exclusiva" antes de su consumación.

—*Sota*, ¿cómo estás? —se identificó un atribulado presidente.

—Vicente, ¿qué paso, papá?, ¿qué pasó? —preguntó una estupefacta Lillian.

Un silencio mortal fue el preámbulo de la abrupta interrupción de la llamada que apenas comenzaba.

—No puedo hablar ahora, *Sota*, porque ahí viene Marta —concluyó el atemorizado vaquero.

Cuando Vicente se casó con Marta, tenía, según las encuestas, sesenta por ciento de imagen positiva.

"Sólo por amor, sólo por amor fue capaz de aguantar tantas cosas", le confesó Gina Morris a Ivonne Melgar, de *Reforma*, que se encontraba aquella mañana trabajando en Los Pinos. Y no se equivocaba, aunque Morris debería haber agregado: y también por el poder. En la intimidad del *kinder*, en aquel tiempo y hoy, se habla abiertamente del tema, no es una mala palabra. "Lo voy a hacer muy bien, van a ver, no voy a fallarles... Porque me van a seguir viendo", prometía *La Jefa*, radiante en su nueva situación.

"Sé bien que llego a México en momentos especiales. Hoy, hace un año, inició el cambio político de singular trascendencia. Hoy, además, coincide con que es el cumpleaños del señor presidente, por lo cual muchas felicidades. Y hoy coincide también conque el señor presidente se ha casado esta mañana, por lo cual, triple felicitación. Y además, eso está muy bien, lo de casarse, y además, de casarse temprano para aprovechar el tiempo como es debido, casándose a las ocho de la mañana."

Ésas fueron las palabras del presidente español Aznar, quien miró directo al rostro de Fox a la par que las mejillas del ranchero subían de color. Luego, éste entrecerró los ojos y soltó una carcajada. Su matrimonio era el acontecimiento más importante de los últimos tiempos, después de su triunfo frente al PRI. Antes que él, sólo dos presidentes en ejercicio habían contraído nupcias: Antonio López de Santa Anna, en uno de sus once periodos presidenciales, al comienzo de 1840; y Venustiano Carranza, que se casó unas semanas antes de ser asesinado, en mayo de 1920.

Esa misma noche, durante la cena de homenaje, los periodistas ávidos y ansiosos se lanzaban sobre la diminuta mujer que apenas días antes era la misma que se sentaba frente a ellos, los llamaba "chicos" y les pedía que la interrogaran sobre la política y el gabinete. La misma que cometía errores garrafales. La que *off the record* les hablaba de su amor por el presidente. La misma polémica y controvertida ex vocera que el gabinetazo foxista —por lo menos su gran mayoría— odiaba y temía. Por ahí andaba el psicólogo presidencial Ramón Muñoz, el que tenía como *hobby* "intervenir" los teléfonos de los miembros del gabinete y hasta el de Marta y el del mismísimo presidente. Al más puro estilo Don Corleone.

Personaje oscuro, ex seminarista, de ideas y prácticas de la ultraderecha católica, intrigante y controlador, detestaba a la flamante primera dama —sin embargo, había trabajado estrechamente con ella en Guanajuato—, a la que "supervisaba" en todo: en sus relaciones personales, laborales y familiares.

Y también Alfonso Durazo, ex vocero del asesinado candidato Luis Donaldo Colosio, que había abandonado el PRI para sumarse a la campaña foxista, ganándose la confianza del ranchero de Guanajuato. Tampoco era amigo de Marta, aunque pueden tranquilamente construir pactos temporales de convivencia. Ambos eran "el cerco" que muchas veces impedía que pudiera influir más en las decisiones políticas de su amado. Se decía en el círculo íntimo alrededor de Sahagún que ella no veía la hora de "sacárselos de encima" a los dos. Ese día disimuló todo lo que pudo y controló sus emociones como le enseñaron las monjas; los saludó sonriente mientras apretaba la mano del presidente.

—¡Tú ya no das conferencias…! —le espetó Vicente Fox, jalándola de un brazo cuando ella intentaba acercarse al lugar de los periodistas.

Al preguntarle uno al presidente cómo se sentía, el ranchero respondió: "Nomás veme la cara de sonrisa y tú juzga". Al otro día, en entrevista con el periodista Joaquín López Dóriga, estrella de Televisa, Fox respondió a toda incisiva pregunta como sigue:

—Ya no había más espacio para seguir esperando, estaba yo enamorado y había que casarse.

—Nunca he usado una joya, nunca un anillo, nunca un reloj, nada, no me gusta traer joyas.

—A Marta la invité a participar del gobierno de Guanajuato, donde empezó en el área de Comunicación Social, que por cierto no era un área que conocía. Fue la primera sorprendida, pensó que la iba a invitar para el DIF o alguna cosa así.

—No sé cuándo empezamos, no sé separarlo, por ahí se fue resolviendo.

—Cómo puedo estar en contra del amor, del matrimonio, de la vida, de todo lo que tenemos que hacer para trascender los seres humanos; cada quien, cada quien su mente… siempre hay contreras.

Para los jerarcas de la Iglesia católica mexicana, que veían en Vicente Fox la gran posibilidad de ingresar al poder perdido por culpa de una larguísima gestión de presidencias anticlericales, esta boda era un sacrilegio, una "irregularidad", y no dejaron de levantar su báculo en señal de condena. Y junto a ellos, grupos minoritarios de ultras aportaron ideas: "Quien se separa de su esposa y se une a otra por las leyes civiles cae en estado de adulterio", exclamo horrorizado Jorge Serrano, presidente de la organización derechista Provida. Sin embargo, la boda, según encuestas, tenía el respaldo mayoritario de los mexicanos, que en 75% la apoyaban.

—Cuando me enteré de la boda del presidente me sentí muy mal. Estoy preocupado porque yo creo que la señora Mercedes [Quesada] debe estar peor. La señora seguro no acepta esta boda tan fácilmente. Ella es demasiado católica, —así se expresó desde Guanajuato el sacerdote, y amigo de la familia Fox desde hace más de 40 años, José Salazar.

"Ellos pueden participar de la Santa Misa, escuchar las Sagradas Escrituras, hacer obras de amor al prójimo y de justicia, tienen muchos caminos para su santificación. Por supuesto, están excluidos de la comunión eucarística que es la máxima expresión de la comunión en la Iglesia, pero no están excomulgados, ni la Iglesia los considera en pecado; son miembros de la Iglesia y el día que ellos reciban la sentencia de nulidad de sus respectivos matrimonios, entonces sólo así podrán pensar en segundas nupcias." Fueron éstas las palabras del conservador cardenal primado de México Norberto Rivera. Vicente Fox Quesada se estremeció: más dependiente de las normas eclesiásticas que su nueva esposa, temía el castigo divino. Es más, según quienes lo conocen bien, "temía y teme el infierno".

Joaquín Navarro Valls, el vocero del Papa y miembro activo del *Opus Dei*, confirmó lo que a los ojos de cualquier católico era una condena del matrimonio, es decir, que la decisión de Fox de casarse por lo civil había causado en el reino de San Pedro "un cierto desconcierto". Y sobre todo se encargó de desmentir rotundamente que hubiera alguna resolución favorable sobre la anulación matrimonial del presidente.

Otras voces se expresaron en los medios, voces de mujeres. El 8 de julio de 2001, *Reforma* quiso obtener la impresión femenina del casamiento y para ello preguntó si la boda era un movimiento político, un golpe publicitario y mediático o una historia de amor. Denise Dresser, periodista, dijo:

> Es una mezcla de las dos cosas. Por un lado había una gran presión pública cuestionando el papel de la vocera y la ambigüedad de ese papel; y por otro lado, debemos creerle que están enamorados y que éste es el final feliz de una historia que lleva años cuajándose, de colaboración profesional y de apoyo emocional.

Gaby Vargas, diseñadora de imagen y autora de libros exitosos, respondió que era "una historia de amor que venía siendo obvia, pública y qué bueno que se oficializa".

Por último, Patricia Mercado, integrante del Comité Ejecutivo del Foro Nacional de Mujeres y actual presidenta del partido político México Posible, apuntó con agudeza:

> Es sobre todo lo segundo. Ellos tenían una relación amorosa desde hacía mucho tiempo y ya era insostenible ante la opinión pública seguir

negando esta relación. Sin embargo, creo que haber celebrado esta boda el 2 de julio es un movimiento político para distraer la atención de lo que podía haber sido una especie de rendición de cuentas sobre el avance de la democracia en el país. Realizar la boda este día es un golpe mediático.

"Mi relación matrimonial es mía, es con Dios y nada más que con Dios. Con él trato estas cosas." En contraste, ésa fue la opinión de Vicente Fox, exteriorizada en su programa de radio sabatino *Fox contigo* desde el rancho de San Cristóbal y después de dar un largo paseo a caballo con su flamante esposa —ella en El Papero y él en El Rey— por el campo y con una sorprendida escolta detrás.

—Soy una mujer fuerte, firme, pero no temperamental. Vivo intensamente. Tengo pasión por la libertad y el respeto a los demás. Detesto la manipulación, en todas las formas, y no creo en el castigo ni en la condena —fue una de las primeras declaraciones de Marta María Sahagún Jiménez como consorte y primera dama.

Pocos meses después, Marta demostraría que no estaba dispuesta a confirmar el machista dicho "detrás de un gran hombre hay una gran mujer". Porque a ella no le cabía la menor duda de que ella y su marido eran grandes. Y eso de estar detrás no rimaba con su protagonismo. En la tradicional ceremonia del Grito de la Independencia, las esposas de los presidentes siempre iban caminando pasos atrás de sus maridos según disposición del Estado Mayor Presidencial. Marta no admitiría sin chistar semejante reglamentación, por lo que pegó el grito en el cielo. Solicitó a *Chente* que hablara con el general Armando Tamayo, jefe del Estado Mayor, para informarle que ella y él caminarían juntos, hombro con hombro; al fin y al cabo eran "la pareja presidencial". Ante las caras desencajadas de soldados y oficiales, el flamante y pomposo dúo desfilaría de la mano hacia el balcón central de Palacio Nacional.

No era para menos, la ansiada boda de la michoacana con Vicente Fox Quesada había marcado un punto de inflexión en su vida. Había una Marta antes del 2 de julio y otra que nacía a partir de esa fecha. Ya nada era igual. Había llegado, había apostado y había ganado, éste era el primer escalón. Se sentía todopoderosa, omnipotente y misericordiosa. Tenía 48 años y estaba persuadida de que nada ni nadie haría tambalear su creciente popularidad; estaba dispuesta a todo para perdurar. Presumía la misma seguridad con la que le había sentenciado a Vicente que iban a ganar cuando nadie creía en ello, ni esos que ahora la despreciaban. "Vamos a ganar, vamos a llegar, vamos a poder", repetía como una noria. Ella sería la materia gris, la intuición y la ambición, y él el carisma.

De apariencia candorosa, frágil, algo ingenua, con un discurso de tintes místicos y notables ansias de emular a Eva Perón, de la que, jura, es fiel admiradora, al punto de mencionarla y no poder reprimir las lágrimas, Marta María Sahagún caminaba a paso firme hacia el lugar que, está convencida, le designó Dios: esposa de Vicente Fox, primera dama de México y hada madrina de las mujeres sumisas, los niños hambrientos y los desahuciados.

Santa Marta

—No, no me casé enamorada. Nunca lo estuve. Era demasiado joven, tenía 17 años, y a esa edad una no sabe lo que es el amor. Se vive de sueños imposibles, esperando al príncipe azul y después, cuando te das cuenta de que el príncipe no es tal, entonces es demasiado tarde. Pero si me preguntas si estoy arrepentida, te digo que no, que nunca. De ese matrimonio nacieron mis hijos, que son lo mejor de mi vida…

Así habló Marta María Sahagún, sentada en la mesa ovalada de madera de su despacho de Los Pinos, donde, hasta no hace mucho atendían los presidentes. En la pared de atrás de su escritorio, colgaban dos grandes retratos al óleo, uno de Vicente Fox y el otro, recién estrenado, de ella. Tiene allí una expresión distinta a la habitual, con el ceño fruncido y la mirada lejana.

—Mis hermanos me dicen que no les gusta, que no soy yo, pero a mí me parece buena. Yo soy ésa y ése es mi gesto. ¡Me encanta! —explica extasiada.

Era lunes 28 de abril y la "señora Marta" —como llama Fox a su esposa— apareció impecable y pulcra en su vestido azul con bordes blancos, de Chanel, zapatos al tono, una gargantilla de perlas grandes, aretes con brillantes, varias pulseras de oro en las muñecas y anillos también de brillantes. Un atuendo algo recargado, más para coctel que para una mañana de trabajo, pero así es ella de intensa. Se la veía delgada, pero las manos de *Tony* al maquillarla temprano en la mañana lograron disimular las ojeras y el cansancio.

El aspecto actual de la primera dama de México dista mucho de aquella ama de casa hiperactiva y perfeccionista de Celaya, que hoy jura haberse casado sin amor con el veterinario Manuel Bribiesca Godoy, con quien convivió 27 años, y más aún, de la jovencita bella y seductora, casi la "Campanita" de Peter Pan, que vivía en Zamora y tenía innumerables pretendientes que pululaban alborotados por la casa familiar.

—Mi vida en Zamora era muy linda, el pueblo era tranquilo, no pasaba mucho. Todos nos conocíamos, mi padre era médico cirujano, un pionero, un maestro, y nos respetaban todos. No había club campestre y tampoco discotecas. Hacíamos las fiestas en casa o en la casa de alguna amiga o en algún club. Yo era muy noviera y siempre estaba acompañada de algún chavo, el primero lo tuve a los 12 años [se ríe]. Fue una vida serena y feliz, era muy mimada, muy consentida de mi padre...

Marta María Sahagún —a la que le gusta contar que lleva nombres del evangelio: "Marta por la amorosa y María por la hacedora de cosas"— adora a su padre, con quien tiene una relación especial. Ella fue para él la luz de sus ojos, y así se mantienen hasta hoy.

Sin embargo y curiosamente, el médico Alberto Sahagún de la Parra —hoy de 84 activos años— es un hombre de avanzada, anticlerical, liberal en el mejor sentido de la palabra, que proclama el uso del condón, el control de la natalidad y que no se opone al aborto por ninguna razón.

—No sé qué quiere la Iglesia, ¿que la gente se muera de sida?, ¿que mueran más mujeres por abortos clandestinos o que nazcan niños producto de violaciones o incesto? Y eso que soy católico practicante, pero no tengo obediencia ciega; lo que dice y piensa el Papa no me gusta.

El hombre fundó el Colegio México y la Escuela de Enfermería y escribió dos libros; uno de ellos se publicó en Zamora, en los años setenta, lo que provocó un gran revuelo en la sociedad.

En *integración sexual humana* se lee;

Si pudiéramos hablar de inmoralidad en la anticoncepción, el ritmo sería, como acto humano, el más inmoral de los procedimientos; primero por su ineficacia, segundo porque llena de temor y tensiones a los cónyuges y finalmente porque interfiere el desenvolvimiento de la sexualidad de la pareja. El temor y el amor no pueden convivir [...].

Más tarde llegó *Reflexiones para superar las crisis de familia* y en este momento acaba de terminar un tercero, que relata las complejidades de la medicina de 1918 a 1940. Y eso que tiene cuatro hermanos sacerdotes: Jesús Sahagún de la Parra, obispo emérito de Lázaro Cárdenas, radicado en Uruapan; Alfonso, hoy retirado y fundador del semanario *Guía de la Parra*; José Luis Sahagún de la Parra, sacerdote del templo de San Francisco y rector de la Universidad Vasco de Quiroga, en Uruapan, y Julio Sahagún de la Parra, jesuita, que abandonó la sotana, se casó con una madre superiora y ahora vive en México.

—Me costó muchos años quitarme el peso de la religión; una vez que lo hice, me siento libre, vivir con ello es muy nocivo para cualquier ser humano, para cualquier pareja.

¿Qué heredó Marta de su venerado padre? ¿En qué se parecen? ¿Qué papel jugó la madre en su formación? ¿Hasta qué punto asimiló las ideas "revolucionarias" de su progenitor, en una ciudad conservadora y llena de contrastes como Zamora? ¿Hasta dónde el entorno social influyó en su vida, en su carácter, en sus modos y en sus ambiciones?

La ciudad fue fundada en 1574, por orden del virrey Enríquez, con un centenar de personas que sabían labrar la tierra. Desde entonces, la principal fuente de sustentación del vecindario fueron las labores de trigo y de maíz en el fondo del valle, y los rebaños de vacunos, equinos y ovejas en las pendientes de las montañas. Sólo una mínima porción de las tierras labrantías son trabajadas con arados, bueyes y peones. Con el tiempo, unos ensancharon sus fundos y otros se quedaron sin ellos. Los extensionistas no sólo crecieron a costa de sus coterráneos, sino también de los indios de las poblaciones próximas. La historia de los 175 primeros años de la vida zamorana es en buena parte la relación de los pleitos de un islote de población blanca contra un mar de pueblos oscuros,

escribe el historiador zamorense Luis González y González en su libro *Historia de Zamora*, donde explica desde diferentes puntos de vista la vida de la ciudad michoacana. Tierra natal de la *prima donna* azteca. Allí, entre montañas y valles, permanecen los detalles de su vida más temprana, sus raíces y los cimientos de aquella posterior ama de casa de Celaya, que, contra viento y marea, trepó vertiginosamente a la cúpula del poder.

Alberto Sahagún de la Parra, el patriarca de la familia, nació en Cotija de la Paz, Michoacán —tierra de cristeros, ultraconservadora y católica—, en 1919 y en el seno de una familia de clase media trabajadora. Su padre, Prisciliano Sahagún Castellanos, era médico y su madre, Guadalupe de la Parra González, ama de casa y ferviente católica, y como era costumbre en esos años, el matrimonio tuvo diez hijos: ocho varones y dos mujeres. De ancestros españoles y criollos, Alberto Sahagún dice estar casi seguro de que entre ellos, hace mucho tiempo, caminó algún moro que dejó sus marcas.

—Fíjese en mi rostro y mis facciones, y los de mis hijos [...] Cuando mi madre rezaba, mi padre paseaba por la galería. Siempre digo que fueron tantos los rezos que recibí en mi infancia, que ya completé la cuota —explica el viejo médico, con una sonrisa.

De conceptos estrictos, la familia respetaba las tres comidas diarias y por ningún motivo los hijos debían faltar a la mesa, costumbre que quedaría arraigada y que años más tarde aplicó cuando formó la propia.

Cotija, un pintoresco pueblo perteneciente al municipio de Jiquilpan, que se extiende hacia el sur del extremo oriental del lago de Chapala, tenía entonces unos pocos miles de habitantes, una malísima comunicación con el resto de México y un estilo de vida campesino. La familia Sahagún vivía en la mayor de las austeridades, sufriendo las consecuencias de una difícil situación económica nacional en un país que se retorcía todavía bajo los estertores de las guerras revolucionarias.

Eran tiempos convulsionados, sangrientos. En ese mismo año asesinaron, víctima de una traición, al líder campesino Emiliano Zapata, y moría Virginia Salinas, la esposa del presidente de la República, Venustiano Carranza, *El Barón de Cuatro Ciénagas*. Pero el hombre no se preocupó demasiado: tenía otras esposas para consolarse. En 1920 murió por traición en una emboscada y asumió su lugar el gobernador sonorense Adolfo de la Huerta, y aunque éste duró algunos meses, aquí se inició una etapa de reconstrucción. El general Álvaro Obregón sucedió a Huerta después de elecciones generales. Cuatro años más tarde, en 1923, en Chihuahua, Francisco, *Pancho*, Villa, el *Centauro del Norte*, caía también destrozado bajo las balas.

En 1920 nacía en Cotija el polémico sacerdote Marcial Maciel Degollado, líder y fundador de la derechista Congregación de los Legionarios de Cristo, quien años más tarde (1947) se vio envuelto en un escándalo por abuso sexual contra seminaristas, que volvió a la luz pública en 1997, en México, jerarca de la misma organización religiosa a la que años después, ya casada, Marta dedicaría ocho años de activa militancia en favor de los desposeídos de Celaya.

—Fui su tesorera, pero esto no quiere decir que esté de acuerdo con todas sus ideas —aclaró esa mañana en Los Pinos.

Alberto Sahagún de la Parra era un joven inquieto y ambicioso: quería ser médico como su padre, pero sabía que, para lograrlo, tendría que hacer muchos sacrificios. Sus padres no podían pagarle los estudios, eran muchas bocas que alimentar.

Alejada de las grandes ciudades y sobre todo de la Ciudad de México, Cotija era una aldea en la que todos se conocían y muchos eran parientes, porque se casaban entre ellos. Sus calles polvorientas —que también vieron andar a Mario Moreno, *Cantinflas*— fueron testigos de las andanzas del muchacho y sus amigos, pues, además, ejercía un gran atractivo entre las jóvenes lugareñas.

Todo allí era precario y alejado del mundo: no había cine y tampoco clubes para bailar, y las diversiones de los chicos eran el balero, los trompos, la resortera y las canicas. Alberto Sahagún frecuentaba con asiduidad la casa de la familia Maciel Degollado, pero al contrario de lo que se dice, no tiene ningún parentesco con ellos y, como cuenta el propio Sahagún,

yo era muy amigo de dos hermanos de Marcial, pero él jamás salía con nosotros. Era una persona extraña, introvertida y con una autoestima baja. No le conocí una novia, se la pasaba rezando. Creo que esa inseguridad y una desesperada necesidad por sobresalir ante su familia lo impulsaron a meterse al seminario y luego marcharse para fundar la congregación. Creo que por ese tiempo se forjó esa misteriosa personalidad y su homosexualidad. No creo que haya hecho tantas barbaridades como dicen, pero de que algo pasó, pasó. Cuando el río suena…

Hombre de convicciones firmes y decisiones rápidas, el futuro sue-gro de Vicente Fox se marchó a la Ciudad de México, decidido a entrar a la Facultad de Medicina, su sueño. Pero había un problema, no había cursado la preparatoria.

—¿Sabe usted que me recibí de médico sin el bachillerato? —con-fesó con una sonrisa pícara en su casa de Zamora.

Y así fue. Viajó a México y para sobrevivir trabajó un año en el asilo de ancianos Martín Romero, donde tenía cama y comida calien-te y le pagaban 20 pesos por mes. Al poco tiempo ingresó al Institu-to del Bachillerato, regenteado por los jesuitas, donde permaneció dos años, y luego, a través de amigos de su familia, por sólo 200 pe-sos compró el certificado que confirmaba que tenía la preparatoria concluida.

Apenas se recibió de médico cirujano, con notas brillantes, el doctor Alberto Sahagún entró en el Hospital General de la Ciudad de México, donde trabajó incansablemente dos años. Una mala no-ticia lo hizo regresar a su tierra. Corría 1943, su padre había muerto y cuatro de sus hermanos habían ingresado al seminario. Otros cua-tro seguirían también la carrera de medicina y las dos mujeres se casarían, años más tarde, con sus primos, que también eran médi-cos. Durante esa época difícil se tuvo que hacer cargo de la familia y, sobre todo, de su madre que se había quedado indefensa.

En 1947, Sahagún se mudó a Zamora, una ciudad ubicada a pocos kilómetros de su casa natal y allí se estableció. Llevó a su progeni-tora con él, la misma que años más tarde su hija recordará como *mamá Lupita*. Al tiempo de llegar conoció a una bellísima joven de grandes ojos marrones, y luego de un corto y tranquilo noviazgo, se casaron.

Ana Teresa Jiménez tenía 16 años y era la única hija mujer de una acaudalada familia zamorana. Su padre era dueño de la agencia de autos Ford, varios molinos y haciendas. Lo que se dice "una niña bien" de provincia. Él tenía 37 años y ambos estaban profundamente enamorados. Después de la fiesta, la mejor que recuerdan en Zamora por aquellos años, viajaron de luna de miel a Europa durante un mes.

Rentaron una casona antigua, de soleado jardín a donde daban las habitaciones y en el que funcionaba el consultorio, en la calle Morelos 85. Por esa época, Alberto Sahagún fundó el Hospital San José, el primero de Zamora, que hoy —modernizado— todavía funciona.

En 1951, en el hospital, nació la primogénita del matrimonio, Beatriz. Y el 10 de abril de 1953, en el consultorio de la casa, a las nueve y media de una mañana calurosa y luego de un parto rápido, el ginecólogo Adolfo Íñiguez recibió en sus brazos a una niña diminuta y bella, a la que sus padres ya habían decidido darle el nombre de Marta María. El horóscopo occidental decía que era aries, una chica de fuego, y el chino, que estaba bajo el influjo de la serpiente. El llanto con que Marta anunció su llegada al mundo fue un estruendo y sus chillidos se oían por toda la casa. Acaso un adelanto de su calidad de carnero, el símbolo de su signo, con los grandes cuernos que representan el poder ofensivo, la tenacidad, la pasión, el idealismo, el voluntarismo, pero también la impulsividad, el estallido, los celos, la egolatría y la excesiva ambición.

En abril de 1953, cuando Marta nació, hacía poco que era presidente de México el veracruzano Adolfo Ruiz Cortines —un hombre extremadamente austero y de bajo perfil—, había llegado la televisión y el cine mexicano atravesaba su mejor época. Agustín Lara sonaba en todas las radios lo mismo que Pedro Infante; el muralista Rufino Tamayo asombraba con sus pinturas y Juan Rulfo hacía su aparición en la literatura vernácula.

Según relato de Sara Sefchovich en *La suerte de la consorte*:

Al tomar posesión de su cargo, Ruiz Cortines había anunciado: "Los problemas educativos y asistenciales de la mujer serán atendidos con acucioso empeño, y en cuanto a su participación en la vida pública del país, yo promoveré ante nuestra soberanía las reformas legales pertinentes para que disfruten de los mismos derechos políticos del hombre".

Durante su gestión las mujeres consiguieron votar. Curiosamente, Sefchovich relata que en 1951 apareció publicada en el diario *Excélsior* una nota que causó "indignación", cuando Adela Formoso Obregón Santacilia se preguntó: "¿Y por qué no una señora presidenta?", dos años antes del nacimiento de una futura primera dama que ama el poder como ninguna de sus antecesoras, que demuestra abiertamente sus ambiciones y que no deja pasar ocasión para preguntarse lo mismo: "¿Por qué no puedo ser presidenta?"

Después de Beatriz y Marta, llegaron Teresa (que hoy trabaja con el gobernador Lázaro Cárdenas), Alberto (médico a cargo del hospital San José), Guillermo (socio en una empresa con Jorge, hijo de Marta) y Sofía, la menor, que con su hija adolescente y después de un matrimonio fracasado, vive con su padre. Tal como aprendió Alberto Sahagún de la Parra en sus años de Cotija, la vida con su esposa y sus hijos fue tan estricta como aquélla: nadie podía faltar a las tres comidas diarias cuando todos se juntaban alrededor de la mesa del comedor. Ni siquiera los sábados y domingos se permitía a los niños comer en pijama. La disciplina no se negociaba por nada.

En la puerta de su consultorio había un cartelito que decía: "La consulta termina invariablemente a las 14:15 horas". Y a las 14:30 en punto estaban los Sahagún Jiménez disfrutando la comida y hablando de sus cosas cotidianas.

Marta recuerda:

En la mesa se conversaba de todos los temas. Había momentos amables y también nos peleábamos, nos enojábamos, como cualquier familia. Eso sí, nunca recuerdo que rezáramos antes de la comida o esa costumbre de ofrecer los alimentos. No lo hacíamos, no teníamos una formación estrictamente religiosa, aunque sí hubo una época en que se rezaba el rosario todos los días, como en cualquier casa de México. Pero cada uno rezaba a la hora que quería. Mis padres nos educaron en la libertad religiosa y no en el temor a Dios. No me acuerdo que mi papá o mamá nos dijeran alguna vez que íbamos a ir al infierno por desobedecer o portarnos mal. .

Teresa Jiménez Vargas de Sahagún, madre de Marta, siempre se dedicó a la casa y a cuidar de sus hijos. Era hermosa, de rasgos finos, con grandes ojos castaños y enorme sonrisa. Le gustaba vestir a la moda, era coqueta, pero sin exageración. Discreta y elegante. Según su hija, "demasiado estricta y dura". Le gustaban la literatura y la historia del arte, al punto de que hasta que murió, en abril de 2001, organizaba reuniones semanales en su casa, con sus amigas y un sacerdote arquitecto, Mario Amezcua, con el que se pasaban la tarde platicando y aprendiendo. Quizás una manera de suplantar el hecho de que, al casarse tan joven y ser madre de seis hijos, no había podido cumplir su sueño de estudiar y ejercer una profesión.

Tenía 16 años cuando partió de la casa de sus padres rumbo a la de su marido y, por solicitud de su madre, se llevó con ella a Esther Ávalos Caballero, una jovencita morena y leal, proveniente de Santiaguillos, que la cuidaba desde niña y la adoraba. Ella fue la nana de sus hijos —que la llamaban *Ta*— y la única autorizada a ingresar a su dormitorio, ya que la familia tenía, además, tres sirvientas. La nana, que aún vive en la casa familiar —después de 53 años de servicio—, fue testigo de las alegrías, los pesares y las angustias del clan. Tiene 88 años, es delgada y camina con un bastón, producto de una lesión en una pierna. Extrovertida y alegre, en su mente está reflejado el detalle de la vida en la casa, las intimidades y también los acontecimientos de la ciudad, en aquel tiempo lejana. Muchas veces, la nana viajó a Celaya a pasar varios días con Marta para ayudarla con sus hijos.

Marta era muy llorona, chillaba siempre, pero eso sí, fue la más bonita de todos. La mamá le dio el pecho hasta los diez meses, igual que a los demás. La vida en la casa era muy sencilla y la mamá era dura, pero quería mucho a sus hijos. Marta era más apegada a su papá, siempre lo esperaba cuando el doctor terminaba de atender y se le colgaba del cuello. Y cuando tenía pesadillas a la madrugada, lo llamaba a él, que se levantaba y se quedaba con ella hasta que se dormía. Era su reina, la preferida. Era una güerita linda que andaba para todas partes con Beatriz, tenían casi la misma edad y siempre estaban juntas. Sólo que Beatriz es gorda y Marta es muy flaquita. Cuando era chica era más gordita y el papá le llamaba "conejo", pero cuando creció y le empezaron a gustar los muchachos, no comía nada, tenía mucho miedo de engordar, era un problema.

Marta María Sahagún Jiménez, *Conejo*, como le decía su padre, estudió con la Congregación de las Teresianas de Zamora, en el colegio América. Allí se forjó gran parte de su personalidad. Era buena alumna, pero tampoco quemaba sus pestañas sobre los libros. Le gustaba jugar al ula-ula, a las muñecas y mirar televisión por las tardes. *El teatro fantástico de Cachirulo* y *Viruta y Capulina* eran sus preferidos. Y como ella misma relata, nunca pudo aprender a andar una bicicleta y tampoco a patinar. En la casona tenían una habitación especial para los niños, a la que ellos bautizaron la "habitación verde", por el color de las paredes. Allí era el lugar permitido para los juegos, ya que doña Teresa detestaba el desorden y por eso mandó preparar ese lugar especial para diversión de sus seis hijos.

Algunas veces su padre le dejaba meterse en la biblioteca y Marta se entretenía leyendo a Julio Verne o algún libro que "contara la historia de México o del mundo", que le hablara de tierras lejanas, de "historias de hombres y mujeres diferentes", aunque hoy reconoce ante mí que "no tiene libros de cabecera" y que, como es muy ansiosa, lee "varios a la vez".

Los niños Sahagún tenían mucha relación con los abuelos maternos: Jorge Jiménez Torres, *Papá Yeye*, y Josefina Vargas, *Mamá Fina*, que hoy tiene 94 años y vive en la señorial casona de Zamora. A Marta le gusta decir que, además de su padre, recibió fuertemente la influencia de su abuelo y que a veces se descubre a sí misma con actitudes y gestos que le recuerdan a él. Por ejemplo, en el "optimismo y la alegría". Los abuelos maternos la consentían en todo: en la casona ponían la música a todo volumen, recibían regalos, bailaban y los llevaban de vacaciones a lugares bonitos.

De esos años de colegio menciono siempre a tres personas: la madre Elba, la madre Joaquina y la madre Teresa. Recuerdo esa época del colegio como una etapa dura, de mucha disciplina. Por ejemplo, cuando subíamos las escaleras haciendo ruido, nos hacían bajar y subir de nuevo, pero en silencio. Eran tremendas. Ahí aprendí a conocer profundamente a Santa Teresa de Jesús, pero también con mucha libertad. Teníamos dos catecismos, uno el de ella y el otro de Osoy Serveyob. Despacio comencé a interesarme por Santa Teresa y leí su obra completa. La admiro muchísimo. Ella sigue siendo un ejemplo en mi vida, con ese carácter que se rebelaba ante el mismo Dios...

Con las Teresianas, Marta y su hermana aprendieron acción social y se dedicaron a ella. Cuenta que entre las actividades eligió una cárcel de mujeres, a donde fue por primera vez a los doce años.

Había algunas que estaban allí por el maltrato de sus maridos, pero como siempre, las que terminaban presas eran ellas, por defenderse de los golpes del hombre. Mataban para defenderse. Ahí descubrí mucho de la vida. Y en esencia me dejó algo: hasta hoy no creo en la maldad de la gente, me cuesta mucho; para llegar a cometer un delito tienes que haber sufrido mucho antes.

A los catorce años, Marta María Sahagún viajó con su hermana Beatriz a Irlanda para estudiar inglés. "Fueron las primeras chicas del pueblo que salían a estudiar afuera", aclara orgulloso su padre. Antes de emprender la retirada, la joven había dejado varios corazones rotos: eran algunos de los chavos que la rondaban, presos de su simpatía, su seducción y su belleza. "Siempre se reía y tenía carácter fuerte, mandaba mucho y los tenía embobados, atrás de ella", dice la nana, con gracia.

Por esos años, Marta tuvo un novio adolescente, su primer amor, con el que jugueteaba a ser grande. Jesús García —hoy próspero empresario, casado y padre de familia— permaneció un tiempo en su vida.

Un día, no se sabe cómo, irrumpió Manuel Bribiesca Godoy, hijo de un prestigioso médico pediatra de Zamora, de larga y conocida militancia en el PAN, aunque —según el padre de Marta— "muy violento y problemático". Ambas familias se conocían.

El futuro marido de la primera dama era robusto y alto, güero y bien parecido, pero áspero, posesivo y brusco. A pesar de los consejos paternos, Marta le dio un espacio en su vida y en su corazón. Claro que no al punto de cancelar su viaje a Irlanda por él. Era una chica que amaba la independencia y se sentía tan libre como los pájaros. No fueron pocas las veces que Marta —como cualquier adolescente de su edad en esa década— se enfrentó o tuvo choques verbales con su progenitora.

—La relación con doña Tere era difícil y, de todos los hermanos, Marta era la chava más rebelde, siempre se salía con la suya, nunca estaba en la casa, andaba por ahí con sus amigas o sus novios —me cuenta nana *Ta*, entre risitas.

Imaginarse lejos de su casa y de la rigidez materna, haciendo lo que se le venía en gana, embargaba a la niña Sahagún de una extraña excitación. No rendir cuentas a nadie, hablar hasta cualquier hora con sus amigas, divertirse, pasear, bailar, conocer otra gente, enamorarse perdidamente.

Eran finales de los años sesenta y el mundo cambiaba a pasos acelerados. En realidad, se avecinaba una convulsión en todos los aspectos: en cultura, política, economía y sociedad. México tenía 35 millones de habitantes, todavía el *smog* no era una pesadilla y gobernaba Gustavo Díaz Ordaz. En 1968 se produjo la tristemente célebre matanza de Tlatelolco, en la que fueron asesinados cientos de estudiantes y militantes que pedían más democracia y mayor participación social. Los Beatles y los Rolling Stones causaban furor, la minifalda y el bikini habían llegado para quedarse; eran los años del *flower power*, de la marihuana, los ácidos y la pastilla anticonceptiva, del amor libre. La Revolución cubana estaba en pleno apogeo y nacían las guerrillas latinoamericanas, y aunque Marta no dejaba de ser una chica pueblerina, apenas llegó a Dublín se impregnó de los ideales de cambiar el mundo. A su manera quería ser protagonista.

"No podía entender por qué había tantos pobres, por qué existían, me revelaba contra esa situación como cualquier joven de los sesenta." Pero también tenía mucha repulsión por la violencia, sin importar sus causas. "Me indignaba ver, por ejemplo en Irlanda, que en el nombre de Dios se podía matar, no lo concebía."

Apenas llegó, corrió a comprarse una minifalda, tenía pasión por la diminuta prenda, invento maravilloso de la inglesa Mary Quant, que había generado una revolución mundial en el vestir. Nada fue igual a partir de allí y de la flaquísima modelo Twiggy, de inmensos ojos delineados con *rimmel*, pestañas postizas y piernas de cigüeña, a quien todas las chicas querían parecerse.

Marta, como sus hermanas, tenía tendencia a engordar y se cuidaba excesivamente; es más, tenía pánico a subir de peso —amaba los chocolates y los pasteles—, obsesión que años más tarde le traería algunos problemas psicológicos.

Así se la ve en una fotografía de ese tiempo, delgada, falda cortísima con tablas, el cabello largo hasta la mitad de la espalda y carita de niña ingenua. Muy bonita y seductora.

Estaba tan contenta de irme de Zamora, salir, explorar el mundo, conocer gente y lugares diferentes, tener aventuras, arriesgarme… Fue fascinante para mí.

Marta y Beatriz estuvieron internadas en un colegio de monjas católicas, muy famoso por ese entonces, San José de Cluny, donde recalaban muchachas de todo el mundo en los cursos especiales para extranjeros. Se levantaban a las seis de la mañana, después de que una monja pasaba por las habitaciones haciendo sonar una campanita, y cada jueves podían salir a donde quisieran, siempre que regresaran a las nueve de la noche.

Como las demás, Marta Sahagún tuvo una tutora a la que recuerda con mucho afecto: Katherine Brenan, quien tiempo después pasó un año en Zamora. Allí hizo amigas de lugares lejanos, que le hicieron sentirse cosmopolita, moderna y libre.

El internado era frío y estricto. Por más que hacía esfuerzos para abrigarme, y eso que había calefacción, me la pasaba tiritando. Era un convento antiguo, muy bonito, a orillas del Phoenix Park, el más grande de Irlanda. Mi hermana se escapaba a los *pubs*, pero yo me quedaba, era un poco más conservadora. Me gustaba mucho el cine y salir a comprar chocolates a una tienda o ir a conciertos de jazz, cerca de Trinity College, una universidad protestante, donde tenía amigos. Muy cerca había un internado de muchachos y me entusiasmaba verlos, siempre fui muy noviera y allí tuve varios amigos. Y, sobre todo, conocí y me divertí mucho.

Al año, Beatriz regresó a la casa paterna —decía que extrañaba mucho—, pero Marta decidió completar un año más. "En el internado lo más importante era el inglés, la gramática y la fonética y yo me inscribí en los cursos para conseguir el certificado de Cambridge, para poder graduarme como maestra de inglés en dos años", recuerda.

Por ese entonces, Marta tuvo uno que otro pretendiente con el que compartió salidas al cine. La película que más amó fue *Doctor Zhivago*, dirigida por el cineasta británico David Lean a partir de la novela del ruso Boris Pasternak, y que ganó el Oscar de la Academia de Hollywood. Enamorada del personaje de Lara, de ese amor clandestino y trágico, la vio tantas veces que hasta se imaginó poder ser ella. Con Manuel intercambiaba cartas y, un día, éste, que seguía en contacto con la familia de su "novia" lejana, habló con Sahagún padre y manifestó interés en casarse con la hija consentida. Bribiesca se había recibido de médico veterinario en la Ciudad de México y tenía un trabajo.

—¿Y Jesús García dónde quedó? —pregunté a la nana.

—Y... se tuvo que ir resignado, porque cuando quiso volver a tocarla, ya la tocaba el otro, el Manuel... —respondió, pícara.

Marta regresó a México y comenzó a preparar su boda. Al mismo tiempo, se inscribió para terminar la preparatoria, lo que nunca ocurrió. Tenía 17 años y enormes ansias de escapar de la casa familiar.

—Hija, no te cases, eres muy joven… ¿estás segura de lo que vas a hacer? —preguntó Alberto Sahagún de la Parra a Marta.

—Papá, ¿y tú me lo dices? Si te casaste con mamá cuando ella tenía 16 años… —respondió, plantada en su decisión.

¿Qué podía decirle? Su respuesta me desarmó. Si yo mismo le había inculcado el amor a la libertad y la responsabilidad por su propia vida. Además, conociendo cómo era de perseverante, sé que si se le ponía algo en la cabeza, lo haría tarde o temprano. Mejor que lo hiciéramos bien. Después de todo era su casamiento.

¿Quién podía adivinar que no iba a ser feliz? Nunca entendí ese noviazgo, Manuel era brusco y vulgar, igual a su padre. Con mi hija eran como el agua con el aceite. Mire, le voy a contar algo: el padre de Manuel, con el que éramos amigos —creo que yo era el único que aguantaba su carácter—, era un neurótico compulsivo violento. En el hospital generaba enormes problemas, ninguna enfermera quería trabajar con él, por sus maltratos, pero era muy buen profesional.

Lo que pasaba es que de golpe se ponía tan violento, explotaba, que daba miedo… Y usted sabe, esa patología violenta se hereda. Ojalá que mis nietos no la hayan heredado…

Eso me dijo Alberto Sahagún en su casa de Zamora mientras desparrama viejas fotos color sepia sobre el escritorio de madera.

La nana relata:

Una tarde entré a la habitación de doña Tere, como siempre que ella estaba allí leyendo, y le dije: "Señora, a mí no me gusta nada ese Manuel con quien la Marta se va a casar, es mala persona, es muy bruto con ella…". La pobre señora me miró y no dijo nada, pero me di cuenta de que a ella tampoco le gustaba,

En enero de 1971, Marta y Manuel se casaron en el Templo del Sagrado Corazón de Zamora. Ella, bellísima y muy natural, tenía puesto el mismo vestido de seda importada color marfil, con encajes bordados y escote en V que había usado su madre cuando se casó. Estaba muy delgada y el vestido le quedó perfecto, sólo tuvieron que retocarle el ruedo, ya que su mamá era más alta. La fiesta, sobria y elegante, se realizó en el Club Campestre y fue un regalo de *Papá Yeye*, lo mismo que la luna de miel en una playa de Acapulco.

Inmediatamente, la pareja se trasladó a vivir durante un tiempo a Chilpancingo, en el estado de Guerrero, donde no la pasaron muy bien. Alberto Sahagún rememora esos meses del flamante matrimonio como "muy precarios y con carencias". Meses mas tarde, los tórtolos recalaron en Celaya, una típica ciudad del Bajío mexicano, casi una reproducción vernácula del mítico Peyton Place de aquella famosa serie conocida como *La caldera del diablo*, cuya autora es la escritora americana Grace Mitalius. Todo en Celaya es público, los secretos no existen. Y en este paraje comenzaría y terminaría una historia de amor y de odios.

En 1972 nació Manuel, el primogénito de la pareja; a los cuatro años, Jorge, y cinco años mas tarde, Fernando. Después del último niño, Marta habló con Manuel y decidieron no tener mas hijos, por lo que ella recurrió a la ligadura de trompas para evitar tomar anticonceptivos, que "eran muy nocivos". Tenían la apariencia de una familia "feliz", pero la sensación de todos los consultados es que debajo de esa aparente serenidad, había un volcán siempre a punto de estallar. Mientras los niños eran pequeños, tenían la vida de cualquier matrimonio de su condición en la zona. Celebración de cumpleaños, aniversario de boda, salidas con amigos, vacaciones y navidades. Marta fue maestra de inglés y también impartió el catecismo.

La nana *Ta*, con voz bajita, me dice:

Fui muchas veces a visitarlos y a quedarme con la señora Marta, porque su mamá me lo pedía. Para ayudarla con los niños y la casa. Y ahí veía que el señor Manuel era muy bruto con ella, la maltrataba, le decía cosas feas, y encima de todo, tomaba mucho alcohol. Y todo se ponía mal. Muchas veces la encontré llorando, pero ¿yo qué podía hacer?

Marta era dueña de una fuerte y atractiva personalidad que le dio entrada en los círculos prominentes de Celaya. Ni bien llegó, se adaptó rápidamente y vio la manera de sobresalir, de sacarse de encima la vida gris y monótona de un ama de casa del pueblo. Ya entonces generaba odios y amores, pero no pasaba desapercibida.

Éramos vecinos, yo estaba casada con mi primer marido que después murió, y la recuerdo como una mujer muy activa, ocupadísima, tenías que llamarla con turno, porque si no, no contestaba el teléfono. Hacía varias cosas a la vez y no sé cómo. Y siempre, siempre, estaba impecable. Desde la mañana temprano. Le gustaba vestirse bien, maquillarse mucho, nunca vi a Marta a cara lavada, y sinceramente, no entiendo de dónde sacaba tiempo porque tenía tres niños, un marido y el trabajo. Ya entonces tenía muy claro que quería llegar lejos, se notaba. Era ambiciosa y, a la vez, generosa.

Cuenta Luz María Usabiaga, quien además de vecina y amiga, fungió como abogada del posterior divorcio de Marta con Manuel. Una vecina de la casa familiar, cercana al matrimonio, dice:

Marta era una buena mujer hasta que se metió a la política. Ella dice que la vida con su marido era un infierno, pero lo cierto es que a partir de ahí cambió mucho. Y más todavía, cuando se fue con Fox a Guanajuato.

Su amiga Lupita Vargas, revela:

Desde que llegó a Celaya fuimos amigas, aunque entre nosotras hay mucha diferencia de edad, la quiero y respeto mucho. Es una mujer muy trabajadora y constante, que consigue siempre lo que se propone. Ayudaba a mucha gente, que la esperaba en la puerta de su casa hasta tarde en la noche en que ella llegaba. Es muy sensible, si hasta vendía cosas personales, para darle el dinero a la gente pobre.

Tere Miranda, quien fungió como su secretaria privadísima durante varios años, confiesa:

Algunas veces me mandaba a vender joyas que le había regalado su marido para darle a la Iglesia o a la gente que esperaba en la puerta de la casa. Vendió unas cuantas. Me acuerdo de un anillo muy bonito y de una pulsera. Y le habrá costado, porque le encantaban las joyas. No sé cómo hacía, pero siempre estaba trabajando, creo que prácticamente no dormía, de lo activa que era.

"Marta, la que todo lo puede". Santa Marta, como la llama su ex marido, y como a ella le gusta mostrarse: transparente, generosa, solidaria, amable, comprensiva, buena madre y esposa paciente. Aunque por dentro las llamas la consuman.

Ésa es, quizá, la frase adecuada a su estilo y tal como la gente de Celaya la recuerda, con una mezcla de envidia, maldad, cariño y temor.

Apenas llegué a Celaya me inscribí en cuantos cursos o seminarios había, no podía estarme quieta. Quería hacer cosas, además de atender a mi marido y a mis hijos. Yo luché y lucho para que las mujeres seamos valientes y nos animemos a ser, a demostrar lo que valemos. Ayudaba a mi marido en la veterinaria y también puse un puesto de venta de quesos y cremas en el boulevard de Celaya, y lo atendía personalmente. Mis amigas se quejaban porque nunca tenía tiempo para estar con ellas. Es que me exigía mucho y sigo siendo así, muy disciplinada conmigo misma, demasiado, no me perdono nada.

Otra de las actividades de Marta Sahagún de Bribiesca fue la militancia en la organización laica Los Legionarios de Cristo. "Trabaje con ellos ocho años", vuelve a decirme, y aclara que ya no tiene que ver con la Congregación, que esos tiempos quedaron atrás, que sólo es una relación de amistad.

Mientras tanto, casi a la par de los hijos, la veterinaria crecía y la familia pudo hacerse —además del rancho que compraron con dinero que Alberto Sahagún, padre de Marta, les envió— de una casa de dos plantas en pleno centro de Celaya.

En la calle Francisco Azcarateo 57, en una casa de muros y portones altos, de ventanas pequeñas y un jardín en la terraza, vivieron hasta 1998, cuando se divorciaron. Muy cerca de la residencia se encuentra el Santuario de la Virgen de Guadalupe, donde Marta iba a rezar todos los días; el bar donde compraba las hamburguesas cuando no tenía ganas de cocinar; el supermercado al que mandaba pedir los comestibles para la casa. Cuentan que Marta y Manuel querían entrar al Club Campestre —lo más exclusivo de Peyton Place—, pero como en un principio no llegó a un acuerdo, Manuel terminó a las trompadas con uno de los habitantes del lugar, en medio de un escándalo del que todo el pueblo tomó conocimiento.

La veterinaria que Manuel Bribiesca compartió con Marta Sahagún fue —y sigue siendo— exitosa. Al frente tiene las paredes pintadas imitando la piel de una vaca. Adentro todo está muy ordenado y pulcro, y los empleados corren solícitos ante la aparición de un cliente. Apenas se traspasa la puerta, hay una vaca de madera, tamaño normal, con todos sus enseres encima. Según algunos empleados y el mismo ex marido de Marta,

ella trabajaba día y noche y cuando había algún problema, lo resolvía rápidamente. Tenía facilidad para contratar gente y la frialdad necesaria para despedirla cuando algo no andaba bien.

La Organización Farmacéutica Veterinaria (Ofavesa) ocupa un edificio de tres pisos en el centro de la ciudad, en la calle Madero 323; actualmente, en el último piso, en un diminuto apartamento, Bribiesca tiene su refugio. En la cama hay vacas de peluche y en las paredes dibujos de su hijo Jorge. "No necesito más, no quiero lujos, no soy como ella…", dice Manuel Bribiesca, mientras me enseña su casa.

"Lo peor de mi vida comenzó cuando Marta se metió en política, ahí cambió, fue otra mujer. Antes tuvimos una buena vida; era una buena esposa y madre. La política nos perjudicó, echó a perder nuestro matrimonio…", agrega.

—Su hija es una puta y estoy cansado de esta situación —estalló un día Manuel Bribiesca frente a una espantada Teresa Jiménez de Sahagún, en la casa de Zamora.

En la entrada, paradójicamente, había dejado un ramo de rosas para su suegra. Cada vez que la visitaba, Bribiesca hacía lo mismo. Y el rito continuó durante años, ya cuando se había separado de su mujer y hasta que la madre de Marta vivió.

En una conversación que sostuvimos, en Zamora, la nana *Ta* cuenta:

Un día Manuel llegó a la casa y pidió hablar con doña Tere. Ella lo recibió. Estaba muy enojado, era bruto y malhablado, como siempre. Le dijo que su hija Martita era una puta [baja de pronto la voz], que se había metido en política y que abandonó la casa y los hijos. Y la señora le contestó que no hablara así de su hija, que no se lo iba a permitir, que era cosa de ellos y que el que la había metido en la política era el padre del señor Manuel, que era del PAN, que ellos no podían hacer nada. "Arréglense ustedes, ya son grandes, en esta casa nunca nadie trajo la política", le dijo la señora.

Marta María Sahagún de Bribiesca decía a sus amigas que tenía "pasta de política", que sentía arder la sangre cada vez que concurría a un acto del PAN, que quería cambiar la vida gris de Celaya, que estaba para algo más y que la militancia en los Legionarios no le alcanzaba. En 1988 se afilió al PAN, después de conocer al líder Manuel Clouthier en un viaje que éste realizó a Celaya. Había quedado extasiada escuchando el discurso del mítico dirigente, en un mitin de Celaya.

> Por un lado, mi suegro, con el que tenía una excelente relación, y por el otro lado Clouthier, me hicieron apasionarme por la política, por la vocación de servir. Ingresé al PAN y me convertí en una militante activa. Fue una decisión profunda que implicaba entregar, entre otras cosas, el tiempo que no me sobraba y, por ende, hacer a un lado lo que más quería: mi familia. Una voz dentro de mí me decía: "sigue, por ahí está tu camino y tu nuevo proyecto de vida".

En 1993, la futura señora de Fox le dijo a Manuel que quería contender por el PAN para ganar la alcaldía de Celaya. Su marido primero le puso reparos, pero luego aceptó y, según él mismo relata, "puse dinero personal para su campaña, trabajé con ella, la ayudé mucho".

La cúpula del partido, encabezada por el gobernador Carlos Medina Plascencia, le dio apoyo. Sin embargo, en una ciudad conservadora y estricta como Celaya, y en las profundidades del partido, tampoco veían con buenos ojos la candidatura de una mujer. Pero nada la detuvo y Marta siguió adelante. Con Manuel Bribiesca armó una buena dupla, se complementaron bien.

Marta estaba excitada, trabajó como nunca y se ocupó de todo: de las reuniones, de los actos, de los carteles y hasta de la discusión por su nombre. Si era con H o sin H. Finalmente, su madre le confirmó que en la partida de nacimiento Martha estaba con H, y aceptó a regañadientes, porque no le gustaba. Tampoco nadie entendía por qué su disgusto por el nombre y su capricho por escribirlo de manera diferente a la que figura en su acta de nacimiento.

En el piso intermedio de la veterinaria estableció su centro de trabajo, y el teléfono-fax que aparecía en los volantes y carteles correspondía a esa casa. *Tere* era su mano derecha y a ella —una mujer muy eficiente— confiaba sus secretos y sus ambiciones. Deambulaban día y noche, sin descanso. Una nueva etapa se abría en el estado de Guanajuato y Marta era una de las protagonistas. Estaba contenta.

Manuel Bribiesca padre fue el gran consejero de Marta para las cuestiones políticas, casi un cómplice y el hombre que le enseñó a moverse, a manejar las tácticas. Como antiguo militante del PAN —fue el primer diputado del partido en la zona—, conocía todas las trampas de la política y quería mucho a su nuera. El mismo Manuel había militado en el blanquiazul cuando estaba en Zamora, y en los años ochenta fue regidor del ayuntamiento. Cuando Vicente Fox se lanzó a la gubernatura, en 1991, Manuel intentó entrar como diputado federal por Celaya. Por esa época, el matrimonio conoció a Fox, pero no sucedió nada del otro mundo, apenas si se miraron.

Cuando decidió competir por la alcaldía de Celaya, Marta tenía 41 años.

—Ahí comenzaron a llenarle la cabeza de que era fregona y demás estupideces y ella se lo creyó. Y pensar que puse todos mis ahorros en la campaña de esa mujer, para que después hiciera lo que hizo y me dejara como un estúpido... —cuenta Bribiesca.

Marta declaró al diario *AM*, de Celaya:

El celayense es un pueblo maduro que, indistintamente de sexos, desea su bienestar, seguridad y desarrollo económico. Y que estén en el gobierno personas honestas, generosas y que garanticen un buen gobierno. Para poder yo tomar una decisión tan seria en estos momentos para mi partido y para mi pueblo, en donde he dejado la mayor parte de mi vida, donde tengo todo mi cariño y entrega, tuve que reflexionar y decir puedo, sé que soy capaz y lo voy a lograr.

Sobre su candidato, el PAN publicó en octubre de 1994, en los diarios del municipio:

> Mujer de una sola palabra, que lo que promete lo cumple, no cree saberlo todo... escucha, promotora entusiasta de los valores de la familia; realmente se preocupa por los que menos tienen; de carácter alegre; siempre simpática y amable; madre y esposa ejemplar; profesa el catolicismo,

Marta Sahagún estaba rebosante y su natural carisma, su facilidad para los discursos, la ayudaba. Con habilidad, mezclaba la religión, algo de mercadotecnia y los consejos de los libros de autoayuda. "Había gente que mientras Marta hablaba, lloraba. Yo los veía. No sé cómo hacía, era muy astuta. Los Legionarios de Cristo le enseñaron oratoria. Sabía mentir bien", cuenta su ex marido.

Por primera vez se pegaron en las paredes de Celaya gran cantidad de carteles con su figura de cuerpo entero, con *look* de señora conservadora, cabello corto y fleco, muy maquillada, y su nombre al costado, pero con H. Su candidatura era diferente, novedosa, aunque por lo mismo, su condición de mujer no la ayudaría. Su lema: "Un líder que te escucha", y una catarata *naif* de certificados de estudios y seminarios sobre ventas, creatividad y excelencia empresarial, y hasta su larga actividad en la veterinaria que compartía con su marido, amén de su labor como coordinadora de la campaña de Bribiesca para diputado federal, en 1991.

En plena campaña se publicó un desplegado en los diarios de Celaya en el cual se explicaba por qué las mujeres de la ciudad estaban con Leopoldo Almanza, su contrincante del PRI. "Estaba furiosa, indignada, nunca la había visto así", recordó Almanza no hace mucho. Y pensar que, años después, muchas de esas mujeres que la criticaban se arrimaron a buscarla, desesperadas, cuando estaba de romance con Vicente Fox y trabajaba para el gobierno de Guanajuato. Cosas de la política y el poder.

Las encuestas de las primeras semanas hablaban de que la candidatura de Marta Sahagún no andaba mal, que repuntaba. Ella estaba convencida de que triunfaría. Sin embargo, el día de la elección, 4 de diciembre de 1994, Almanza Mosqueda le ganó por 58 mil votos contra 39 mil. "Marta Sahagún fue la más feroz de las contendientes", dijo Almanza, después del triunfo.

Marta aceptó la derrota, pero se encerró en su casa varios días y lo único que hacía era llorar. Estaba enojada y deprimida. Sentía que su pequeño mundo se había derrumbado y sólo avizoraba un horizonte oscuro. La casa, los hijos, el marido, la vida de siempre, que la aburría terriblemente. Ni las oraciones a la virgen de Guadalupe la consolaban.

"Perdió porque era mujer", recuerda Bribiesca sobre aquella elección.

Al mismo tiempo las relaciones con su marido se habían desgastado hasta límites insostenibles. Él le reprochaba con insultos que ella lo rechazara, que no quisiera tener relaciones íntimas con él y Marta le contestaba que no quería porque era "un bruto". Ya no tenía paciencia y estaba decidida a tomar una determinación. Tarde o temprano haría su vida lejos de la casa. Se sentía agobiada, presa, carente de afecto. Su padre le había enseñado acerca de la libertad y el poder de decisión y —como ella misma reconoce— se había casado por "simple impulso", por salir de su casa, "sin amor". "Mi padre siempre me decía: ve y hazlo, hazlo, hazlo.

En 1995, según la historia oficial, Vicente Fox la llamó por teléfono y la invitó a ser parte de su gabinete en Guanajuato.

Hoy, ya instalaba en Los Pinos, recuerda:

¡No lo podía creer! Siempre digo que las cosas no ocurren porque sí, no son obra del azar. Porque la verdad es que yo no sabía nada, no entendía de qué se trataba el tema de la comunicación y, sin embargo, él me dijo que justamente por eso quería que me hiciera cargo del tema. Que no quería especialistas sino gente con empuje, gente leal; que había visto cómo había peleado mi candidatura en Celaya y que le gustaba tener a su lado mujeres así. Que estaba seguro de que yo lo iba a hacer muy bien. Y eso que jamás me pidió mi currículum y yo tampoco se lo entregué. A Vicente le encantaba estar rodeado de mujeres, no era para nada machista y eso fue lo primero que me fascinó de su personalidad. Tiempo después supe que fui parte de una terna, que alguien había dado mi nombre y mis antecedentes.

Antes de aceptar, Marta Sahagún viajó a Zamora y habló con su padre. Consultó con su marido y su suegro. "Tú ya sabes, en casa nunca nos gustó la política, pero como siempre te dije, haz lo que quieras, pero ten cuidado, que nada dañe a tu familia." Su madre fue la que expresó más desconfianza, detestaba la política y todo lo que tuviera que ver con ella. Para Teresa, más conservadora y estricta, las mujeres debían permanecer junto al marido y cuidando de los hijos. Manuel Bribiesca, aunque era consciente de que la pareja no funcionaba a las mil maravillas, dice que "la ayudó y alentó".

Recuerdo muy bien el primer día de trabajo, cuando llegué a que se me entregara la oficina en la que iba a despachar. El edificio era la antigua escuela de música. Es un edificio de cantera, antiguo y hermoso, aunque oscuro, porque tenía todas las ventanas cerradas. No había ni una sola flor, no había un detalle que reflejara calidez. Llegué a mi oficina y

lo primero que se me ocurrió, antes de recibir al titular que me entrega-
ba, fue pedir que abrieran las ventanas. ¡Abran los balcones!, supliqué,
y pedí un ramo de flores. ¡Esto no puede estar así; que entre la luz y que
haya un poco de alegría. La alegría y la responsabilidad son claves para
lograr un trabajo exitoso.

María Teresa Miranda, confidente y estrecha colaboradora, la
acompañó a Guanajuato. Era su secretaria y mucho más que eso: su
amiga leal, su sombra y la custodia de sus intimidades. También hizo su aparición el diseñador gráfico Alejandro Torres, un advenedi-
zo —que influía mucho sobre la futura primera dama—, y "vendió"
a Marta una supuesta gran experiencia en mercadotecnia y publicidad. "Es que a Marta, en su ignorancia, cualquiera en ese momento
le vendía cualquier cosa", relata alguien que la conoció de cerca.

El paso del tiempo y los acontecimientos políticos demostrarían
el fracaso estrepitoso de Torres y sus mentiras. Además, cuando estuvo junto a Sahagún supo aprovechar muy bien la infraestructura
de Comunicación Social para sus asuntos privados, para sus propios
negocios; lo que provocaba no pocos escandaletes y trifulcas en la
gubernatura cada vez que se descubrían los descalabros en el presupuesto del área.

A Marta le gusta contar que nunca preguntó cuánto le iban a pagar.

¡Por supuesto que no! Yo era feliz por lo que representaba un cambio
total en mi vida. Empecé a trabajar y a conformar un equipo de comunicación, sin ningún titubeo. Me asustaba un poco la responsabilidad que esto
implicaba, especialmente cuando me di cuenta de la proyección a la que
Vicente aspiraba y del tipo de gobierno que estaba decidido a construir.

Quienes la acompañaron en esos tiempos dicen que no es verdad,
que cobraba y muy bien, y que no tenía idea de la discreción en los
gastos, que era muy "gastalona".

Cuando Marta comienza su labor junto a Vicente Fox, éste vive una etapa de reconciliación, de "noviazgo", con Lillian de la Concha, su ex mujer, con la que se sentía muy unido. Le tenía mucho amor y además tenían en común sus cuatro hijos, lo más importante en la vida del ranchero.

Marta estaba totalmente seducida por Alejandro Torres. No había un hombre más "maravilloso e inteligente" que el joven "publicista". Amor platónico o no, estaban todo el día juntos y Marta había encontrado a alguien que la escuchara, que le dijera cosas lindas, que la sedujera. "Ay, me siento tan relajada con Alejandro, me olvido de todo con él", confesaba a su secretaria cada vez que se despedían en la noche. Cada mañana, Alejandro —que estaba casado con Maribel y tenía hijos con ella— le traía a *La Jefa* chocolates del Sanborns, sus preferidos. Ella se apoyaba en su escritorio, mordía la golosina y le convidaba de ella a Alejandro una y otra vez, hasta que se devoraban el regalo ante la vista de todos. Así pasaban largo rato, cuchicheando y coqueteando, como dos adolescentes, lo que hizo que las versiones sobre un romance entre los dos cobraran fuerza. Un día, Lillian de la Concha iba con Vicente en el auto, conversando, y le preguntó si era cierto lo que decían: "que Marta tenía un romance con Alejandro".

—No sé, ni me interesa, no lo creo, son tonterías de pueblo —contestó Fox.

La relación con Alejandro continuó un tiempo. La vocera de Guanajuato se sentía feliz por las permanentes atenciones del diseñador gráfico. Ella lo llamaba todo el tiempo —obsesivamente— desde su celular; incluso, cada mañana a las seis, ya sonaba el teléfono de Torres, que atendía semidormido, todavía en la cama con su esposa. "¿Qué haces? ¿A qué hora nos vemos?", preguntaba del otro lado de la línea *La Jefa* a su empleado con voz susurrante. Por las noches, cuando Marta regresaba a su casa, iban juntos en el auto de Alejandro hasta el camino a Celaya, mientras Tere los seguía despacio en su coche. Se despedían con un beso en la boca, Marta bajaba, subía con Tere y seguían su ruta.

Cuando llegaba a su casa de Zamora, Marta le pedía a su asistente que entrara con ella. Manuel era muy celoso y sospechaba; cualquier motivo era válido para hacer violentas escenas. Y siempre las cosas terminaban mal. Ella, por otra parte, estaba abrumada de problemas: si no eran sus hijos, era Manuel, con sus reclamos y sus escándalos.

En el caso particular de su hijo Jorge, el más apegado a ella, el más sensible, se abandonó a las drogas. Un capítulo que la primera dama no oculta. "Mi hijo estuvo en las drogas. Lo reconozco. Pasamos momentos muy difíciles, pero eso sirvió para que habláramos de frente; lloramos juntos." Fue Jorge quien más padeció el abandono de su madre, concentrada en su trabajo al lado de Fox. "A mí me cuesta mucho hablar con mis hijos —confiesa, apesadumbrada, Marta—, por eso les escribía cartas. Pero con Jorge no se pudo, fue muy doloroso. Tuvimos que hablar."

Una vez, después de una discusión con Bribiesca, Marta llamó llorando al sacerdote Pedro Oriol para que le diera "auxilio espiritual", y le mostró las marcas que su marido le había dejado en el cuerpo.

—¿Qué hace este "pinche cura" en mi casa? ¡Fuera de aquí! —cuenta Manuel que le dijo al religioso—. Estaban conspirando en mis narices, ella creía que yo era un pendejo que no me daba cuenta de lo que pasaba. Esa mujer es maquiavélica.

Marta estaba tan desesperada que consultaba no sólo a sacerdotes, sino a brujas y mentalistas. Ya no le importaba salvar su matrimonio, sino encontrar la manera menos traumática —para sus hijos— de librarse de su marido. Jorge y Fernando estaban de su lado, pero Manuel, el mayor, era muy parecido al padre y había llegado a extorsionarla emocionalmente con sus supuestas "infidelidades". Por eso recurría a todo lo que encontraba a mano. Un experto en control mental, de Celaya, fue descubierto por Bribiesca haciendo "cosas raras" sobre la cabeza de Marta en la sala de la casa. Marta tenía los ojos cerrados y estaba en postura de meditación.

María de Jesús Quiroz Ramírez confiesa para la revista *Avante*, de Hermosillo, Sonora:

Yo le voy a decir una cosa, uno aparentemente no sabe la vida real de las personas, pero uno que vive aquí sabe lo de cada uno. La gente qué puede decir, yo he visto muchos reportajes de ella y no sé si lo hacen por vender periódicos o por envidia, porque a mí me consta lo que han dicho en los periódicos de la señora y los modos como se ha expresado el señor Manuel de ella, nada es cierto.

—Ay, mire, la señora es un amor, a ella nunca en mi vida la he visto enojada ni mandándome a mí de mal modo; menos a sus hijos o al señor Manuel. Es una persona muy limpia y re buena en el hogar, donde le gusta hacer y cocinar. Además de guisar rápido y sabroso. ¿Qué le puedo decir de mi patroncita? Cuando los hijos eran niños, ella me decía: "Señora Mary, que mis hijos estén aquí siempre con todos sus amigos, atiéndamelos bien a todos; yo no quiero que anden por otro lado, quiero que usted esté pendiente de mi casa y a toditos deles comida". Y así lo hacíamos. Por eso la casa siempre estaba llena de muchachada. Pero le voy a decir una cosa, uno aparentemente no sabe de la vida real de las personas, pero una aquí sabe lo de cada uno. La señora era muy buena con él, muy prudente, nunca le contestaba y hacía lo que el señor le decía. Pues muchas veces la señora estaba ocupada con sus hijos y yo iba a servirle la cena al señor, y él me corría diciéndome que la obligación era de la señora. Fíjese que los problemas entre los señores comenzaron cuando la señora empezó a trabajar con el señor Fox. Pues el señor Manuel siempre la celó mucho. La señora siempre trató muy bien al señor, la separación no la provocó ella, más bien fue él por el mal trato que le daba a la señora.

Ay, si el señor Bribiesca sabe que estoy declarando esto me va a venir a reclamar, pero cuando yo lo veo a él que dice cosas de la señora, quisiera hablar y decirles que me pregunten a mí. Él, fíjese, la golpeaba mucho y le pegaba muy duro. A mí me tocó ver dos veces cuando le pegó muy feo. En una de las ocasiones le pegó tanto que no pudo ir a trabajar. Yo lo viví, yo lo vi.

—Y si había tanta comunicación y amor entre Marta y sus hijos, ¿cómo ellos nunca se dieron cuenta de que su papá la golpeaba?, preguntó la periodista Myrna Lorena Gálvez.

—No, ellos nunca se dieron cuenta, porque cuando la señora veía que el señor se enfurecía y empezaba a pelear, ella se iba a su recámara. Pero había veces que a la medianoche ella bajaba llorando. Una vez que le pegó, oí que la señora bajó llorando, pero quedito. Y salí y le pregunté: ¿le pegó el señor, verdad? Y ella me dijo que sí y yo le dije: Ay, pero usted ¿por qué no le dice a sus hijos lo que el señor le hace? Y ella me contestó: es que no quiero que ellos tengan una mala imagen del padre.

A pesar de los escandalosos altercados, Marta continuó con su trabajo, sus viajes junto a Vicente Fox y la relación con Alejandro, que no la llevaba a ninguna parte y comenzaba a agotarla. Pero, por lo menos, sus regalos y sus palabras bonitas la hacían sentir especial. Alejandro Torres le obsequiaba chocolates, flores y le inculcó la lectura de libros sobre mercadotecnia. A veces tenía ciertos toques de romanticismo *kitsch*. Un día le trajo *Los hombres son de Marte y las mujeres de Venus*. Marta, fascinada, andaba de aquí para allá con el libro, enseñándole a Tere y repitiendo frases que ella misma había marcado, como si fuera un libro de Carlos Fuentes. Ella le regaló, dedicado, *El poder de la imagen pública*, de Víctor Gordoa. Otro libro que Marta leyó en esa época, muy rápido y en una noche, fue *Regina*, de Antonio Velasco Piña, regalo de una compañera de la gubernatura. Aunque no era nada afecta a los libros, Marta Sahagún trataba de concentrarse en algo que le alejara de las peleas constantes con Manuel, de su opaca vida matrimonial y, sobre todo, de la posibilidad de tener intimidad con su marido. Hubo noches en que con todo gusto se hubiera quedado a dormir en algún hotel. Para todos era evidente que no quería regresar a la casa. Estaba claro que cuando llegaba sólo había improperios y gritos.

Un día, cuando el romance con Alejandro se estaba apagando, apareció Jesús Medina, un maestro militante del PAN de Celaya que comenzó a hacerle la corte. Era agradable, pero tampoco le rompía el corazón. Y muy atento y caballero: cada cumpleaños o Día de la Madre le regalaba una rosa. Es como si supiera que a ella le encantaban las rosas. El único problema es que cuando llegaba a su casa, tenía que dar explicaciones de quién le había entregado la rosa. Ahí siempre aparecía Tere, que la salvaba y le decía a Manuel que había sido ella la del regalo.

Con Vicente, Marta tenía una relación que iba más allá de lo laboral: se confiaban mucho, se divertían juntos, ella lo impulsaba para que peleara por más, lo animaba con la Presidencia, hablaban de política y de sus vidas, de sus hijos, aunque a ella le costaba acostumbrarse a la parquedad y distancia del guanajuatense. A veces lo descubría mirándola y ella también pensaba en él más de la cuenta. Le confesó a Tere que Vicente le gustaba y ella le decía que "estaba loca", que él estaba con Lillian y nunca le iba a corresponder. Pero nada ni nadie la paraba; como decía su padre, "si algo se le pone en la cabeza, lo consigue". Le intrigaba, por otra parte y desde que comenzó a trabajar con él, la vida privada del gobernador, su intimidad: cómo era el dormitorio, qué había adentro de sus cajones, en el baño. Y entonces insistía a Tere para que se metiera a la suite de Fox para enterarse si tenía fotografías de Lillian o de sus hijos, qué elementos había allí adentro. Muchas veces, Tere se negó furiosa a sus requerimientos compulsivos.

Un día, después de una noche de dura pelea con Manuel, cuando no pudo ir a trabajar, Vicente Fox la llamó intrigado y conversaron largamente en su despacho. Marta lloró desconsolada, le contó de su desgracia y él, conmovido, la abrazó. Y de esa manera simple algo comenzó a gestarse entre ambos. Marta le mostró las marcas de los golpes y Vicente la tranquilizó, le prometió que todo iba a estar bien, que ya iba a pasar, que se tenía que alejar de Manuel. Por esa misma época, viajaron a Asia y una noche se quedó con Vicente en la misma habitación. Se sentían solos y abandonados, y durmieron abrazados. El único problema fue que, al día siguiente, Ana Cristina la vio salir de la suite con el cabello mojado.

—Estoy muy enamorada de Vicente, es el hombre de mi vida, ¿cómo hago para que termine definitivamente con Lillian? —le confió a su mejor amiga.

—Marta, ¿qué vas a hacer con Manuel? Tú estás casada, él por lo menos está divorciado... —respondió la amiga.

Yo sabía que ella me ponía los cuernos, me daba cuenta. Estaba extraña, llegaba muy tarde a la casa y se iba en la madrugada. Para que estuviéramos juntos, yo me levantaba y le preparaba el desayuno: café, jugo de naranja, una tostada y un huevo. La veía tan delgada y quería que comiera. Pero a ella no le importaban ni los hijos ni su marido. Ella dice que yo era violento y que le pegaba. No es verdad, miente, difama. ¿Por qué no hizo una denuncia pública sobre mis golpes? Si yo le pegaba a ella, como dice, la tendría que haber lastimado mucho, por lo menos dejarla inválida, porque soy mil veces mas fuerte que ella. No, ella misma se provocaba los golpes, porque tenía problemas de circulación, y después decía que era yo. Y lo peor es que la gente le creía y le sigue creyendo...

me dijo Manuel Bribiesca cuando hablamos de los problemas de su matrimonio, en Celaya.

¿Qué ocurría en realidad? El enfrentamiento de dos concepciones, dos maneras de ser, que constituyen la historia de todos los días en miles de parejas latinoamericanas. Manuel, el macho mexicano que se siente más hombre cuando golpea a su mujer e incluso está convencido de que es la mejor manera de mantener a la esposa junto a él; y Marta, la típica mujer latinoamericana que estoicamente aguantaba y se exigía paciencia, mucha paciencia. Con sus amores clandestinos, su dedicación teresiana al trabajo, la evasión de sus responsabilidades con los hijos, pareciera que Sahagún se debatía entre el carácter libertario de su padre y el conservadurismo de la madre.

Cuando regresó del viaje a China, algo había cambiado definitivamente en su matrimonio. Marta quería irse pero temía por el futuro de sus hijos. Era 1997 y Vicente estaba más metido que nunca en la campaña, la necesitaba. Había hecho lo posible para volverse imprescindible: desde aconsejarle qué ropa usar y solucionarle todos los problemas, hasta arreglarle una entrevista. Seguía siendo amiga de Alejandro, pero sus tonterías ya no le interesaban.

"Estaba más obsesiva e insoportable que nunca, me llamaba a cualquier hora", revela una amiga de esos años. A todos los que iban al rancho donde Vicente vivía con sus hijos, les pedía que se fijaran si había fotografías de Lillian. Estaba atacada de celos, no quería compartir a Vicente con nadie y Lillian era una sombra ominosa en su vida. Marta María Sahagún era consciente de que si hacía todo como debía, se ganaría para siempre el amor de Vicente.

Durante esos años en Guanajuato se agudizaron los antiguos conflictos con su cuerpo. Desde que era adolescente siempre que se miraba al espejo se veía "gorda". Marta era tan disciplinada, obsesiva y dura, que no se permitía subir 100 gramos. Se pesaba tres veces por día y, si aumentaba, dejaba automáticamente de comer. Lo que le provocaba el efecto contrario, bajaba de peso rápidamente. Quizás aquí esté la explicación de su personalidad y ese afán por la disciplina, el orden y la perfección. Los celos, la ansiedad y el control excesivo.

Marta tiene una característica especial: o no come casi nada o come y luego va al baño y vomita, es decir, una mezcla de anorexia y bulimia, según declaraciones de gente que trabajó con ella en Guanajuato. "Varias veces la escuché vomitar en el baño. Ella me decía que era la comida, que le había caído mal", revela su ex asistente.

Una noche de fines de diciembre de 1997, llegó a su casa después de pasar la tarde con Vicente. El ranchero le había jurado que con Lillian no tenía nada más que ver, que estaban divorciados y que si llegaba a ser presidente, ella iba a trabajar con él, en un lugar de importancia. La amaba; era feliz. Igual había problemas. Los amigos de Vicente Fox la odiaban y hacían todo lo posible para quitársela de encima. Sobre todo Lino Korrodi y José Luis González y una parte del gabinete de Guanajuato. Un día Tere fue testigo de una hemorragia que atacó a Marta, producto de los disgustos y el estrés por los cuentos que "esa gente" metía en la cabeza de Fox.

Sin embargo, estaba segura, con esa convicción que le daba la fe religiosa, las recetas mágicas de los libros de *new age* y los de Deepak Chopra, de que sería la ganadora. Se sentía a un paso de la puerta grande. Un día trajo una bruja de Salamanca que le habían recomendado como "muy buena". La mujer llegó a su despacho y permaneció —según testigos— toda la tarde. Marta consiguió fotografías de José Luis, *El Bigotón*, González y de Lillian, sus enemigos más importantes. Se encerraron en el baño con Gina Morris y allí permanecieron haciendo todo lo que la mujer les indicaba, mientras desde afuera se olía la humareda que se filtraba por debajo de la puerta de la habitación. "Hicieron una fogata con las fotos de los dos", relató un testigo.

Ese mismo 1997, Manuel Bribiesca sufrió un infarto. Fue internado en la mejor clínica de Guanajuato gracias a las influencias de su esposa. Ella se internó con él, pero, curiosamente, su maleta estaba llena de trajes sastre, indumentaria nada adecuada para quien piensa cuidar a un enfermo. "Mientras yo estaba en terapia intensiva —cuenta Manuel— y todos pensaban que me iba a morir, Marta me abandonó, me dejó solo para irse con ese pinche güey [Vicente]. Así es esa mujer." En efecto, Marta llegó con su maleta preparada al hospital, pero no para quedarse sino para hacer una estación antes de partir con Fox a Guadalajara, donde se celebraría un acto público.

Marta María Sahagún había dejado todo por acompañar a Vicente y sentía que ese lugar a su lado era suyo, que le correspondía por las buenas o por las malas. Él, al igual que ella, era un ser humano con carencias afectivas, "abandonado y maltratado".

—¡Eres una puta!, ¡ya lo sabía! ¡Mentirosa, así te quería agarrar! —exclamó Manuel Bribiesca desaforado, en el borde superior de la escalera que conducía al dormitorio matrimonial de la planta alta. En la mano agitaba una carta y gritaba obscenidades, una peor que otra.

El hombre estaba recostado mirando televisión cuando Marta ingresó al lugar, lo saludó como siempre y dejó su cartera abierta sobre el tocador. Bribiesca, desconfiado, apenas Marta abandonó la habitación, revisó la cartera y encontró una carta de amor, firmada por Vicente Fox y dedicada a su todavía esposa. Fernando, el hijo menor, que en ese momento estaba en la casa, escuchó los gritos y se encerró en su dormitorio a llorar, lo único que quería era aislarse de todo. Estaba harto de las peleas de sus padres.

Fue una batalla campal más fuerte que las anteriores. Marta subió corriendo las escaleras y quiso arrebatarle la carta a Manuel, pero él le dio un fuerte empujón que la hizo rodar hacia abajo. Los gritos se escuchaban desde la calle, era tal el escándalo que el guardaespaldas llamó desesperado al hermano de Bribiesca para que viniera a poner orden. "¡Señor, está pasando algo terrible, los señores se van a matar!", dijo.

Marta y su marido seguían a los manotazos y trompadas en la escalera; en un segundo, no se sabe de dónde, apareció una pistola.

—¡Mátame, mátame de una vez! —provocó ella.

—¡Qué te crees, cabrona! ¿Me quieres enviar a la cárcel? —gritó Bribiesca, agitando la pistola en una de sus manos y la carta en la otra.

Al rato entraron, no sólo el guarura, sino un amigo de la pareja y el hermano de Manuel Bribiesca. Los separaron y se llevaron al hombre, presa de un ataque de nervios. En la vereda y delante de los vecinos, Bribiesca seguía profiriendo insultos contra su esposa. Marta se encerró en el dormitorio a llorar y, apenas su marido partió, preparó apresuradamente una maleta y salió rumbo a la casa paterna, en Zamora.

—Apenas llegó, tenía la cara desencajada, vino a conversar conmigo a la biblioteca. A solas le pregunté qué había pasado, por qué se había marchado de la casa. Se levantó la falda y me mostró unos hematomas espantosos a la altura superior del muslo. Me confesó que Manuel siempre le pegaba, pero no me dijo los motivos de la pelea de esa noche. Y tampoco volvimos a hablar del tema. Nunca antes de eso Marta me había dicho que Manuel la golpeaba y pasaron muchos años juntos. Todo puede ser, no pongo las manos en el fuego por nadie, porque yo no lo vi golpeándola, pero él tenía fama de violento por lo que antes ya le conté de su padre. Era muy bruto desde joven —me confesó Alberto Sahagún de la Parra en su casa.

Rápidamente, Marta y Manuel iniciaron los trámites del divorcio en Celaya. Todo ocurrió más civilizadamente de lo que esperaban después de aquella brutal pelea. El matrimonio Usabiaga se encargó de todo. De cualquier manera, algo entre ellos se rompió definitivamente. Cuando pregunté a Marta por qué se había separado de Manuel luego de 27 años, ella me dijo categórica: "porque me maltrataba, me humilló y me pegó". Acto seguido, cambió automáticamente de tema como si ese hombre jamás hubiera existido, no sólo en su vida sino en el mundo entero. El día de hoy, Marta María Sahagún de Fox no habla de su ex marido por nada del mundo. Su rostro cambia de expresión cuando alguien lo trae a la memoria. Como si ese tramo de su vida estuviera borrado.

Se repartieron los bienes como correspondía —cincuenta y cincuenta— y ella, mientras tanto, se quedó a vivir en la casa de Celaya hasta que la campaña electoral entró en ebullición, en la recta final, y se trasladó a México. Manuel se mudó un largo tiempo al Hotel Celaya Plaza, rumiando su rencor y su odio, estado que permanece sin alteración en el presente. Más tarde llegó el pedido de anulación matrimonial, al que Bribiesca se niega terminantemente.

"Pasamos 27 años juntos, ¿de qué me hablan esta mujer y los curas que la asesoran?". En la carta del Tribunal Eclesiástico de Celaya, en el tramo principal, dice "que el matrimonio se debe disolver, porque no vivieron de acuerdo con las leyes de Dios". Los argumentos son la juventud e inexperiencia de Marta al contraer matrimonio y las golpizas que Manuel le propinaba. Los testigos son sus hermanas Teresa y Beatriz y su amiga de Zamora, Guadalupe Méndez. A Manuel Bribiesca siempre le negaron acceso al expediente y el hombre jamás aceptó firmar al margen de la última petición que recibió en diciembre de 2002.

Alberto Sahagún, con cierta resignación, explicó:

Cuando mi hija me contó que quería anular su matrimonio me opuse terminantemente. Le dije lo que pensaba: que los golpes no son excusa válida y que el hecho de que ella era muy joven tampoco. Que hiciera lo que quisiera, ella es grande. Pero le aclaré que si le daban la anulación, sería por acomodo, porque es la esposa del presidente y que eso no le haría bien al presidente y al país, que no era un buen ejemplo. Pero ella no me respondió nada y la cosa sigue. Marta es así, muy especial y muy tenaz.

Allá en el rancho grande...

"Cada uno de nosotros viene a este mundo a trascender, a dejar huella, aportando su grano de arena para hacer de esta tierra un lugar para ser felices"; así comienza su "recuento autobiográfico y político" Vicente Fox. Inspirado por las figuras emblemáticas de Manuel J. Clouthier, *Maquío* —a quien emuló en el tono y el estilo desde sus primeras apariciones públicas—, Manuel Gómez Morin y Francisco I. Madero, el ahora presidente de la República afirma que, no obstante los privilegios y comodidades del lugar donde nació y creció, convivió siempre "con los demás chiquillos, hijos de ejidatarios", con quienes, asegura, compartió "juegos y travesuras".

Existen, por lo menos, dos Vicente Fox, el ranchero aguerrido, entrón, temerario, que durante su campaña protagonizó actos de auténtico histrión cuando aplastó con sus botas muñecos de plástico que simulaban "víboras prietas y tepocatas" —símiles de priistas—, y el actual presidente, que con el tiempo se tornó débil, disminuido y acabado, dueño de una personalidad asimétrica que fluctúa entre la afirmación y la inmediata negación de aquello sostenido apenas la víspera.

El oscilante comportamiento de Fox a lo largo de su vida política ya mereció la atención de expertos psicólogos. La revista *Proceso*, en su número del 16 de marzo de 2003, reprodujo la opinión de varios especialistas sobre los dislates del ranchero. Armando Barriguete Castellón, ex presidente de la Asociación Psicoanalítica Mexicana y de la Sociedad Mexicana de Neurología y Psiquiatría, afirmó en entrevista con Rodrigo Vera que Fox

> no es un mentiroso, no es un mal hombre. Al contrario, es un hombre bien intencionado que cree que México está muy bien. Pero le está fallando de alguna manera el juicio de realidad porque la realidad de México es otra. Cuando era candidato, Fox funcionó como un Mesías, como un hombre voluntarioso, omnipotente, casi un mago o un dios, que vino a conquistar al pueblo de México haciendo las mayores promesas que pudieran proferirse. Lo extraño de todo es que, ya como presidente, ese pensamiento mágico continúa: lo que él piensa lo da como realizado.

En opinión de Manuel González Navarro, investigador del área de psicología política de la Universidad Autónoma Metropolitana, Fox es un hombre de fe y ese rasgo "refuerza todavía más su creencia de que en México todo está bien".

En términos psiquiátricos, el presidente sufriría de una falla en el juicio de realidad, lo cual no significa que sea mentiroso sino que da por hecho aquello en lo que cree. La dependencia de Marta Sahagún, la segunda mitad de "la pareja presidencial", como el propio Fox llama a su matrimonio con su mesiánica esposa, motivan a pensar, según Barriguete, "en una madre fuerte, entrona, impositiva, que se mete y domina la situación. Podemos decir que es una personalidad que, de alguna manera, se somete a la figura femenina, por un exceso de confusión entre mujer y madre." Pero ¿quién dice ser el propio Fox?

"Soy un hombre de campo, como lo ha sido toda mi familia a lo largo de cuatro generaciones. Mis orígenes son como los de muchas familias en México, producto de la unión de culturas y formas de pensar distintas pero enraizadas en esta tierra." En efecto, el abuelo paterno de Fox, según su versión, fue un irlandés que llegó a territorio mexicano en 1913. Fue en Guanajuato donde sentó sus reales y compró el famoso rancho de San Cristóbal.

Sin embargo, hay por lo menos otras dos versiones acerca de la ascendencia del presidente con botas, lo cual revela la frágil memoria del presidente o su negligencia al arrojar frases, datos e informaciones sobre los que no tiene entera certidumbre.

Miguel Ángel Granados Chapa, en su biografía no autorizada, cita el trabajo de Bruce Fielding e Hilda Rico —que contó con el aval del ahora residente de Los Pinos—, en el cual se afirma que los Fox no llegaron de Irlanda, sino que fueron alemanes migrantes a Estados Unidos. Aquí cambiaron su apellido a Fox, traducción inglesa del original.

En otra versión, citada por Granados Chapa, Joseph Fox, fundador de la familia, se identifica como

descendiente de ingleses y alemanes [que] llegó a Irapuato en la primera década del siglo XX, enviado por una firma estadounidense fabricante de carrocerías para carretas con el encargo de cobrar un adeudo pendiente de una ensambladora local.

El padre de Fox, José Luis Fox Pont, hijo de Vicente Fox y Librada Zamora, oriunda de la sierra de Comanjá, Guanajuato, fue el menor de cuatro hijos. Nació en Irapuato el 11 de agosto de 1912 y creció en el campo, a diferencia de su futura esposa, Mercedes Quesada, nacida en San Sebastián, España, pero radicada en México desde los cinco años.

De fuertes raíces católicas, la madre del ahora presidente asistió al Sagrado Corazón, colegio religioso adscrito a la Congregación del Verbo Encarnado. Mujer obstinada y decidida, encargada de clasificar las películas que los domingos exhibían en los cines locales para autorizar la asistencia o no de sus hijos, Mercedes Quesada siempre llamó a su esposo, según relata el propio Vicente, *señor Fox*. La figura matriarcal de doña Mercedes sigue tan vigente hoy como hace cincuenta años.

Fue en casa de una amiga en el Distrito Federal donde conoció a José Luis Fox, marido y cuñado a un tiempo, pues un hermano de ella se unió en matrimonio con una hermana del *señor Fox*. El clan se expande a través de una cadena de suegras, suegros e infinidad de primos con los apellidos invertidos.

Sociedad cerrada como todo clan, cuando el abuelo de Vicente Fox repartió el predio familiar de Guanajuato, Mercedes y José Luis se mudaron a San Cristóbal, un pueblo minúsculo en el municipio de San Francisco del Rincón, a 25 kilómetros de León y a otros tantos de Lagos de Moreno. La pareja procreó nueve hijos, de los cuales el segundo fue Vicente.

Viuda temprana, Mercedes aprendió las labores del campo y ordeñó las vacas suizas del rancho antes de arreglar a sus hijos para enviarlos a la escuela. Católica sin ser mocha, según afirma su segundo hijo, se ha mostrado renuente a abandonar la propiedad familiar. Antes del triunfo de Fox, no se cansaba de insistir en que no iría a vivir a México "ni aunque le pongan casa en Los Pinos", cosa que ha cumplido.

En una entrevista para la televisión concedida en junio de 2000 a Carmen Aristegui, Pedro Ferriz de Con y Javier Solórzano, días antes de las elecciones que llevaron a Vicente a la silla presidencial, doña Mercedes señaló que no veía a su hijo como primer mandatario del país. "No creo que sea presidente, no lo visualizo que llegue, no creo", decía oronda la señora. Y mostró su sorpresa ante la locuacidad de su hijo: "desde pequeño Vicente era lidercito de sus otros hermanos varones y siempre fue serio y callado; pero ahora no sé por qué se ha vuelto tan platicador, parece loro".

Segundo eslabón en la cadena de nueve hermanos, Vicente Fox nació el 2 de julio de 1942 en la Ciudad de México, en el hospital de la Sociedad Española de Beneficencia. Llegó al mundo bajo el signo de cáncer, el cuarto del zodiaco occidental, y es caballo en el horóscopo chino. Tiene varias características de cáncer —curiosamente también Carlos Menem nació un 2 de julio—, por ejemplo: es introvertido, miedoso y ama la vida en familia es susceptible, amigable y altruista, terco y caprichoso, muy sensible y, como tal, le gusta sentirse protegido. Su fantasía y necesidad de un mundo propio hacen que a veces ignore y olvide el contacto con la realidad. Si no se siente seguro, se encierra en sí mismo.

Tres días después sería trasladado al rancho familiar. Sus estudios transcurrieron siempre bajo la observancia de las órdenes religiosas. La mayor parte de la educación primaria la cursó en el Colegio La Salle de León y después en el Instituto Lux de padres jesuitas. Además de Vicente, la familia está constituida por José Luis, el mayor de todos, Cristóbal, Javier, Mercedes, Martha, Susana, Cecilia y Juan Pablo.

De personalidad retraída —"solía ser muy callado", confiesa el propio Fox—, el titular del Ejecutivo, cuya madre contaba con un confesor y consejero jesuita, afirma que su educación fue "netamente religiosa, pero nunca fuimos mochos".

Su vocación por el trabajo no estuvo peleada con la disipación ("en la juventud todos somos muy atrabancados y fumar a escondidas era una prueba de 'madurez'"). Afecto a las labores del campo, la cacería, el futbol y la toreada, "para eso de las novias" no tuvo igual suerte. El propio Fox señala que siempre fue "muy malo" en ese terreno y "mucho peor" para el baile. "Yo nunca fui noviero... cómo me casaron, sólo Dios lo sabe", admite impertérrito el presidente con botas que no es mocho.

La región donde creció y se educó Fox tiene un viejo pasado de catolicismo militante y violento, hecho que documentan Miguel Ángel Granados Chapa y Édgar González Ruiz en sendos libros.

La influencia de la Guerra Cristera, pero sobre todo del sinarquismo, le ha ganado a León el mote de Sinarcópolis. Según Granados Chapa, "allí nació, el 23 de mayo de 1937, la Unión Nacional Sinarquista, mesnadas de católicos pobres que, oscilantes, buscaban el Reino de Dios en el cielo o en la tierra."

La fe católica del niño Fox fue una impronta desde su infancia. Así lo suscriben sus biógrafos oficiales, Bruce Fielding e Hilda Rico:

[Vicente] se interesaba mucho por las vidas de los santos y el ejemplo que él tomó de ellos lo ha llevado consigo durante toda su vida y hasta el día de hoy; y como mencionó su mamá, Vicente es una persona sumamente piadosa [y hasta] comenzó a pensar que la mejor forma de servir era abrazar el sacerdocio.

El rancho de San Cristóbal fue el origen de las fortunas e infortunios personales de Fox. De la propiedad derivaron otros negocios familiares que, paulatinamente, traspasaron las fronteras y se dedicaron a la exportación de brócoli, chícharo, coliflor y papa. De esa intensa actividad comercial surgió Congelados Don José, una sociedad encargada de la transformación y empaque de productos, así como Botas Fox. José, Cristóbal y Vicente fueron los responsables, a través de los años, de la administración de las distintas empresas, a las que más tarde se sumaría el menor, Juan Pablo, con catastróficos resultados.

La propiedad no ha estado exenta de reclamos e irregularidades. En agosto de 1999, por ejemplo, la Procuraduría Federal de Protección al Ambiente impuso al entonces gobernador de Guanajuato una multa por la posesión de media docena de avestruces cuya legalidad no fue acreditada. La multa se pagó pero las controversias en torno del rancho no cesaron.

Asimismo, ejidatarios de San Cristóbal siguen reclamando la devolución de las 300 hectáreas de terreno que por ley les pertenecen. Por decreto presidencial, en 1937 el gobierno federal expropió 2 114 hectáreas de la hacienda La Purísima, propiedad del papá de Fox, que debieron repartirse entre 215 ejidatarios pero a quienes sólo cedieron 1 814 hectáreas. En 1992, los campesinos ganaron un amparo que obligaba a la Secretaría de la Reforma Agraria a intervenir para que las tierras en posesión de los Fox fueran devueltas. El escándalo no termina ahí.

Amén de la progresiva cosmopolitización de los habitantes del pueblo, que ahora visten a la moda, sobre todo los jóvenes, y son acosados por los medios informativos desde la llegada al poder de su vecino, en menos de un año se destinaron más de siete millones de pesos para remodelar el lugar con motivo del encuentro que Vicente Fox sostuvo con su homólogo estadunidense George W. Bush. Todo parecía ser normal e incuestionable, pero un aciago viernes 13 (de septiembre de 2002), el contralor Francisco Barrio Terrazas admitió ante el Congreso de la Unión que en el rancho de Fox se habían usado recursos federales, provenientes del ramo 33, para los trabajos de remodelación.

Sin embargo, el gobernador del estado, Juan Carlos Romero Hicks, aclararía después que los siete millones de pesos provenían del llamado ramo 29 estatal y que todo se ajustaba a derecho. Para no dejar lugar a dudas y aclarar otros 10 millones de pesos destinados al rancho para diversas obras, la Auditoría Superior de la Federación decidió verificar la aplicación de los recursos del ramo 33. Lo cierto es que ningún otro rancho o población del estado ha tenido la inyección de recursos que San Cristóbal: el lugar al que siempre volverá el hijo pródigo a lo largo de su vida.

La juventud de Fox transcurrió en medio de las comodidades de las clases pudientes de León a las cuales pertenecía. Se le veía viajar en motocicleta rumbo a la cafetería de Woolworth, donde solía reunirse con sus amigos cuando tenía entre 16 y 18 años.

En 1960, José y Vicente viajaron a la capital para matricularse en la Universidad Iberoamericana, donde el segundo optaría por la carrera de Administración de Empresas, a pesar de su gusto por la arquitectura, que por ser bastante pesada, "demasiadas materias, mucha tarea y pocas horas libres", debió excluirla. José Luis y Vicente vivieron, durante su estancia en la capital, con la tía Luisi en la calle de Puebla, casi esquina con Orizaba. Inscrito siempre en escuelas sólo para varones, la vida universitaria fue su primera experiencia en una institución educativa mixta, donde "me la pasaba viendo piernas", confiesa Fox. Si no se distinguió por contarse entre los mejores alumnos ("nos la vivíamos en la cafetería jugando dominó"), el futuro presidente sí fue ducho en la colocación de apodos a sus compañeros de clase. A él, por provinciano, le llamaban *el Indio*.

El tiempo libre transcurría entre el cine y Sanborns, "el escaparate ideal para que los chamacos pudiéramos ver chavas". Al parecer, el vaquero de San Cristóbal se confiesa fascinado por los *westerns*, en especial los protagonizados por John Wayne y Gary Cooper.

No obstante su residencia en la capital, Fox se mantuvo atento al funcionamiento del rancho familiar, que durante dos años estuvo invadido. Símbolo y punto de referencia psicológica, él afirma que a San Cristóbal "todos regresamos y todos [lo] tenemos como el eje de nuestras vidas".

A pesar de confesarse no mocho, el primer mandatario subraya la importancia que en su formación tuvieron los jesuitas, tan vertebrales como el rancho.

Durante sus años universitarios, Fox compartió el aula con gente vinculada a la banca del futuro. Fue compañero de Amparo Espinosa, hija de Manuel Espinosa Iglesias, presidente y director general de Bancomer; de Roberto Hernández, futuro presidente de Bana- mex; y de José Madariaga, también banquero.

En noviembre de 1964 y después de enviar su currículum a cerca de 40 empresas, Vicente Fox ingresó a trabajar en Coca-Cola, cuando estaba por concluir la carrera. Entre otros motivos, el *grandote*, lla- mado así por sus amigos de juventud, confiesa que le atraía trabajar en un lugar donde no se requería saco y corbata, prendas de vestir por las que siempre ha tenido aversión. Sin embargo, en entrevista con su ex esposa, Lillian de la Concha, ella me dijo que Vicente ja- más usó botas durante sus años en la empresa refresquera, adonde acudió siempre de traje y zapatos cuando fue directivo. Las botas vinieron después, a su salida de Coca-Cola. *El grandote* solía incluso burlarse de sus hermanos, que sí usaban botas, pues les espetaba que nunca habría de quitárseles lo rancheros mientras vistieran así.

A raíz de su ingreso a la trasnacional, Fox se desligó por comple- to de la Universidad y pospuso su titulación hasta el 24 de marzo de 1999, cuando ya fungía como gobernador del estado de Guanajuato. Su examen profesional versó sobre la propuesta de un plan básico de gobierno (1995-2000) del estado. El jurado calificador lo apro- bó por unanimidad y no alcanzó la mención honorífica debido a que su promedio final de la carrera no alcanzaba el puntaje requerido.

En Coca-Cola comenzó como repartidor, entregando refrescos en los puestos apostados fuera de las industrias de Naucalpan. Su primera encomienda duró una semana, pues después sería traslada- do a Morelia, donde supervisaba las rutas foráneas y locales. La fi- losofía de trabajo que adquirió en estos años le servirá al todavía entonces universitario para sus posteriores tareas como jefe de Es- tado; "este concepto de servir al cliente —afirma—, la eficiencia y la rapidez en la entrega, son elementos fundamentales también en el gobierno".

A Michoacán siguieron Puebla, Tampico, Monterrey, Chihuahua y Culiacán. Cinco años bastaron para una meteórica carrera, que le infundiría los arrestos que extrapoló al mundo, más pantanoso y vacilante, de la política. De vendedor de ruta transitó a supervisor, gerente de zona, gerente de operaciones (ya de vuelta en la capital), la dirección de mercadotecnia y la presidencia de la trasnacional, posición que ocupó de 1974 a 1979. Parece que de este periodo se desprende la compulsión de Fox a viajar, pues desde entonces divide su tiempo y espacio entre distintas regiones del mundo; en aquellos años fueron México, Estados Unidos y Latinoamérica.

La falible memoria del futuro gobernador de Guanajuato lo lleva a hacer afirmaciones inexactas, que coinciden con esa pérdida del principio de realidad a la que aluden los psicólogos. Por ejemplo, en su autobiografía habla de su visión del presidente Luis Echeverría, "quien llegaba con todo su gabinete y Rosa Luz Alegría" a sus reuniones con los empresarios, entre los que se encontraba él, el quejoso. Sin embargo, Granados Chapa anota que aquí confunde Fox los sexenios de Echeverría y López Portillo, con quien sí participó estrechamente la citada Rosa Luz Alegría.

Los amigos que Fox hizo durante esta época serían definitivos después, ya que fueron ellos quienes le prestarían apoyo logístico en la campaña presidencial. Es el caso de José Luis González, cuyos hijos son ahijados de Vicente.

Regiomontano, González compartió con Fox un departamento en Tampico, adonde los envió Coca-Cola. El propio José Luis se jacta de haber recogido como trofeos muchas de las mujeres que buscaban al *grandote*, pero como éste se mostraba siempre indiferente, González terminaba por granjearse el interés de las muchachas. José Luis fue en 1997 el artífice de la organización "cuasi" delictiva

Amigos de Fox, a la que se sumaron Lino Korrodi y Cristóbal Jaime, otros dos viejos camaradas de Coca-Cola.

Fue durante sus años como trabajador en la empresa refresquera cuando hizo acto de presencia la única novia formal del futuro gobernador de Guanajuato. Lillian de la Concha era la secretaria del presidente de la compañía cuando Fox se desempeñaba como director de mercadotecnia. El romance, que se prolongaría por cerca de veinte años, comenzó a instancias de la propia secretaria de Fox, Luz María Aguilar, quien, según la autobiografía de éste, medió para que el ranchero acompañara a su futura consorte a una fiesta. Sin embargo, como asienta Granados Chapa, la versión de la propia Lillian difiere en forma importante de la de Fox. Ella afirma que fue Vicente quien la

> comenzó a cortejar sutilmente [...] cierto día de septiembre de 1971 un grupo de colegas de trabajo fuimos a comer al restaurante La escondida, por la carretera de Toluca. [Ahí] me reveló que se quería casar conmigo, si bien pedía que le diera tiempo para terminar con la novia que por entonces tenía [...] Nos queríamos casar en diciembre del mismo año, pero Vicente estaba a punto de ser enviado por la empresa a Harvard, para realizar estudios de mercadotecnia y no regresaría hasta marzo.

Fox, por su parte, ofrece otra versión de las circunstancias. Según él, en 1971, después de una estancia en la Universidad de Harvard, donde estudió un diplomado en alta gerencia, lograron "echarle el lazo" ese mismo año. El matrimonio se celebró el 18 de marzo de 1972 en el Templo de Nuestra Señora del Rayo, al que asistieron muchos amigos y familiares de las dos familias.

Un día antes, el novio llevó serenata a su prometida. Al son de las canciones rancheras, entonadas por el *grandote*, y las copas que hacían ya sus estragos, el guanajuatense decía a la muchacha por el interfón: "De la Concha, De la Concha, bájame un *Alka Seltzer*".

Cuando contrajeron nupcias, Vicente Fox contaba con 29 años, pesaba 80 kg y medía 1.95 m, mientras Lillian tenía 21, pesaba 40 y medía 1.59.

Me enamoré de Vicente apenas lo vi, tan guapo, tan alto, tan masculino. Estaba loca de amor por él. Un día me dejó un regalo en el cajón de mi escritorio y me llamó por teléfono, me pidió que me fijara de qué se trataba. Abrí el cajón y era un estuche con un anillo de compromiso, precioso. Di un grito y él me preguntó si estaba loca, que por qué reaccionaba así, si yo sabía que él me amaba. A los seis meses nos casamos. Él me decía *Sota* y yo a él, *Chaparrito*.

Son los recuerdos que comparte Lillian de la Concha conmigo mientras tomamos un refresco en un café de Polanco. Conversamos más de cinco horas. La ex esposa del primer mandatario es muy bonita, delgada y elegante, simpática y extrovertida. Su estilo es discreto, apenas un toque de maquillaje y nada de joyas. Se advierte que es una mujer sufrida, que pasó por el infierno, con todas las contradicciones de cualquier mujer divorciada y sola, y que pudo salir de él con alegría, sin hipocresías, con optimismo.

Después de que Vicente se casó nunca más volvimos a hablar, ni a vernos. Nunca me dio una explicación y yo decidí dejarlo tranquilo, que hiciera su vida. No es mi estilo armar escándalos. Por algo será que actuó así, de una manera inusual en él. Me volqué más que nunca a la religión, descubrí a Cristo, recé mucho y me aferré a mis hijos. Nos volvimos a ver, después de mucho tiempo, en el casamiento de Vicentillo y sé que fue un golpe para los dos. Por la manera en que me miró, estaba muy conmovido. Veintiséis años juntos no se olvidan así nomás y tenemos cuatro hijos, que no son poca cosa.

Ahora Lillian de la Concha tiene una única y gran felicidad: su nieto Vicente, hijo de su hijo Vicentillo. Heredero del amor que por años la unió con Vicente Fox Quesada, al que ella sigue considerando el "gran amor de su vida". "Si él me pidiera que regresáramos juntos, con los ojos cerrados le digo que sí, que lo sigo al final del mundo.

La luna de miel transcurrió en Europa. A su regreso se instalaron, primero, en un departamento de la calle Porfirio Díaz, a un lado del Parque Hundido de la Ciudad de México. Fox dice que su vida matrimonial transcurrió con normalidad y entre sus aficiones estaba ir a ver a Olga Breeskin. Tres años después se mudaron a una casa sobre Altavista, en San Ángel. Esta propiedad pertenecía a doña Mercedes Fox. Durante los años en la capital, Vicente y Lillian paseaban, viajaban y salían con amigos.

> Nos llevábamos muy bien, éramos muy compañeros, en todo sentido. Por ese entonces, no se le pasaba la política por la cabeza. ¿Cómo era en la intimidad? Vicente siempre fue tímido y la educación religiosa tan estricta que recibió influyó mucho en él. En su casa, hasta el día de hoy, el sexo es una mala palabra y, entonces, Vicente era muy prejuicioso, con muchos tabúes, nunca tomaba la iniciativa, pero era muy dulce, muy tierno cuando se soltaba. Nunca fue un *latin lover*, pero nos llevábamos bien, nos entendíamos.

En 1979, el matrimonio se trasladó al rancho San Cristóbal, luego de que Vicente optó por volver a los negocios familiares y rechazar el ascenso que le ofrecían en Coca-Cola; esto último motivó un gran desencanto en Lillian. La intimidad de la novel pareja transcurría entre gestos de cariño que ella protagonizaba: solía quitarle las botas a Vicente cuando volvía del trabajo, así como darle masaje en la espalda.

Su desazón de aquellos años la evocó en una entrevista para la revista *Actual*: "El día que íbamos al rancho yo lloraba amargamente, pues para mí aquello era como el destierro. Durante el camino, Vicente sólo me miraba. Siempre ha sido muy poco apapachador". De hecho, el ranchero era muy olvidadizo. Jamás se acordaba de los cumpleaños ni de los aniversarios. Lillian recurría a la picardía para recordárselo. Un día antes de alguna fecha especial, colgaba letreros por los lugares donde su marido pasaba para recordarle: "Vicente, mañana es mi cumpleaños", "Vicente, mañana es nuestro aniversario".

De la Concha vivió el traslado a la sociedad tradicional leonesa como un castigo. En el rancho no había teléfono, el camino era de terracería y todos los servicios eran deficientes. Al cabo del tiempo, la depresión de Lillian era tan fuerte que decidió recurrir a la ayuda de un psicólogo. "Nunca nadie de la familia se va a atender con un psicólogo", le prohibió terminante su esposo. Aunque dedicó parte de su tiempo al trabajo en la casa cuna fundada por la familia Fox, lo cierto es que su vacío no pudo ser llenado al invertir Vicente la mayor parte del tiempo en el trabajo. El ingreso a la política precipitó la separación, que Lillian vivió como un abandono.

Por ese tiempo aciago, los padres de Lillian habían enfermado de gravedad. En un lapso de seis meses, a los dos se les declaró un cáncer terminal, que a De la Concha le partió el alma. Fue tremendo. Padre y madre estuvieron internados, en diferentes pisos, en el Hospital Militar de México, y por ser la hija que más cerca estaba de sus progenitores, cargó con todo el peso del cuidado.

No sé cómo hice para vivir, tenía que ocuparme de todo. Iba de un piso a otro del hospital llorando a escondidas. El cáncer es una enfermedad espantosa, es ver cada segundo cómo esa persona que amas se va consumiendo de la peor manera. Mamá era bellísima y estaba deformada por la quimioterapia y a mi papá teníamos que mentirle sobre lo que le pasaba. Esa época fue muy dolorosa, ellos estaban tan, pero tan mal, y yo me sentía tan sola, tan abandonada, tan deprimida. Llegué a pesar 40 kilos... Lamentablemente, Vicente no pudo o no supo acompañarme. Recuerdo que una noche me avisaron a la casa de mi suegra que había muerto mi mamá. Doña Meche vino a avisarme y Vicente me trajo en auto hasta México. Yo lloraba y lloraba en el viaje y él, mudo, no me dirigió la palabra. Manejaba con la vista fija y no hablaba. ¿Cómo se puede ser tan duro?

Curiosamente, esa dureza fue doblegada por el PRI, que al contender con Fox en pos de la gubernatura por primera vez, distribuyó volantes que rezaban: "No puede gobernar a su mujer y quiere gobernar Guanajuato". Ésta fue la primera ocasión en que Fox cedió a la provocación y se enredó en una serie de dimes y diretes que revelaron su falta de sensibilidad política y su desconocimiento de las formas y códigos de la profesión que había escogido como destino.

La insatisfacción personal terminó por dominar al exitoso ranchero. El ofrecimiento de la dirección corporativa de Coca-Cola para América Latina fue, en efecto, rechazado por Fox, quien fiel a sus raíces, tomó la decisión de regresar al terruño para atender las empresas familiares, en particular la fábrica de botas, que conoció los vaivenes de la oferta y la demanda.

Mientras Fox escalaba puestos en Coca-Cola, sus hermanos se dedicaron a diversificar las empresas familiares. No sólo crecieron los establos, la cría de puercos y la generación de alimentos, sino que se consolidó la industria de las botas vaqueras. Estas últimas terminarían por ser un símbolo de la personalidad del guanajuatense. Fox comenta que él apoyó a sus hermanos "dentro de las limitaciones propias del sueldo" que percibía como empleado de la trasnacional.

El trabajo en Coca-Cola sería fundamental para el desarrollo de la personalidad y el pensamiento de Fox. Como afirma Granados

Chapa, el "fundador de la república empresarial" interiorizó sus 15 años en la trasnacional como "un modo de ser, una marca simbólica de la manera norteamericana de vivir y de un singular estilo empresarial basado en la publicidad y la mercadotecnia tanto o más que en el producto mismo".

Cuando regresó al rancho San Cristóbal, Fox y sus hermanos construyeron un edificio de tres plantas como sede de las oficinas ejecutivas de las empresas. Contrataron ejecutivos del extranjero expertos en finanzas y mercadotecnia, lo cual pone en duda el salario exiguo que Fox dice haber recibido como empleado de Coca-Cola.

Chente comenta que en esa época se vivió el *boom* de la bota vaquera, sobre todo por el éxito de *Urban Cowboy*, película protagonizada por John Travolta. Sin embargo, como "la agricultura y la moda tienen algo en común: son muy caprichosas", se vieron obligados a ajustarse a las necesidades del consumidor que, repentinamente, sobre todo entre las mujeres, reclamó otros modelos con colores más vivos y diseños sofisticados. La conmoción por vestir botas duró tan sólo 18 meses, no así en el ánimo del futuro presidente, para quien las botas son una suerte de santo y seña.

Los Fox debieron prácticamente rematar el excedente de botas que tenían para vender la mercancía. Según palabras del *grandote*, las pérdidas económicas ascendieron a un millón y medio de dólares.

"Para bien o para mal, siempre me ha gustado pensar a lo grande", dice el ranchero. Para promover la tienda de botas en León, Vicente recurrió a toda suerte de artilugios, desde traer a Mar Castro, la *Chiquitibum*, quien fuera célebre por sus senos turgentes en tiempos del Mundial de Futbol México 1986, hasta organizar la premier de *Perdidos en la noche* (*Midnight Cowboy*) con Dustin Hoffman y John Voight, una célebre película muy a contracorriente del conservadurismo leonés y que, según confiesa Fox, no vio, pues afirma que "de acuerdo con mi cuñada Lucha fue muy controvertida, tanto que hasta hubo gente que salió del cine; pero eso sí, todo el pueblo estuvo un mes hablando de la inauguración de una tienda de 1.5 por 2 metros". El mercado, sin embargo, se deprimió y hoy "Botas Fox fabrica de todo menos botas vaqueras".

El regreso de Fox al mundo de los negocios familiares no estuvo exento de escollos e incluso estuvo signado por el fracaso, no sólo por el asunto de las botas. Errores de perspectiva y las crisis de 1982, 1987 y 1995 condujeron a las empresas de la familia a una situación insostenible. Los diversos créditos con instituciones bancarias se acumularon e incrementaron y no pudieron cubrirse en las condiciones pactadas. Por ejemplo, destacan el crédito de Banca Serfín a Congelados Don José el 11 de diciembre de 1995 por un millón 450 mil dólares, el contrato con Banamex por un millón 200 mil dólares y el de Probursa con 2.5 millones de dólares. No obstante la situación, estos asuntos pudieron reestructurarse.

No ocurrió lo mismo con otros créditos: como el absorbido por Banorte de tres millones 800 mil dólares (que forma parte de la cartera vencida vendida al Fobaproa) o el de 483 mil 969 dólares con el Banco Nacional de Comercio Exterior.

En aquellos años, oscilantes entre la prosperidad y el descalabro económicos, Fox y Lillian no pudieron concebir por cuenta propia un niño después de ocho años de intentarlo. Lillian perdió cinco embarazos, el último de cinco meses: tenía endometriosis y por tanto las pérdidas eran muy dolorosas. Después del último, el médico le extirpó el útero y un ovario. Fue Lillian quien impulsó el recurso de la adopción y convenció a su suegra, que no estaba de acuerdo con la idea por nada del mundo. "Imagínense, quién sabe de dónde vienen y ¿si después traen problemas?", se preguntaba doña Meche. A lo que su nuera le respondió: "señora, también los hijos propios pueden traer problemas, nadie está exento de ningún peligro o desgracia".

Cuatro niños se integrarían a la familia: Ana Cristina, Vicente, Paulina y Rodrigo. Ana Cristina surgió de una casa-cuna de Monterrey. Tres años después llegó Vicente, once meses después Paulina y el proceso de adopción de Rodrigo llevó cuatro años. Esta experiencia motivó a Fox para fundar la Casa-Cuna Amigo Daniel en Guanajuato, en recuerdo del hijo de Cristóbal Fox, quien murió ahogado cuando contaba con tres años.

> En la casa cuna todos los niños son entregados ante Dios, en actos muy emotivos, y no necesariamente a familias adineradas. Hemos entregado en adopción a chiquillos con familias humildes y ha funcionado perfectamente bien.

Años después, sin embargo, Lillian y Vicente se separan, primero, y después se divorcian. En 1999, año de la impresión de *A Los Pinos* —en pleno romance con Marta Sahagún—, Vicente Fox confiesa estar

> totalmente inmerso y comprometido con mis cuatro hijos y con mis tareas de servicio en la política; eso me consume las veinticuatro horas del día. Lo que sí rechazo tajantemente es que se diga que para ser presidente de la República hay que estar casado. Nunca tomaría una decisión como la de casarme por razones de ese tipo o por taparle el ojo al macho; sólo el tiempo dirá cómo se desarrollará mi vida personal y familiar hacia delante.

Y el tiempo lo dijo.

Los hijos jugarán un papel importante en la vida política de Fox, ya sea en la demostración de su fe católica, en la obsesión por aparecer en las páginas de sociales, en las reuniones del *jet set* citadino, en la celebración de una boda, en la línea imprecisa entre los ámbitos público y privado, o en la manifestación de su repudio al matrimonio de su padre con Marta Sahagún. En junio de 2000, por ejemplo, unos días antes de la elección presidencial, Ana Cristina Fox, la más pública de todos los hijos, declaró en una entrevista para la televisión que no dejaría que su padre contrajera nupcias: "en la familia tenemos una educación católica y va contra nuestra religión".

El primer encuentro de Fox con la política ocurrió en el sexenio de Miguel de la Madrid, cuando en una reunión con empresarios de León —Vicente presidía el consorcio Venexport, que conjuntaba a diez empresas exportadoras de la región— el orador criticó las reglamentaciones a las que debían sujetarse los exportadores. Era el primer enfrentamiento del ranchero con un presidente de la República.

Sin embargo, Vicente data el 3 de noviembre de 1987 como la fecha fundamental en su vida. Ese día le llamó por teléfono su viejo amigo Manuel J. Clouthier, el único candidato a la Presidencia por el Partido Acción Nacional que logró la simpatía de ciudadanos fuera del voto duro del blanquiazul, para proponerle que se sumara a la lucha política. *Maquío* pidió ayuda a la madre del reacio ranchero: Ayúdeme a convencerlo, doña Mercedes —solicitaba un suplicante Clouthier.

La influencia de la madre —de quien le viene la simpatía por el PAN, según Fox—, lo impulsó a lanzarse como candidato a diputado federal en las controvertidas elecciones de 1988.

Sin embargo, Granados Chapa señala que si bien la apelación a *Maquío* funciona como símbolo, la realidad fue otra. Más que Clouthier, se debe a Ramón Martín Huerta el envite dado al guanajuatense para participar en política.

107

Huerta fue director de la Asociación de Industriales de Guanajuato entre 1984 y 1987, compañero de Fox en la Cámara de Diputados, su secretario de gobierno y sucesor en la gubernatura del estado. Fue él quien convenció a Carlos Medina Plascencia para disputar la alcaldía de León e incluso lo asesoró, bajo la mirada fiscalizadora de Fox, cuando asumió la gubernatura interina de Guanajuato.

Después de mucho insistir con Fox, Huerta recurrió al presidente del PAN en el estado, Alfredo Ling Altamirano, para invitarlo formalmente a sumarse al PAN. Cuenta Granados Chapa que

en octubre de 1987, antes del telefonema de Clouthier, Ling visitó a Fox en sus oficinas de la calle Venustiano Carranza 705 (Botas Fox) y le entregó la declaración de principios y los estatutos del PAN, y un catecismo titulado "Respuestas" que contestan a las preguntas más frecuentes sobre ese partido. Y en diciembre siguiente hizo el breve viaje de León al rancho San Cristóbal, en busca de la reacción de Fox. Éste ya había hablado con Clouthier telefónica y directamente. Dos semanas después de su postulación, ocurrida el 20 de noviembre, el ex candidato a gobernador de Sinaloa había estado en aquella ciudad. "Yo le recomendé a *Maquío* que le hablara a Fox", ha dicho Ling Altamirano. Poco después, Fox llenaba su solicitud de afiliación.

Crítico del panismo tradicional, el propio Vicente se siente heredero de los llamados Bárbaros del Norte, empresarios que se suman a las filas del Partido Acción Nacional para acceder al poder. *Maquío*, Ernesto Ruffo, Francisco Barrio, Fernando Canales y Rodolfo Elizondo son una constelación que para el *grandote* representaba una estela. Este modelo más pragmático fue el comienzo de la aplicación de técnicas empresariales a las tareas de gobierno.

El primero de enero de 1988 y sin convención democrática de por medio —por esos años el PAN difícilmente tenía candidatos, así que agarraba lo primero que se le cruzaba por el camino—, ya estaba yo en plena campaña para ser electo diputado federal.

No sería la primera vez. Cuando Fox se aventura por la senda hacia la silla presidencial, el partido sería un instrumento, una comparsa apenas que se ve imposibilitada de frenar el ímpetu del vaquero. Todavía hoy, la conflictiva relación del presidente con el PAN tiene más un sesgo de utilidad que de coincidencia.

El primer mitin de Vicente fue en la colonia San Miguel, en León, Guanajuato, frente a doce personas. La campaña de Fox transcurrió bajo la sombra de Clouthier, de quien, afirma, aprendió "la forma de conducirse, de hablar y vivir con la verdad en la política".

De ser un hombre "chiveado", según sus palabras, pasaría, *a posteriori*, a desatar su boca y perder toda inhibición.

Granados Chapa cuenta una anécdota de Martín Huerta; al proponerle a Fox la candidatura, recibió como respuesta, en tono de broma, un: "A mí no me invite a ser diputado, yo quiero ser gobernador". Acto seguido, Fox preguntó qué hacían los diputados porque sí tenía interés.

Citados por Granados Chapa, los reporteros Cutberto Jiménez y Sara Noemí Mata, del diario local *AM*, relatan las inseguridades del futuro presidente de la República, quien no acertaba a construir un enunciado.

> Cuentan que Vicente preguntaba y volvía a preguntar hasta cómo pararse; cómo en un mitin en la colonia Santa Clara y otro en el barrio de San Miguel, en León, le costaba hilvanar un par de ideas; el que leyera su mensaje resultó peor: yo no le sé a esto del micrófono, decía al iniciar y concluir sus breves discursos.

Los tres meses de campaña no estuvieron carentes de dificultades. En ese periodo la familia Fox experimentó la invasión del rancho, la

Secretaría de Salud clausuró la congeladora de frutas y verduras Don José, administrada por el hermano, y estalló una huelga en Botas Fox. Para evitar ser más amedrentado, Vicente recurrió a la simulación y presentó a uno de sus hermanos como priista convencido, reacio a la oposición.

Fox se ufana de haber contado desde su ingreso a la política en 1987 con un plan estratégico muy claro que consistía en ganar las tres diputaciones federales y las tres locales en disputa el 6 de julio de 1988, conseguir la presidencia municipal de León en diciembre y la gubernatura en 1991.

Fox llegó finalmente a la LIV Legislatura como diputado federal. De ese periodo señala que sus mejores recuerdos datan de los días cuando el Congreso se constituyó en Colegio Electoral para calificar las elecciones, contaminadas por el tufo del fraude. Fue aquí cuando Fox ganó cierta notoriedad entre sus compañeros, aunque al día siguiente, como asienta Granados Chapa, ningún diario consignó la intervención del guanajuatense. Histriónico desde entonces, Fox acompañó su airada denuncia de las elecciones que dieron el triunfo a Carlos Salinas con dos grandes orejas de papel que emulaban la seña particular del nuevo presidente y un discurso en el que hablaba en primera persona como si fuera el propio Salinas. Se dice que a partir de entonces, Salinillas —así llamado por Fox— tomó como una afrenta personal la burla de Vicente. "Si alguien denunció y criticó al presidente cuando toda la iniciativa privada le aplaudía, fui yo", dice un Vicente jactancioso.

A partir de este momento, la brecha entre Fox y su partido comenzaría a abrirse. Él mismo comenta:

[en] 1988, cuando finalmente tuvimos tirado al sistema y le pusimos el pie en el pescuezo, fuimos una bola de coyones y no le dimos el tiro de gracia cuando pudimos, en gran medida por una corriente de temerosos

al interior del PAN. En ese momento, se levantó el cadáver, se rasuró la cabeza, le crecieron las orejas y en tres años se recuperó por completo.

El trabajo de Fox no atendió en forma prioritaria su labor como diputado en el Congreso. Después de una huelga de hambre en señal de protesta, que transcurrió del 15 de diciembre al 22 de diciembre de 1988, al pie de la columna del Ángel de la Independencia, Clouthier decidió fiscalizar la labor del gobierno espurio con un gabinete alterno del que Vicente Fox formó parte. Este grupo de trabajo se instaló el 23 de febrero de 1989 y en él participaron panistas de vieja raigambre como Fernández de Cevallos, Canales Clariond, Sada Zambrano, Castillo Peraza, Bravo Mena y el novato político Fox, a cargo de política agropecuaria. En sentido estricto, el ranchero guanajuatense fue el único que presentó públicamente un documento programático sobre los cambios necesarios en este rubro, que adelantaría con mucho su visión de gobierno.

Muy diferente fue el proceso para lanzarse a la elección para la gubernatura de Guanajuato en 1991. La candidatura la obtuvo de forma contundente. Según su testimonio, ganó la asamblea de 4 500 militantes con 92 por ciento.

El neopanismo, empero, ya había sentado sus bases en Guanajuato desde 1964, de donde surgió un diputado por mayoría, Luis Manuel Aranda Torres. En palabras de Miguel Ángel Granados Chapa,

la campaña y la victoria de 1988 se habían gestado, más que en las oficinas del PAN, en el domicilio de la Asociación de Industriales de Guanajuato. Sus principales líderes: el presidente Elías Villegas Torres, el vicepresidente Vicente Fox y el director Ramón Huerta fueron diputados entonces […] De ese modo, es comprensible que en aquel núcleo de poder se planeara ir más allá, por la gubernatura: "poner al hombre en la silla", según la fórmula sintética generada por Martín Huerta, a quien le quedaba claro, a mediados de 1990, que Fox debía ser el candidato.

De la mano de Elías Villegas y Martín Huerta, Fox diseñaría su estrategia para ganar la convención. Fue en esta época cuando surge el primer antecedente de Amigos de Fox, que motivaría cientos de dolores de cabeza para los entusiastas promotores del voto útil. Para contender por la gubernatura del estado, Fox creó la Organización para la Liberación del Estado, que reclutó a cerca de 25 mil simpatizantes con el objeto de recaudar fondos para la campaña. Al igual que lo haría años después, Fox se adelantaría a todos y comenzó su campaña antes de que los otros partidos eligieran a sus candidatos.

La contienda electoral fue intensa y estuvo signada por las descalificaciones, en particular por la ascendencia o residencia de los candidatos en el estado. A Fox el PRD le cuestionó que no hubiera optado por la nacionalidad mexicana a los 18 años, dado que su madre ostentaba la nacionalidad española.

En el caso del candidato del sol azteca, Porfirio Muñoz Ledo, futuro colaborador después de ser enemigo político, Fox impugnó la decisión del Tribunal Electoral, que luego de negar la inscripción del candidato por no comprobar su residencia en Guanajuato de acuerdo con la legislación electoral, dio marcha atrás y resolvió aceptar la candidatura, al parecer después de una entrevista de Muñoz Ledo con el temible secretario de Gobernación, Fernando Gutiérrez Barrios. Fox se encabritó y despotricó en contra del Tribunal, al que ya había calificado en una ocasión de "tribunal integrado por marionetas".

En esas ironías que suele tener el destino, Jorge Castañeda Gutman, a la postre secretario de Relaciones Exteriores en la presidencia de Fox, saldría en defensa de Muñoz Ledo, a quien apoyó durante la jornada electoral. Castañeda afirmó que Fox era un hombre honesto, democrático y valiente que cae sin mayor recato en las contradicciones propias de un sistema político autoritario. Fox no explica por qué, si se puede violar tan impunemente la legalidad electoral como parece estar afirmándolo, él mismo y sus demás compañeros de partido votaron a favor del Código Federal Electoral, que justamente enmarca y permite las transgresiones a la legalidad que él denuncia.

A partir de este diferendo se da la primera aproximación entre Castañeda y Fox. En 1994, el primero invita al guanajuatense al Grupo San Ángel y en 2000 Fox lo integra a su equipo de trabajo.

Una pieza angular en la campaña fue Leticia Calzada, una economista egresada del Tecnológico de Monterrey, que se encargó de integrar las propuestas que en su área profesional abanderaría Fox. El encuentro fue indirecto y circunstancial. Se dio una ocasión en que una joven asistente de Calzada le mostró a su jefa una fotografía de Fox reproducida por la revista *Proceso*. "Mira, quiere ser gobernador: está muy cuero, es inteligente y tiene güevos", afirmó con elocuencia. Esta suerte de retrato virtual del futuro presidente impresionaría a más de un simpatizante y partidario del voto útil para elegir al ranchero como el candidato idóneo.

El 24 de julio tuvo lugar lo que, en palabras de Granados Chapa, pudo ser "el primer debate en una contienda electoral en la historia mexicana". Los debates, que Fox aprendería a aprovechar de la mejor manera en el futuro, con su famoso "hoy, hoy, hoy".

En el debate, convocado por José Gutiérrez Vivó y transmitido por Radio Red, Fox invirtió la mayor parte de su tiempo en advertir sobre el fraude que se fraguaba y dio muestras de su visión de gobierno, tan cercana entonces como ahora a la gestión empresarial. Vicente Fox señaló: "como presidente de Coca-Cola para México y Centroamérica, manejé muchos más recursos económicos que los que maneja el gobierno del estado, y tuve que hacerlos productivos y provechosos".

Los sondeos de opinión apuntaban, incluso en los diarios como *AM* y *El Norte*, cercanos a Fox, una ventaja del candidato priista Ramón Aguirre. El triunfo sería concedido a éste, quien según las cifras habría obtenido 53% de los votos frente 35% del propio Fox.

El abultamiento de las cifras obtenidas por la alquimia electoral generó suspicacias y puso al desnudo cientos de irregularidades. Además, las cifras dadas por la Comisión Estatal Electoral fluctuaron en el nivel de la confusión.

Un apoyo importante para Fox en la ola de protestas provino de Cuauhtémoc Cárdenas y el PRD. Junto con Porfirio Muñoz Ledo, Fox dio una conferencia de prensa donde dijo contar sólo con los resultados de 25% de las actas, pero con ellas la ventaja sobre Aguirre, aducía, era inobjetable. Poco después, en una manera que marcaría el estilo Fox de afirmación-negación, el propio candidato señaló que, debido a las irregularidades, las actas dejaban de ser un instrumento de protesta confiable y lanzó una frase que le serviría de caballo de batalla en su campaña para sacar al PRI de Los Pinos: "todas [las actas] son una marranada".

Las protestas se acumularon y la marcha de sesenta kilómetros, llamada "La Caminata por la Democracia", abarrotó lo mismo la ciudad de Guanajuato que León, Celaya, Irapuato y Dolores. En el cuarto mitin, celebrado el 23 de agosto en León, hizo acto de presencia Muñoz Ledo, en forma tan inesperada como el 2 de julio de 2000; con peculiar oratoria calificó las elecciones de Guanajuato como "el fraude más sistemático y perverso que conoce la historia de México" y expresó su deseo de sumar "convergencias democráticas".

Por su lado, Ramón Aguirre se comportaba como legítimo ganador y se granjeaba el apoyo de empresarios locales, entre los que estaba nada menos que Javier Usabiaga Arroyo, firmante de un desplegado publicado en la prensa. Sin embargo, la ola de protestas derivó en la solicitud de declinación a Aguirre, quien cobijado toda su vida por la disciplina partidaria, acató la resolución cocinada en las altas esferas del poder.

Las fraudulentas elecciones, no obstante, coronaron las llamadas concertacesiones entre el Ejecutivo, en este caso Salinas, y el PAN, que fue premiado de distintas maneras a cambio de su respaldo a las políticas económicas. Salinas no parecía, sin embargo, dispuesto a conceder un espacio de poder a su acerbo crítico, por lo que dio la gubernatura interina a Carlos Medina Plascencia, alcalde de León, que según Fox fue una propuesta suya.

Granados Chapa rectifica y afirma que no fue así. Vicente señala que

en la plaza Mártires del 2 de Dnero de León les aseguré a todos los panistas ahí reunidos que el gobernador interino sería un miembro del partido. Ante miles de militantes abrí la posibilidad de que alguien como Carlos Medina, alcalde de León, ocupara la silla y así lo propuse.

Por su parte, el periodista, columnista de *Reforma*, en una versión confiable y documentada, escribe:

No ocurrió así. No hubo tiempo de que ocurriera de ese modo. Los atónitos diputados, que a las 11 de la noche del jueves 29 conocieron la inopinada respuesta de Aguirre, lo acompañaron al anuncio público de su decisión y a la medianoche volvieron a la Legislatura, donde Fox hablaba ante algunos de sus seguidores y lo más que ofrecía es que el interino no sería priista [...] Al mediodía del 30 de agosto, día de Santa Rosa de Lima, comenzó la sesión y poco después de la una quedó a discusión el dictamen con el nombramiento del todavía alcalde de León. Fue imposible aprobarlo en ese momento, porque una muchedumbre asaltó el Palacio Legislativo y obligó a suspender la sesión. Sólo en la madrugada del domingo 1º de septiembre pudo consumarse la designación, tras muchos forcejeos de todo género. Entre el mediodía del viernes, momento del primer intento, y la noche en que efectivamente se congregó el mitin de que habla Fox, circuló profusamente la noticia del nombramiento de Medina.

Promotora, sí, de la candidatura de Medina para ocupar la gubernatura interina, la Legislatura saliente, sin embargo, tenía preparado para Fox un traspiés que flotaría como una desgracia en el ánimo del político empresario. El lunes 9 de septiembre se aprobó una reforma a la Constitución local que impedía a Vicente presentarse a una nueva elección, como era de esperarse. En la iniciativa de reformas se indicaba que sólo podían gobernar Guanajuato los nacidos en el estado, independientemente del tiempo de residencia.

A raíz del descalabro de Fox, el guanajuatense resolvió retirarse de la vida política. Sin embargo, su celebridad empezaría a forjarse justo en la toma de posesión de Medina Plascencia, donde fue más vitoreado que el nuevo gobernador. En palabras de Ortiz Pinchetti, reportero de *Proceso*, la foximanía reaparecía en ese acto.

En 1988, Lillian, después de la crisis que le provocó la enfermedad de sus padres, habló sinceramente con Vicente, le contó por lo que estaba pasando y le pidió el divorcio. Él le suplicó que lo "acompañara hasta las elecciones para gobernador de 1991, si no los del PRI van a decir que soy un maricón". Y ella aceptó. En ese infierno de conflictos, discusiones, dolores no resueltos, hartazgo y mucha soledad, Lillian conoció a Miguel Ángel Dávila, el dueño de una imprenta de Guanajuato, que le ofreció trabajo y con quien tuvo una relación amorosa.

No sé qué me pasó con él, sólo sé que si tuviera que dar marcha atrás en mi vida, si tengo que borrar alguna cosa, sería eso, la etapa con ese hombre. No tenía nada que ver conmigo, pero por lo menos me escuchaba y era cariñoso, me ponía el hombro para llorar. No sé qué me pasó, Vicente era mi amor, mi vida, mi esposo y yo sé que lo abandoné. Estaba tan loca, tan deprimida. No podía comer, ni dormir, todo era un desastre… Quería morirme y nadie me escuchaba, mi esposo no me escuchaba y me costaba tanto pensar en mis hijos, a los que adoro y por los que daría mi vida…

A fines de 1991 y cuando terminó la elección a la gubernatura, Vicente Fox le dijo a Lillian que si quería irse podía hacerlo. Así nomás, como si se tratara de un mueble. Lillian preparó sus cosas y partió. Miguel Ángel le ofreció trabajo en la imprenta y ella aceptó, seguía muy mal anímicamente, se preguntaba todo el tiempo cómo Vicente, que decía que la amaba, la había dejado partir. Tenían discusiones constantes, duras peleas, se decían palabras fuertes. Ella le expresó lo que pensaba y él también, aunque después le pedía perdón y le repetía que la quería, que siempre la iba a amar. Lillian habló con doña Meche y le contó la historia. Ella la miró, severa como siempre, y le dijo: "Tú sabes lo que haces, eres grande, pero acuérdate que la que abandona el hogar eres tú".

Cuando decidió romper con su matrimonio, Fox, según palabras de ella, "no luchó por retenerla". Lo cierto es que en aquel tiempo los problemas entre ellos habían tomado otro cariz. Las peleas con Lillian eran públicas y escandalosas. Ella contaba en todas partes que él la maltrataba, que la ignoraba como mujer, que le decía vulgaridades. Y los amigos de él, Lino Korrodi y José Luis González, pujaban para la separación, pero por otro motivo.

—Vicente, todos saben que Lillian te pone cuernos, la han visto abrazada con alguien en una moto, déjala —recuerda hoy Korrodi que le decía a Fox.

En 1992, Lillian se fue definitivamente. Vicente quedó destrozado y sólo atinó a escribir, a volcar en un papel sus sentimientos.

Largas cartas en las que expresaba su amor profundo por la chilanga, la güera que años atrás le había robado el corazón y con la que construyó una familia. ¿Quién tenía la culpa? ¿Quién sabe? Una pareja es algo tan misterioso como el universo.

Hay tres cartas que hablan por sí solas; tres cartas que, sin embargo, no lograron retenerla. La decisión ya estaba tomada y parecía, al menos en esos momentos, irreversible:

Enero 10 de 1992.

Lillian:

Me dio mucho pesar y tristeza tu última carta del 5 de enero de 1992.

Yo tengo una visión y una interpretación muy diferente de nuestro matrimonio, de mi familia, de tu familia y, sobre todo, de nuestros hijos.

No sé realmente la intención de esa historia que relatas con destiempos y distorsiones. Hoy quiero agradecerte profundamente la vida que llevamos juntos, los aciertos y los problemas, los amores y los pleitos, las alegrías y las tristezas.

Te quise, te quiero y te querré hasta el fin de mis días.

Vicente

Enero 24 de 1992.

Sota:

Consecuencia de un día tenso, de la crisis misma por la que estamos pasando, y la "pendejeada" que me diste, exploté con malas palabras.

Pido nuevamente disculpas y te pido olvidemos ambos esa breve y explosiva conversación.

Vengo haciendo grandes esfuerzos por cambiar detalles que afectaron nuestras relaciones. Hoy intento el diálogo en vez del silencio. Hoy te expreso con claridad los sentimientos que desde siempre he tenido por ti. Hoy comprendo que nuestros hijos nos necesitan unidos para ser felices, responsables y exitosos en todos los aspectos de la vida.

Te quise, te quiero y te querré hasta el fin de mis días. ·

Vicente

18 de marzo de 1992.

Lillian Margarita de la Concha de Fox:

Hace exactamente 20 años, el 18 de marzo de 1972, a los acordes del himno de la alegría y ante innumerables testigos, pero sobre todo ante la presencia viva de Dios, juraste: "Vicente, prometo amarte, respetarte y serte fiel hasta la muerte".

Hoy, 18 de marzo de 1992, has decidido terminar este compromiso y romper este juramento. Pronto, dices, nuevamente prometerás ante los hombres amar a otro hombre. Como tú bien sabes, ante la única y verdadera ley, la de Dios, no existe más que un solo matrimonio y un solo compromiso que da generación a una unidad independiente, la familia. Con un destino superior y sublime para la procreación y la educación de los hijos en el amor a Dios. Por tanto yo seré tu único y verdadero esposo para siempre.

Han sido 20 años. Después de un noviazgo que nos dio oportunidad de conocernos mutuamente en todos y cada uno de los aspectos en que pueda conocerse física, moral y espiritualmente, al término del cual decidimos casarnos por la Iglesia.

Toda una vida y, al mismo tiempo, sólo un instante. Llena de amor y quejas. De alegrías y tristezas, realizaciones y sinsabores, aciertos y errores, plena de vivencias y cristalizaciones.

Como pareja, al encontrarnos en la intimidad de ser para el otro. Al establecer el profundo compromiso de ser para los dos y para los demás y particularmente para el hijo, decidimos adoptar, en un acto del más puro y profundo amor, antitesis del egoísmo, a Ana Cristina, Vicente, Paulina y Rodrigo.

Hoy que te vas, quedan 4 súper-maravillosísimos hijos, fruto del máximo grado de conciencia, responsabilidad y libertad. Lo más propio del hombre no es lo más instintivo y biológico, sino el grado con que asume su responsabilidad de padre. El hijo es como la obra maestra de los padres, es carne de su carne, y hueso de sus huesos, es como una prolongación de su propio yo, es como un complemento de su ser, un perfeccionamiento de su íntimo ego. Su pasado se proyecta en el futuro, quiere para su hijo lo que no tuvo para sí mismo, su experiencia de vida la pone al servicio de quien debe vivir. Los padres viven para los hijos. Se complacen en los hijos y se miran en ellos.

Hoy nos queda la rica experiencia mutua vivida a lo largo de 7 300 días juntos. El amor de los hijos y la satisfacción de haber puesto lo mejor de nosotros mismos.

Dejas atrás con tu decisión muchos sueños, muchas posibilidades y oportunidades, esperanzas de dos familias y 8 seres humanos, 6 de ellos menores de edad, sin posibilidad e indefensos para cargar culpa o cruz. Pero sobre todo dejas la misión o la tarea comenzada aún sin terminar. Para cada ser humano, para cada familia hay predeterminada una misión propia, una misión específica y profunda en esta vida. Y para la familia Fox-De la Concha esta tarea queda inconclusa al faltar tú.

¿Que estoy sentido? ¿Que estoy profundamente afectado?... Sí y mucho, muchísimo; estoy herido, muy herido.

Siento impotencia por dejar la tarea sin terminar, siento profundo pesar de debilitar considerablemente las posibilidades de realización y trascendencia de mis cuatro hijos, ya de por sí, con una importante desventaja ante la sociedad, siento temor y preocupación por la incertidumbre de tu realización y casi imposible felicidad, porque tú no podrás acallar la voz de tu conciencia...

[…] ¿Desearte felicidad? No puedo, no puedo ir contra la naturaleza y sobre todo, contra la ley de Dios que decidió sabiamente, a través del matrimonio, formar la familia. También al igual que el hombre, única, irrepetible e indivisible, imagen y semejanza de su propia familia.

Otros se desahogan por la vía de la violencia, la venganza o el apresurado olvido, yo lo hago escribiéndote estas líneas.

Te vas, dices, a construir un nuevo hogar… ¿sobre qué sólidos cimientos? …las cenizas de dos familias y 8 seres humanos que dejas a la deriva…

[…] ¿Con qué tranquilidad de conciencia y paz espiritual te despertarás cada día, cuando se hace un nuevo juramento de amor sin haber cumplido el otro?

¿Cómo se puede estar casada ante Dios con uno y ante las leyes del hombre con otro?

¿Cómo se puede amar, educar y enseñar con el ejemplo a los hijos desde otra casa que no es el hogar que los engendró y que no respeta el principio de la indivisibilidad?

Hoy nos toca una triste y difícil despedida. Por las equivocaciones que haya cometido, te pido perdón, jamás fueron hechas con intención de herir, por los olvidos y falta de atención a nuestro hogar, familiar y personal, te pido mil disculpas, por la falta de expresión, comunicación y la muestra diaria de amor que siempre te tuve, hoy, quizás tarde, he reconsiderado.

Hoy, 20 años después, vuelvo a comprometer y reiterar el amor que te he tenido, el amor que ha crecido, el amor que vivirá hasta la eternidad. Tú irás a lo que llamas tu nuevo hogar, donde dices encontrarás lo que estás buscando, una nueva aventura que deberás emprender por ti sola, bajo tu propio riesgo y libertad. Aquí permanecemos el resto de la familia Fox-De la Concha, mantendré unida esta familia, le daré seguridad, confianza y fortaleza. Buscaré incansablemente las condiciones en este hogar para que sean campo propicio de moralidad, valores universales, religiosidad y singularidad como institución matrimonial y familiar donde nuestros cuatro hijos puedan aspirar a desarrollarse, crecer, trascender y alcanzar la felicidad. De ser preciso, abandonaré todo otro campo de actividad, aceptaré cualquier sacrificio, entregaré aun la vida misma si fuese necesario, pues mi propia trascendencia y realización la encuentro en estas maravillosas personitas. Quiero vivir para mis hijos, complacerme en ellos, mirarme en ellos y alcanzar a Dios junto con ellos.

No te digo adiós sino hasta pronto, pues en el cielo seguirás siendo mi esposa, mi única esposa.

Vicente

—¡Quiero que sepas que a un Fox nadie lo abandona! ¡Te vas a arrepentir! —gritó desesperado Vicente Fox a Lillian, momentos antes de que ella abandonara el rancho. Desesperado. Pero no sirvió de nada, su mujer se fue, estaba agotada y deprimida.

Terminado el proceso de divorcio de Fox con Lillian de la Concha, se consumó su retiro de la política y su retorno a la vida familiar fue obligado. Estaba solo y a cargo de cuatro niños.

En el café, Lillian afirma:

Sé que han dicho cosas feas de nosotros y de Vicente. Nos divorciamos de mutuo acuerdo, jamás dije que "era impotente" o algo parecido. Eso es una barbaridad, una calumnia de algún malintencionado. Lo mismo cuando dijeron que era "estéril", no, yo era la que tenía problemas. Él me pidió que le firmara la custodia de los niños, que "todo iba a estar bien" y como yo no podía tenerlos, acepté, pensando que los iba a ver cuando quisiera, pero no ocurrió así. Vicente estaba muy enojado conmigo y sólo me permitía verlos una hora por semana. Y así fue un tiempo. Yo sufrí mucho en esos años, pero, bueno, los malos tiempos traen enseñanzas y te hacen crecer internamente. Sé que jamás volvería a hacer lo que hice...

Cuando Fox ya era presidente electo y Lillian se encontraba en Italia por iniciativa de él, comenzó el proceso de anulación del matrimonio. Vicente no había, por supuesto, consultado a su ex esposa, a quien le había pedido irse a Italia mientras él pensaba qué harían ambos ahora, pues desde hacía un par de años existía una suerte de reconciliación. Las razones para la anulación esgrimidas por Fox fueron: "mi mujer estaba loca antes de casarnos y sólo tomé conciencia de ello tiempo después".

Lillian, que no tuvo acceso al expediente y se enteró *a posteriori* —al igual que Bribiesca, el ex esposo de Marta, con su propio proceso—, recriminó con palabras muy duras a Fox. Él, sereno, le dijo por teléfono: "Bueno, *Sota*, tú sabes, es una simple formalidad. No pasa nada". Pero ella, sumida en la desesperación, le dijo: "yo no sé nada, sólo sé lo que está escrito".

Fox había contratado en Italia al mejor especialista en derecho canónico, el profesor y doctor Luis De Luca, para seguir el caso. El trámite sigue aún su curso, pero, pase lo que pase, Lillian afirma que jamás lo firmará.

El 4 de enero de 2001, Lillian y sus hijos consiguieron una audiencia privada con el Papa Juan Pablo II. El intermediario fue el padre Marcial Maciel. El fundador de Los Legionarios de Cristo presentó a "Lillian de la Concha de Fox como esposa del presidente de México". La ultracatólica Paulina le pidió al pontífice que por favor bendijera a su familia, pues ella quería que todos estuvieran nuevamente juntos.

La estancia en Italia fue difícil. Durante el tiempo que vivieron ahí, como exiliadas, Lillian subía una vez a la semana los 28 escalones de la Escala de Roma. En cada escalón, como si se tratara de las caídas de Cristo en el Calvario, rezaba una oración como penitencia para ver si así Vicente volvía. "Ay, mamá, te vas a quedar sin rodilla", le decía una traumatizada Paulina.

Pero años antes del procedimiento de anulación, serían otras las preocupaciones de *Chente*. Para Fox lo más importante era ser gobernador y luego presidente.

Si en la elección para la gubernatura empezó a trabajar, como él confiesa, en 1988, para las elecciones que finalmente lo llevaron al triunfo tuvo que dejar repentinamente su trabajo en la empresa familiar Congelados Don José, que se convirtió en su refugio, no obstante que Fox alega que "necesitaba ganar un sueldo y tener para comer". El futuro presidente no sólo tuvo que sortear grandes dificultades financieras sino, como en un filme de Ismael Rodríguez, admitir la pena que le causaba trepar a sus hijos en una camioneta Ford modelo 1955, pues ellos se decían avergonzados por ser conducidos en esa carcacha a la escuela.

Esos años no fueron precisamente alentadores para Fox.

Compungido por el divorcio y la defenestración política, así como dedicado al cuidado de sus hijos, él mismo añade que "como empresario me duele reconocer que no avancé mucho en esos cuatro años de trabajo". Además de esto, en el pueblo todo el mundo sabía que Lillian lo había abandonado por otro hombre, con el que compartía su vida. A veces los dueños de restaurantes tenían que hacer malabares, ya que era común que Fox estuviera en el mismo lugar, comiendo con sus hijos, mientras aparecía Lillian con su nueva pareja. Lino Korrodi cuenta sobre ese tiempo que

Vicente estaba fundido económicamente, no tenía un peso en el bolsillo y teníamos que ayudarlo los amigos. Estaba muy mal anímicamente. Para ayudarlo, un día lo llevamos a Acapulco y, para divertirnos, trajimos unas mujeres, pero estaba tan mal que se negó terminantemente a tener contacto con ellas y se encerró en la habitación del hotel.

Por si fuera poco, Fox se enfermó de gastritis, padeció insomnio, depresión y empezó a perder pelo a causa de la seborrea que lo obligó a portar siempre un peine, que sacaba a la menor provocación y a la vista de todos, sin importarle derramar la caspa desprendida de su rala cabellera. Un amigo se animó y un día, harto de presenciar el triste espectáculo del cabello grasiento y el peine sucio, le aconsejó un *shampoo* anticaspa, del que el futuro primer mandatario se volvió fanático, al punto que el día de hoy lo primero que coloca en su maleta cuando viaja es el líquido que lo curó de la desagradable descamación. Todo ello "por la preocupación de sacar adelante el negocio y a mi familia".

Sin embargo, el retiro de la vida política fue sólo parcial, pues esos años le sirvieron para establecer relaciones que, a la postre, le redundarían favorablemente para la carrera hacia la presidencia. No sólo se mantuvo como secretario de Finanzas del Comité Estatal del PAN y militante en activo para las elecciones municipales de 1991, sino que a partir de 1992 usaría sus vínculos en la capital, con Leticia Calzada a la vanguardia, para establecer relaciones con Cuauhtémoc Cárdenas y Fernando Gutiérrez Barrios; descubrió que la lideresa moral "Elba Esther Gordillo es una mujer profesional", mantuvo buen contacto con Adolfo Aguilar Zinser, Jorge Castañeda y Carlos Fuentes; con Octavio Paz dice haber tenido "reuniones a solas, por espacio de por lo menos media hora cada una", aunque lo más seguro es que jamás haya leído una línea de algún libro del premio Nobel.

Su posición cobró notoriedad incluso en el exterior. Fue uno de los tres invitados mexicanos a un simposio sobre relaciones norte-sur en el contexto de la globalización y el comercio internacional, auspiciado por la Universidad de Colorado y la Universidad de Regis en Boulder, Estados Unidos.

A la par, Fox se convirtió en uno de los principales promotores de la reforma al artículo 82 constitucional, sin la cual no habría podido llegar a Los Pinos. La reforma permitió que todo ciudadano mexicano por nacimiento pueda aspirar a ocupar el poder ejecutivo de la nación, hecho que favorecía a Fox, quien, al ser hijo de madre española, no cumplía cabalmente con el requisito anterior que exigía a los candidatos ser hijos de padres mexicanos por nacimiento. Cabe destacar que Santiago Creel jugaría un papel central en la defensa y promoción de esta reforma, que votada favorablemente en 1993, no entraría en vigor sino hasta el 31 de diciembre de 1999, lo cual impidió que Fox buscara antes dar cauce a sus ambiciones presidenciales.

Fue la reforma, en realidad, el motivo principal del retiro del ranchero, quien el 1 de octubre de 1993, tres semanas después de la aprobación del dictamen que lo imposibilitó para participar en la contienda de 1994, decidió abandonar la política en "protesta moral" contra Salinas. El futuro presidente con botas subrayó, además, que su retiro se extendería mientras Salinas estuviera en el poder. Sus amigos, al contrario, cuentan que Fox se sentía tan agobiado por su situación matrimonial y económica, tan deprimido, que muchas veces, cuando lo visitaban, lo encontraban desarreglado, sucio, sin habla y con la mirada perdida en el horizonte.

Así lo relata Granados Chapa:

Apartado en su rancho, como un Cincinato perdidoso, Fox se disponía a recibir el año 1994 en la quietud y soledad de su vida privada. Ni siquiera iba a sumarse a la fiesta familiar, que ocurría a unos pasos de su casa, en la de su señora madre. Recibió de pronto, ya entrada la noche, la visita de Leticia Calzada y Andrea Sáenz, dos de sus seguidoras más fieles que la mañana de ese 31 de diciembre, calculando que su compañía haría bien a Fox, partieron de la Ciudad de México a San Francisco del Rincón. Su presencia, en efecto, animó a Fox, que a la medianoche salió con sus invitadas y disparó una escopeta, como se hace en las celebraciones rancheras. En otro San Cristóbal, el que en los Altos de Chiapas se honra con el nombre de fray Bartolomé de las Casas, otros disparos eran oídos también al comenzar el nuevo año: en el momento mismo en que entraba en vigor el Tratado de Libre Comercio para América del Norte, un grupo de rebeldes armados, bautizados a sí mismos como Ejército Zapatista de Liberación Nacional, declaraba la guerra al gobierno de Salinas.

Este conflicto, tiempo después, Fox prometería resolverlo en 15 minutos, en una de las muchas ocurrencias que sembraría su gubernatura y campaña presidencial con inusitada fecundidad.

Fue en este marco que comenzó a aproximarse a políticos de otras corrientes y, probablemente, comenzó a fraguar el camino, que jamás cuajaría, para una coalición rumbo a las elecciones de 2000. En el Grupo San Ángel encontraría el ambiente propicio para sus intereses. Fue aquí donde Fox dice haber descubierto "que no sólo Acción Nacional luchaba por el avance democrático en México".

En octubre de 1994, un grupo de militantes del PAN, entre los que destacaban Ricardo Alanís, Elías Villegas y Juan Manuel Oliva, buscaron a Fox para convencerlo de abandonar la congeladora. En ese tiempo nuevamente hablaba con Lillian, a la que en realidad nunca había olvidado.

Después de tres meses de trabajo, Fox ganó la convención en donde se votó por el candidato, el 5 de febrero de 1995; iniciaba la carrera gracias también a que el 15 de noviembre de 1994, con el consenso del PRI, el Congreso del estado dio marcha atrás a las reformas que impedían a Fox, por no haber nacido en Guanajuato, postularse como gobernador.

Todavía Salinas no terminaba su mandato cuando *Chente* se pronunció en contra de los resultados de las elecciones federales de 1994. A pesar de su promesa, ahora incumplida, Vicente tenía en la cabeza un reto por encima de las palabras, que siempre se las lleva el viento: llegar a la primera magistratura de su estado.

El *grandote* actuaría, desde entonces, por la libre. En este sentido, los militantes tradicionales mucho han criticado la utilización que Fox ha hecho del PAN. El futuro gobernador no tendría el menor empacho en reconocerlo: "He procurado no depender de lo que haga o deje de hacer el Comité Ejecutivo Nacional".

El triunfo fue inobjetable y el 26 de junio de 1995 tomó posesión como gobernador. Ya en esta ceremonia aparecería el montaje de una escena muy alejada del laicismo del Estado mexicano. En el marco de la ceremonia oficial, los hijos de Fox subieron al estrado para llenar al papá de regalos. Entre los obsequios destacaba un Cristo. Algo semejante se repetiría cuando Paulina le entregó un crucifijo el día que asumió la presidencia de la República, en medio del estupor de propios y extraños. Es en 1995, también, cuando aparece en su vida Marta Sahagún, entonces, de Bribiesca.

Polémico desde su gestión como mandatario estatal, Fox era llamado "el gobernador del celular", pues al parecer una buena cantidad de asuntos los despachaba vía telefónica. Obsesionado con promover la economía del estado, y su propia figura también, los viajes proliferaron y se convirtió en una especie de Marco Polo, un golondrino de Guanajuato. En Los Ángeles, Dallas, Chicago y Nueva York se instalaron sendas oficinas comerciales. Sin embargo, no todo quedó ahí; Canadá, Europa y Sudamérica atrajeron la atención del gobernador —ahora presidente— viajero. A todas partes lo acompañaba Marta, a la que algunos habían bautizado —entre ellos, Carlos Di Bella— como *La Dulce Poli* por su estilo indefenso, ingenuo y *kitsch*.

LA JEFA

Marta Sahagún juega con un muñeco, réplica de su marido Vicente Fox.

Marta a los cuatro años

Uruapan, Michoacán, 1956.
Las inseparables hermanas
Beatriz y Marta.

Jacona, Michoacán, 1956. Marta y Beatriz Sahagún
con Luis Jiménez.

Jacona, Michoacán, 1958. Los cuatro hermanos Sahagún
Jiménez en la Quinta Tía Conchita.

Fotos: *Alberto Sahagún de la Parra*

1958. Beatriz y Marta, en Manzanillo, Colima, erigen castillos de arena.

1959. Los enanos payasos del Circo Atayde juguetean con Marta.

Fotos: *Alberto Sahagún de la Parra*

Marta muestra su certificado del Colegio Auxilio. A la derecha aparece con su hermana Beatriz cuando estudian en el Colegio América.

1965. Madre e hijos. Doña Teresa Jiménez flanqueada por todos sus vástagos: Marta, Beatriz, Teresa, Alberto, Sofía y Guillermo en Zamora, Michoacán.

Fotos: *Alberto Sahagún de la Parra*

La primera dama en su adolescencia.

1976. Marta, siempre solícita, anuda la corbata
a una compañera durante su estancia en Irlanda.

1976. Marta descubre la minifalda en Irlanda.

Fotos: *Alberto Sahagún de la Parra*

Lejos de la casa familiar, Marta estudió inglés en un colegio católico de Irlanda.

Bienvenida a Disneylanadia. Marta de viaje por Estados Unidos en 1969.

26 de julio de 2000. Antes del deceso de la madre, la última foto con toda la familia Sahagún Jiménez reunida: Alberto, Beatriz, Marta, Teresa, Sofía y Memo de pie; Don Alberto y Doña Teresa, sentados.

Fotos: *Alberto Sahagún de la Parra*

El casamiento de Alberto Sahagún
y Teresa Jiménez.

El enlace matrimonial de Marta, vestida con
el mismo traje de novia que usó su madre,
con Manuel Bribiesca.

En Celaya, Guanajuato, Marta celebra
con sus hijos y esposo las bodas de plata.

Don Alberto felicita a su hija Marta.

Fotos archivo

Vicente Fox y Lillian de la Concha cuando contrajeron nupcias en 1972.

28 de julio de 1971. En "El pájaro loco"
del Hotel Señorial, Vicente y Lillian
tienen su primera cita como novios.

Don José L. Fox abraza a su hijo Chente
por su boda con Lillian.

Fotos archivo

Vicente y Lillian en el Callejón del Beso, Guanajuato, en 1989.

Cartas originales escritas por Vicente a Lillian tras la separación.

Durante un viaje por El Caribe, Vicente y Lillian en 1976.

Fotos archivo

1981. Enamorados, Chente y Sota
en París, Francia.

1999. La última navidad como pareja juntos.

Fotos archivo

2 de agosto de 1991. León, Guanajuato.
La familia Fox-De la Concha en un mitin
en apoyo a la campaña de Vicente.

Propaganda proselitista de Marta Sahagún cuando
aspiró a la presidencia municipal de Celaya.

2000. Vicente y su sombra. Corren
los vientos de la campaña presidencial.

1991. Guanajuato.
Retrato de familia.

Federico Guerrero/Notimex

Las botas: seña particular del ahora presidente.

Alfonso Murillo/Notimex

Marta, ansiosa, nerviosa e hiperactiva, como siempre.

Alfonso Murillo/Notimex

7 de julio de 2001. Marta y Vicente durante una de las emisiones de "Fox en vivo, Fox Contigo", transmitida desde el rancho San Cristóbal.

1 de diciembre de 2000. Vicente y sus hijos en el Auditorio Nacional.

Israel Garnica/Notimex

Marta Sahagún, en sus tiempos de vocera, con Rafael Macedo, procurador general de la República, y Clemente Vega, secretario de la Defensa Nacional.

El presidente y la vocera en la residencia oficial de Los Pinos.

Luis Cortés

Fotos: Alfonso Murillo/Notimex

Con la "V" de la Victoria, Marta Sahagún hace su presentación a los medios luego de su nombramiento como vocera de la Presidencia.

Los Pinos. Tres momentos de la boda civil de Marta Sahagún y Vicente Fox en julio de 2001.

Arribo de Sahagún y Fox al Palacio de la Zarzuela en Madrid durante una de las múltiples giras del presidente.

La primera celebración juntos como "pareja presidencial" en la tradicional noche del Grito de la Independencia, 15 de septiembre de 2001.

Kofi Annan, secretario general de la ONU, y Marta Sahagún observan el saludo de Fidel Castro a Fox en el marco de la Conferencia Internacional sobre Financiamiento para el Desarrollo, celebrada en Monterrey. Preámbulo de mentiras y traiciones entre los dos mandatarios.

Minutos antes de la cena ofrecida por George Bush y su esposa en la Casa Blanca al mandatario mexicano y su esposa.

El Vaticano. 18 de octubre de 2001. El beso que dio la vuelta al mundo.
Vicente y Marta poco después de entrevistarse, por separado, con el Papa en Roma.

2 de agosto de 2001. El presidente da lustre a sus zapatos poco antes de la llegada a México del primer ministro británico Tony Blair.

La "pareja presidencial" en oración.

Vicente y Marta festejan el gol anotado por la selección mexicana de futbol en contra del equipo de Italia, en la Copa Mundial Japón-Corea.

El señor y la señora Fox de compras durante la presentación del Programa Integral de Nutrición "Un Kilo de Ayuda".

Vicente y Marta de charros.

Al compás de un vals.

Caras y gestos en el desfile militar del 16 de septiembre de 2001.

Foto promocional de la exitosa obra de teatro *La Marta del Zorro*, sátira política sobre la primera dama, protagonizada por Raquel Pankowsky, casi un clon de Marta.

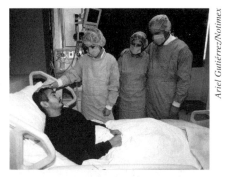

Inspirada por Santa Teresita, Marta visita a los enfermos.

Marta con niñas indígenas.

Durante la presentación del Programa de Bibliotecas, Marta aparece con su biógrafa Sari Bermúdez, presidenta del Consejo Nacional para la Cultura y las Artes.

21 de febrero de 2002. Ceremonia de bienvenida a Alfonso Portillo, presidente de Guatemala, y su esposa (en la foto con Marta).

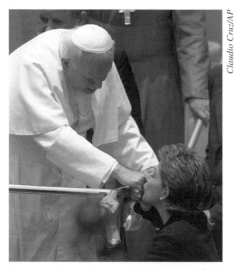

Marta vestida de marinera.

Marta se postra con fervor ante el Papa Juan Pablo II en la visita pastoral que el pontífice hizo a México en 2002.

Primer acto espectacular auspiciado por la Fundación Vamos México, presidida por Marta Sahagún: un concierto en el Castillo de Chapultepec de la estrella del pop Británico Elton John.

La primera dama con la popular conductora de televisión Adela Micha durante la inauguración del programa Visión A.M.

El conductor Adal Ramones bromea con Marta Sahagún y Reyes Tamez, secretario de Educación Pública, durante un acto de promoción de la lectura.

Aburrimiento infantil en un acto público.

Vamos México: fundación polémica.

"Dale, dale, dale..."

Marta muestra sus habilidades en el juego del ping-pong.

Un joven diseñador de la UAM muestra su inconformidad ante la primera dama por la expropiación que la Fundación Vamos México hizo de un concurso sin avisar a sus participantes.

Marta gastrónoma.

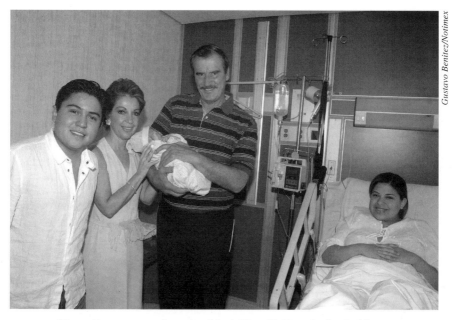

Vicente Fox carga a su primer nieto, hijo de Vicentillo Fox y Paulina Rodríguez, también en la foto, el mismo día del nacimiento.

Vicente y Marta en la boda del hijo de la segunda, Manuel Bribiesca.

Página tomada del prólogo del libro *Cómo proteger a tus hijos contra las drogas*, ahora bajo el sello de la Fundación Vamos México y que fuera antes editado por el Estado con prólogos de Jesús Kumate y Juan Ramón de la Fuente, que, por supuesto, fueron suprimidos para esta nueva edición.

PRÓLOGO

Pensemos por un momento en aquella madre de familia que sabe de la adicción de su hijo. Empieza a percibir cambios en su carácter. El cansancio, la evasión y la mirada dispersa van siendo el reflejo de los estragos que en su cuerpo y en su espíritu produce la droga.

No es fácil para ella, ni para el resto de la familia; mucho menos para ese muchacho o esa joven que vive en el vértigo y la dependencia de alguna sustancia que lo va consumiendo lentamente.

Es una vorágine que de manera a veces imperceptible, se va adueñando del cuerpo, de la mente, de la propia identidad.

Ese dolor, ese sufrimiento de una persona y de una familia nos atañe a todos como sociedad. Nadie es ajeno a este problema. Nadie puede decir que sus seres queridos están exentos de ser atrapados por alguna adicción.

Nuestra niñez y juventud están constantemente en riesgo, expuestas y vulnerables. El creciente índice en el consumo de drogas, alcohol y tabaco se ha convertido en un serio problema de salud pública que pone en peligro el desarrollo pleno de las mujeres y los hombres del mañana.

También, el miedo, la incertidumbre, el vacío y la desesperanza han llevado a jóvenes y niños a refugiarse en el falso amparo de las drogas que genera mayor soledad, mayor ansiedad, mayor angustia y daño inconmensurable al enfermo y a quienes le rodean.

VII

Vicente Fox y Marta Sahagún de Fox dan un paseo a caballo
en la zona rural de San Francisco del Rincón, Guanajuato.

Guanajuato se convertiría en el laboratorio de experimentación de su "estilo de liderazgo", tan próximo a la administración de los recursos privados de cualquier empresa. El ideario político de Fox constituía un *collage* de ideas desordenadas y voluntaristas, frases hechas extraídas de libros de superación personal y mercadotecnia que él aplicaba, muy suelto de cuerpo, a la administración pública.

Su Biblia por ese tiempo era *La inteligencia emocional*, trabajo del psiquiatra americano Daniel Goleman, que, entusiasmado, recomendaba leer a su gabinete. Su gestión, no obstante, pareció, según las evaluaciones hechas por su equipo, exitosa, en especial en las áreas de educación, cultura, ciencia y tecnología.

Desde sus días como gobernador, la relación de Fox con sus opositores, ya sea en los medios de comunicación o en la arena política, se tejió a partir de exabruptos y descalificaciones. "Están verdaderamente idiotas aquellos que todavía pretenden que un gobernador o un presidente esté encerrado en una oficina", afirmó un exaltado Fox. Convencido de que el gobierno es semejante al Consejo de Administración de una empresa, consideraba desde entonces que

cualquier tomador de decisiones exitoso dedica 70 u 80% de su tiempo a viajar. Cuando no cuentas con un mercado interno sólido, la economía está deprimida y te enfrentas a tanta marginación y pobreza, tienes que salir al exterior a traer los recursos.

Fox también aprovechó para aceptar, aunque sea tácitamente, el carácter promocional de sus giras por el extranjero cuando se desempeñaba como gobernador constitucional en Guanajuato. "La presencia en el extranjero —escribe— tiene que ver, además, con la expresión política de la oposición."

Un acto promocional sin precedentes, en este sentido, fue su viaje a Cuba en 1999, donde dedicó alabanzas a los logros de la Revolución cubana. Lejos estaban los días del *Castro Gate* y la revelación de una llamada telefónica que exhibiría al mandatario mexicano como un palafrenero de George Bush.

Sin embargo, no todo fue miel sobre hojuelas. A pesar de integrar en su gabinete a prominentes figuras priistas en el área de finanzas, la relación con el Legislativo tuvo altibajos. Entre las controversias, Granados Chapa cita aquella en que Fox vetó

una reforma legal que estaba dirigida a frenar su campaña proselitista. En noviembre de 1997 fue derrotado su propósito de establecer un impuesto del dos por ciento sobre nóminas, destinado a financiar el Instituto de Educación Permanente.

Gobernador en plena campaña para ganar la presidencia, Vicente no alcanzaba a deslindar sus responsabilidades como gobernador constitucional de un estado y contendiente a una lucha todavía lejana. Por eso comenzó a recibir serios cuestionamientos sobre sus estrategias. Sin el menor tacto político, en febrero de 1998 dijo a la agencia Reuters que el PRI estaba "en su última agonía, inerte, tirado en el suelo; sólo hay que darle un pisotón o escupirlo". Aquí mismo diría que el subcomandante Marcos era "un cabrón", así como la ya citada promesa de los 15 minutos para resolver el conflicto. Ésta es la tesitura de su voz hasta la fecha.

Las maneras de Fox le agenciaron el resquemor de dos de las más visibles figuras del PAN: Diego Fernández de Cevallos, *el Jefe*, y Carlos Castillo Peraza, ya fallecido.

Con Diego mantengo una relación muy "dura", siempre en el ámbito profesional y político. Aunque se presenten entre nosotros trifulcas y choques, en el momento en que nos encontramos volvemos a platicar y a debatir como si nada. Aunque no se trata de una persona con la que esté sintonizado ideológicamente, es uno de los miembros del partido a quien más me acerco porque es de los que más aprendo. Lo mismo me sucedía con Carlos Castillo Peraza.

Apenas llevaba dos años de ser gobernador cuando Fox manifestó sus deseos de obtener la candidatura del PAN para las elecciones presidenciales de 2000. Fue en el Ejido San Cristóbal, al mediodía, cuando lo confirmó en el marco de las elecciones intermedias del 6 de julio de 1997. Finalmente, en la misma fecha de presentación de su cuarto informe de gobierno, el 6 de agosto de 1999, solicitó una licencia definitiva para retirarse del cargo. Ese mismo Congreso al que había vetado en otras ocasiones, demoraría tres días en responderle. En 1997 había comenzado su tumultuoso romance clandestino con Sahagún.

A partir de entonces se precipitó la avalancha que sacaría al PRI de Los Pinos mediante la demostración de su honestidad, capacidad de trabajo y atenuada estupidez (o al menos así lo afirmaba) para fundar una nueva empresa: Los Pinos, S.A. Por supuesto, ahora de la mano de Marta María Sahagún Jiménez, vocera, concubina y, finalmente, esposa y primera dama de México.

Su sombra, su mano derecha y la persona más influyente en sus decisiones.

Tus chavos y mis chavos

—¿La verdad? No sé cuánto dinero tienen mis hijos, sólo veo la vida de lujos que llevan y a través de eso puedo hacer un cálculo. Me da miedo que anden en algo raro, el poder se les fue a la cabeza. Viven y gastan como millonarios y yo sé que antes no tenían lana, tenían la vida que yo les podía dar con mi trabajo, pero nada más. La madre tiene la culpa, ella los va a meter en algún lío...

Así se expresó el veterinario Manuel Bribiesca Godoy frente a una taza de café, una de las tantas veces que lo vi en el Sanborns de Celaya, lugar de reunión de la élite local. Allí todos se conocen y todos saben de la intimidad del otro y el antiguo matrimonio no es la excepción, menos ahora. Y por si fuera poco, los parroquianos cuentan todo en voz alta, como en una carpa de circo, y las anécdotas privadísimas de cada uno recorren la ciudad en cinco minutos.

Afuera hacía un calor agobiante y el ex marido de la *prima donna* azteca despotricaba contra su ex mujer —como siempre que lo vi—, pero esta vez se refería a sus hijos con cierta preocupación, aunque no exenta de liviandad. Bribiesca no es justamente un caballero en asuntos de mujeres o hijos. Y menos aún de vocabulario. Es lo que se diría un ranchero en el sentido más rudo de la palabra. Cada vez que se refería a su antigua esposa y madre de sus hijos decía "Santa Martita" y cada vez que hablaba de Vicente Fox lo calificaba como "ese pinche güey".

133

Esa tarde de abril, Manuel Bribiesca, por primera vez, habló de sus hijos con algunos detalles, abundó sobre sus andanzas y sus descalabros.

Los hijos de la "pareja presidencial" tienen diferencias, no sólo de edad —importantes—, sino de actuación y personalidad. Entre ellos no hay relaciones, no hay onda.

Habitantes infatigables de las revistas del corazón, cada uno tiene características especiales, pero también un algo que los une. Típicos productos de parejas mal avenidas; antojadizos, caprichosos, volubles, superficiales, vulnerables e inconstantes, como suelen ser los vástagos de las duplas conflictivas y escandalosas, los chavos del poder foxista conocen cada detalle del talón de Aquiles de sus culposos padres y los explotan en beneficio propio.

Son los reyes de un país sin monarquía y carecen de discreción. La historia de estos años dice que, tranquilamente y sin pecar de injusta, se les puede llamar "buenos para nada". Eso sí, hay que recalcar la diferencia entre estos retoños y los hijos del poder priista: los célebres "niños de la revolución", que brutalmente retrató Daniela Rosell en su libro de fotos *Ricas y famosas*. Por ejemplo, los hijos del ex presidente Ernesto Zedillo, cuyo primogénito Ernesto, arquitecto, se ha transformado, por obra y gracia de la revista *Quién*, en el soltero más codiciado de México, apareció exhibiendo su lujosa mansión y sus caros *hobbies*. Lo que se sabe es que sus padres pertenecían a una clase media trabajadora y no tenían fortuna personal antes de llegar a Los Pinos. Sólo hay que recordar cuando casi provocan un escándalo internacional al enfrentarse a golpes con integrantes del Estado Mayor Presidencial y personal de seguridad del grupo de rock U2. El vocalista del conjunto irlandés, Bono, declaró en una entrevista que nunca más regresaría a tocar al país.

Rodolfo Zedillo, el hermano, también se las traía: se metió en negocios oscuros de bienes raíces y de presuntos fraudes en Chiapas. El presidente Gustavo Díaz Ordaz no se queda afuera, su hijo Alfredo le generó no pocos escándalos en discotecas de Acapulco y del DF.

Aquéllos fueron sin duda más devastadores en sus estilos, diversiones y despilfarros que los hijos de Vicente y Marta, más cínicos, sofisticados y propensos a hacer valer su puesto de "hijos presidenciales". Pero todos tienen privilegios sin límites y consiguen lo que quieren, por las buenas o por las malas.

Los hijos de este sexenio son dueños de una técnica de manejo pueblerina, de medio pelo, incultos, abusivos y "algo ingenuos" en sus incursiones al margen del poder. O como me los definió un político de Guanajuato, "unos chafitos". Eso sí, tienen una voracidad manifiesta para hacer negocios y "negocitos" a costillas de su familia, al punto que todo lo que se ponga a mano vale para juntar algún dinerillo. A los anteriores no les importaba nada, la impunidad era la consigna y, sobre todo, las "grandes empresas" que derivaban del despacho oficial paterno.

De cualquier manera, la vida privada de los "hijos presidenciales", la ausencia de límites, la confusión entre su papel y el de sus progenitores, la responsabilidad social que implican sus movimientos, ha traído, y traerá en el futuro cercano, no pocos conflictos a sus familias y sobre todo al presidente, que, metido en su mágica burbuja, pareciera ignorar las andanzas de los chavos.

Eso, hasta que la bomba le explote en la cara y sea demasiado tarde.

Manuel, Jorge y Fernando Bribiesca son los hijos de Marta y salvo el más chico (Fernando), estudiante del Tecnológico de Monterrey, tranquilo y bastante simple, según quienes lo conocen —guapo y con un gran parecido a su madre—, los dos mayores (Manuel y Jorge) hace tiempo que sembraron en el ambiente político y empresarial de México serias dudas sobre su proceder y ocupaciones.

Arrebatados, ambiciosos y prepotentes, la élite mexicana no los aguanta, pero los soportan por su estrecha ligazón con Los Pinos y porque sacan algún provecho de la relación o por lo menos "quedan bien con el presidente y su consorte".

Entre las intrigas y desasosiegos de sus vástagos, Sahagún acapara la atención de los medios. Los rumores sobre sus intenciones de buscar la presidencia en 2006 alcanzan las columnas de los editorialistas más respetados de México; tal es el caso de Raymundo Riva Palacio, quien el 5 de mayo de 2003 en *El Universal* se preguntó sobre las intenciones de la primera dama por ocupar el Poder Ejecutivo de este país: "¿Marta Sahagún? Podría estar esa posibilidad más en su cabeza que en la de cualquier otro, y el devenir comprometido que le están preparando sus hijos y noveles empresarios podrían hacerle ocupar más tiempo en otro tipo de preocupaciones".

Manuel y Jorge Bribiesca Sahagún son el costado más vulnerable de *La Jefa*, según opinan empresarios —políticos y colaboradores— que por una u otra razón han tenido que tratar con ellos. "Seguramente no sobreviven a una minuciosa investigación sobre sus bienes y sus gastos", me confió un encumbrado hombre de negocios de Monterrey.

¿Por qué razón su padre manifiesta temor por ellos? ¿Por qué su madre se puso tensa cuando le pregunté a qué se dedicaban sus hijos?

Los tres hijos de Marta Sahagún nacieron y vivieron en un hogar de clase media profesional de Celaya, normal como cualquiera, salvo por las recurrentes batallas entre sus progenitores, de las que tomaron constancia, además de los vástagos, los amigos y hasta los vecinos. Estas batallas se vieron agudizadas en los últimos años, después de que Marta decidió incursionar en la política y más aún

cuando la relación amorosa con Vicente Fox es
dos. Manuel, el mayor, con un notable parecid
con su padre, apenas pisó la adolescencia generó
en la casa familiar por su adicción al alcohol. Ásp
terminó la preparatoria y decidió no continua
Manuel se convirtió en un problema para sus pa

La traumática separación de Marta fue el pun
crisis emocional que se desató en los chicos. Ad
sa del resentimiento, se encargó —sin ningún c
pestes contra su ex mujer en cualquier sitio pú
con los epítetos más denigrantes. Según confesió
doy, Manuel hijo, hoy casado con la bonita Mó
de dos niñitas, ha logrado después de mucho esf
bebida. Algo meritorio, sin dudas.

"Yo tampoco tomo una gota de alcohol para a
se recupere. Pero parece que la mamá no lo ayu
dos los lujos…". Lo único que el padre debería
nuel es lo suficientemente grande como para dep
madre; tiene más de 30 años, sus estudios son ca
que su experiencia laboral, y, por si fuera poco, t
lidad de estar al frente de una familia. Pero el po
rodea al mismo: las prebendas, los guaruras, la vid
desesperada necesidad por hacer dinero rápido m
xenio, con su madre como primera dama, puede
límite.

El problema de Manuel son sus dudosos man
¿A qué se dedica? se preguntan quienes lo ven
en fiestas, con una mansión recién estrenada en L
cada una de las niñas y dos enfermeras por si se en
paldas y viajes por el mundo con sus cuates, todo
les para millonarios. Miles de dólares mensuales

vida y nadie entiende de dónde sale la plata. Todo es como una
nebulosa. Cada vez que pregunté a la familia sobre el trabajo
primogénito de Marta de Fox, me respondieron vagamente que
edicaba a diversos "negocios". Así de simple.

Manuel se dedica a los negocios, no sé muy bien a qué tipo de
ocios. Creo que tiene una fabrica de PVC y... Ah, también a la
strucción. Es grande y ya no depende de mí económicamente,
ca me pide nada y yo tampoco le pregunto qué hace, hablamos
tras cosas", me explicó Marta Sahagún, algo nerviosa, cuando
e saber sobre las actividades de Manuel.

orge, el del medio y hoy de 26 años, es el más vulnerable emo-
almente, el más sensible y, a la vez, el más conflictivo. Él fue
n estuvo prácticamente en el lecho de muerte de su abuela.
ndo la mamá de Marta cayó gravemente enferma como resulta-
le la diabetes crónica que padecía desde joven, asediada por una
na casi gangrenada que estuvieron a punto de cortarle y por
ual no podía levantarse, Jorge fue muy apegado a ella de 1999 a
1, los años de la larga agonía.

l amor del segundo hijo del matrimonio Bribiesca-Sahagún por
uela fue recíproco, pues ésta intentó sacar al nieto de sus con-
os emocionales y con las drogas. Mientras Jorge daba de comer
a boca a la abuela, su mamá Marta andaba en campaña con su
r clandestino.

ampoco difiere mucho del perfil que muestra hoy su hermano
or. Fue quien sufrió más las violentas desavenencias de sus pro-
itores, los gritos y la falta de comunicación con su madre, a la
adora y a la que buscó mucho tiempo. Su adicción a las drogas,
de la adolescencia, fue más que pública en Celaya, y Marta Saha-
, muchas veces, manifestó abiertamente ante amigos y compa-
os de trabajo cómo la embargaba la dolorosa situación por la que
vesaba su hijo, que fue internado para rehabilitación en *Oceáni-*

ca. Incluso, cuando hablamos personalmente le pregunté por el tema y me reveló las heridas de esa época de borrascas.

"Pobrecito, ese chico vivía en un infierno. No era malo, pero sí tenía muchos conflictos en la cabeza. Siempre fue muy apegado a su mamá y cada vez que ellos se peleaban o Manuel la maltrataba, se encerraba en su dormitorio horas o salía por ahí y hacía desastres, como si quisiera escaparse de todo. Y mientras Marta estaba en plena campaña de Vicente, Jorge tuvo un accidente de auto del que se salvó por poco, estuvo muy mal y la mamá no lo pudo atender...", asevera un funcionario del gobierno de Guanajuato.

Jorge no era un chico alegre, tenía enormes carencias afectivas y buscaba todo el tiempo evadirse de la opresiva situación familiar. La adicción fue una engañosa vía de escape, pero en Celaya, Jorge tenía su refugio, sus amigos, sus hermanos, sus salidas a los antros y su mamá. Aquél era todavía su *kinder*; él y sus hermanos ni soñaban la vida que les esperaba ahí nomás, cuando su madre se convirtió en la esposa del presidente Vicente Fox. A pesar de su tormentosa vida, Jorge pudo iniciar estudios superiores en la carrera de Negocios Internacionales, que abandonó apenas mamá Marta se instaló en Los Pinos.

Hace tiempo que Jorge emigró de Celaya. Ahora vive en un espectacular piso de la colonia Santa Fe —el sitio preferido por los nuevos ricos mexicanos— con su reciente esposa, Ana Cecilia García Espinoza, una conservadora y guapa joven de Zamora, la tierra natal de su madre. A sus más íntimos, Jorge les confesó que no tenía muchas ganas de casarse, pero que la insistencia de su "mamá" pudo con él.

"Mi hijo está muy seguro de su elección y yo estoy muy contenta de verlo realizado", declaró Sahagún en los días previos. El festejo se realizó con toda pompa en el Distrito Federal y en Zamora. En la elegante Hacienda de Los Morales, Marta agasajó a su hijo con una cena exquisita para 400 invitados después de la ceremonia civil, a la que asistió Vicente Fox (que entonó "Caminos de Guanajuato") y muchos funcionarios, diplomáticos, familiares, algunos comunicadores, entre los que destacaron el secretario de Defensa, Ricardo Vega; Raúl Muñoz, director general de Pemex; Rafael Macedo de la Concha, procurador general de la República; Reyes Tamez, secretario de Educación Pública; Julio Frenk, secretario de Salud; Pedro Cerisola, secretario de Comunicaciones y Transportes; Felipe Calderón, diputado federal por el PAN; y el líder de este mismo partido, Luis Felipe Bravo, además de Adela Micha, Juan José Origel y amigos.

Ana Cristina Fox llegó tarde, en el momento de la comida. A pesar de su despiste, hizo todo por no pasar inadvertida, felicitó a los novios y declaró, en medio de la consternación de cuantos la escucharon: "Casi no los conozco, pero todo casamiento es digno de festejo".

Manuel Bribiesca decidió no asistir para evitar encontrarse con el presidente que, afirma, "le robó a su esposa". Sí estuvo presente, al contrario, en la boda religiosa, también supervisada por Marta y que se concretó en el bellísimo Santuario Nuestra Señora de Guadalupe en Zamora, donde 27 años antes la ahora señora Fox contrajo matrimonio con Manuel Bribiesca.

"Yo no sé nada de la boda por el civil, ése es un evento que organiza su mamá en México. Para mí lo importante es su matrimonio por la Iglesia, donde lo voy a acompañar, no sé ni me importa si va el presidente, lo que yo quiero es estar con mi hijo y que él se sienta feliz", dijo el padre.

Marta le regaló a la novia un velo de encaje de Brujas y una tiara con brillantes, que compró en su viaje oficial a Bélgica. La misa fue oficiada por el sacerdote Juan Pedro Oriol, de los Legionarios de Cristo, vinculado estrechamente con la primera dama, que lo considera su confesor y amigo.

esta vida y nadie entiende de dónde sale la plata. Todo es como una gran nebulosa. Cada vez que pregunté a la familia sobre el trabajo del primogénito de Marta de Fox, me respondieron vagamente que se dedicaba a diversos "negocios". Así de simple.

"Manuel se dedica a los negocios, no sé muy bien a qué tipo de negocios. Creo que tiene una fabrica de PVC y... Ah, también a la construcción. Es grande y ya no depende de mí económicamente, nunca me pide nada y yo tampoco le pregunto qué hace, hablamos de otras cosas", me explicó Marta Sahagún, algo nerviosa, cuando quise saber sobre las actividades de Manuel.

Jorge, el del medio y hoy de 26 años, es el más vulnerable emocionalmente, el más sensible y, a la vez, el más conflictivo. Él fue quien estuvo prácticamente en el lecho de muerte de su abuela. Cuando la mamá de Marta cayó gravemente enferma como resultado de la diabetes crónica que padecía desde joven, asediada por una pierna casi gangrenada que estuvieron a punto de cortarle y por la cual no podía levantarse, Jorge fue muy apegado a ella de 1999 a 2001, los años de la larga agonía.

El amor del segundo hijo del matrimonio Bribiesca-Sahagún por la abuela fue recíproco, pues ésta intentó sacar al nieto de sus conflictos emocionales y con las drogas. Mientras Jorge daba de comer en la boca a la abuela, su mamá Marta andaba en campaña con su amor clandestino.

Tampoco difiere mucho del perfil que muestra hoy su hermano mayor. Fue quien sufrió más las violentas desavenencias de sus progenitores, los gritos y la falta de comunicación con su madre, a la que adora y a la que buscó mucho tiempo. Su adicción a las drogas, desde la adolescencia, fue más que pública en Celaya, y Marta Sahagún, muchas veces, manifestó abiertamente ante amigos y compañeros de trabajo cómo la embargaba la dolorosa situación por la que atravesaba su hijo, que fue internado para rehabilitación en *Oceáni-*

cuando la relación amorosa con Vicente Fox estaba en boca de todos. Manuel, el mayor, con un notable parecido físico y emocional con su padre, apenas pisó la adolescencia generó algunos problemas en la casa familiar por su adicción al alcohol. Áspero y algo violento, terminó la preparatoria y decidió no continuar con los estudios, Manuel se convirtió en un problema para sus padres.

La traumática separación de Marta fue el punto culminante de la crisis emocional que se desató en los chicos. Además, su padre, presa del resentimiento, se encargó —sin ningún cuidado— de lanzar pestes contra su ex mujer en cualquier sitio público que pisaba y con los epítetos más denigrantes. Según confesión de Bribiesca Godoy, Manuel hijo, hoy casado con la bonita Mónica Jurado y padre de dos niñitas, ha logrado después de mucho esfuerzo alejarse de la bebida. Algo meritorio, sin dudas.

"Yo tampoco tomo una gota de alcohol para ayudar a que mi hijo se recupere. Pero parece que la mamá no lo ayuda porque le da todos los lujos...". Lo único que el padre debería aclarar es que Manuel es lo suficientemente grande como para depender todavía de su madre; tiene más de 30 años, sus estudios son casi nulos, lo mismo que su experiencia laboral, y, por si fuera poco, tiene la responsabilidad de estar al frente de una familia. Pero el poder y todo lo que rodea al mismo: las prebendas, los guaruras, la vida fácil y gratis, y la desesperada necesidad por hacer dinero rápido mientras dure el sexenio, con su madre como primera dama, puede más que cualquier límite.

El problema de Manuel son sus dudosos manejos empresariales. ¿A qué se dedica? se preguntan quienes lo ven dilapidando dinero en fiestas, con una mansión recién estrenada en León, una nana para cada una de las niñas y dos enfermeras por si se enferman, guardaespaldas y viajes por el mundo con sus cuates, todo pagado y en hoteles para millonarios. Miles de dólares mensuales cuesta mantener *ca*. Incluso, cuando hablamos personalmente le pregunté por el tema y me reveló las heridas de esa época de borrascas.

"Pobrecito, ese chico vivía en un infierno. No era malo, pero sí tenía muchos conflictos en la cabeza. Siempre fue muy apegado a su mamá y cada vez que ellos se peleaban o Manuel la maltrataba, se encerraba en su dormitorio horas o salía por ahí y hacía desastres, como si quisiera escaparse de todo. Y mientras Marta estaba en plena campaña de Vicente, Jorge tuvo un accidente de auto del que se salvó por poco, estuvo muy mal y la mamá no lo pudo atender...", asevera un funcionario del gobierno de Guanajuato.

Jorge no era un chico alegre, tenía enormes carencias afectivas y buscaba todo el tiempo evadirse de la opresiva situación familiar. La adicción fue una engañosa vía de escape, pero en Celaya, Jorge tenía su refugio, sus amigos, sus hermanos, sus salidas a los antros y su mamá. Aquél era todavía su *kinder*; él y sus hermanos ni soñaban la vida que les esperaba ahí nomás, cuando su madre se convirtió en la esposa del presidente Vicente Fox. A pesar de su tormentosa vida, Jorge pudo iniciar estudios superiores en la carrera de Negocios Internacionales, que abandonó apenas mamá Marta se instaló en Los Pinos.

Hace tiempo que Jorge emigró de Celaya. Ahora vive en un espectacular piso de la colonia Santa Fe —el sitio preferido por los nuevos ricos mexicanos— con su reciente esposa, Ana Cecilia García Espinoza, una conservadora y guapa joven de Zamora, la tierra natal de su madre. A sus más íntimos, Jorge les confesó que no tenía muchas ganas de casarse, pero que la insistencia de su "mamá" pudo con él.

"Mi hijo está muy seguro de su elección y yo estoy muy contenta de verlo realizado", declaró Sahagún en los días previos. El festejo se realizó con toda pompa en el Distrito Federal y en Zamora. En la elegante Hacienda de Los Morales, Marta agasajó a su hijo con una cena exquisita para 400 invitados después de la ceremonia civil, a la que asistió Vicente Fox (que entonó "Caminos de Guanajuato") y muchos funcionarios, diplomáticos, familiares, algunos comunicadores, entre los que destacaron el secretario de Defensa, Ricardo Vega; Raúl Muñoz, director general de Pemex; Rafael Macedo de la Concha, procurador general de la República; Reyes Tamez, secretario de Educación Pública; Julio Frenk, secretario de Salud; Pedro Cerisola, secretario de Comunicaciones y Transportes; Felipe Calderón, diputado federal por el PAN; y el líder de este mismo partido, Luis Felipe Bravo, además de Adela Micha, Juan José Origel y amigos.

Ana Cristina Fox llegó tarde, en el momento de la comida. A pesar de su despiste, hizo todo por no pasar inadvertida, felicitó a los novios y declaró, en medio de la consternación de cuantos la escucharon: "Casi no los conozco, pero todo casamiento es digno de festejo".

Manuel Bribiesca decidió no asistir para evitar encontrarse con el presidente que, afirma, "le robó a su esposa". Sí estuvo presente, al contrario, en la boda religiosa, también supervisada por Marta y que se concretó en el bellísimo Santuario Nuestra Señora de Guadalupe en Zamora, donde 27 años antes la ahora señora Fox contrajo matrimonio con Manuel Bribiesca.

"Yo no sé nada de la boda por el civil, ése es un evento que organiza su mamá en México. Para mí lo importante es su matrimonio por la Iglesia, donde lo voy a acompañar, no sé ni me importa si va el presidente, lo que yo quiero es estar con mi hijo y que él se sienta feliz", dijo el padre.

Marta le regaló a la novia un velo de encaje de Brujas y una tiara con brillantes, que compró en su viaje oficial a Bélgica. La misa fue oficiada por el sacerdote Juan Pedro Oriol, de los Legionarios de Cristo, vinculado estrechamente con la primera dama, que lo considera su confesor y amigo.

Ana Cecilia lució un vestido de raso importado de España, de color marfil, escotado sin mangas y con bordados terminados a mano, comprado en una exclusiva casa de Polanco a un precio de 2 500 dólares. Por su parte, Jorge Alberto vistió un *jacket* en tono gris oscuro.

Los 600 invitados se reunieron en el jardín La Huerta en el fraccionamiento La Penita, poblado de Jacona. Tania Libertad, muy amiga de Marta, se encargó de entonar dos veces el Ave María, el de Gounod y el de Schubert.

Por supuesto, todo fue meticulosamente supervisado y pagado por Marta: 54 arreglos florales cuyas estructuras pesaban tres toneladas; el menú integrado por entrada de salmón, pasta, queso, camarón, fruta y lechuga, gallinita de Guinea laqueada en salsa de piña y ajonjolí negro, vegetales a las hierbas exóticas y, de postre, combinación de chocolates, cremas y frutas; la bebida consistió en vinos chilenos y champaña Chandon.

Los grupos que amenizaron la fiesta fueron Los Joao y Los Versátiles, que modificaron calculadoramente la pieza "Sigan al líder" por el estribillo "sigan a Marta". La primera dama, además, meneó las caderas, agitó las manos y deslizó los pies al ritmo de "Aserejé" y "No rompas más".

Como era predecible, la michoacana volvió a su tierra de origen sin Fox, escoltada por un regimiento de guardaespaldas que causó revuelo en el pueblo. En un acto por demás demostrativo de poder, de ascenso, de exhibición, Marta apenas cruzó dos palabras con su ex marido, quien no se ausentó de la celebración, a diferencia de lo ocurrido en el matrimonio civil.

El hijo Jorge, como Manuel, también se dedica a los "negocios". Y todo indica que no le va nada mal, a pesar de su inexperiencia. Ambos hacen uso indiscriminado de las residencias presidenciales, en Cancún, en Acapulco y en San Miguel Allende, donde pasan temporadas acompañados de sus amiguetes y exhibiendo el dispendio a costa del erario público.

Muestra de la solidez económica de los hijos de la Sahagún es el viaje que Jorge realizó hace muy poco y con varios amigos, en el avión presidencial de 10 plazas, a la ciudad de Houston, en Estados Unidos, para "hacer *shopping*". A la noche terminaron en un casino de Las Vegas, donde saborearon vinos franceses de mil dólares, según relato de un familiar que fue parte de la comitiva.

Jorge está asociado con Guillermo Sahagún, *Memo*, hermano menor de Marta y con un pasado tan o más tumultuoso que el suyo. *Memo* también tuvo muchísimos problemas con las drogas, al punto de que su familia lo internó en clínicas de desintoxicación varias veces. La nana *Ta*, de la familia Sahagún-Jimenez, Esther Ávalos Caballero, se refirió a este tema cuando conversamos en Zamora:

Memo le trajo mucho sufrimiento a Tere, su mamá, y también al doctor. Muchas veces encontré a la señora llorando desconsolada en su dormitorio, después de que veíamos en el estado en que este chavo llegaba a la casa. Tenía malos amigos que lo llevaron a las drogas y una vez tuvo un accidente de auto muy grave, casi se mata. Terminó en el hospital. Yo fui a visitarlo y le dije que era su última oportunidad, que tenía que salirse de eso, que él estaba muy mal y esos amigos delincuentes que tenía no estaban allí. *Memo* me miró y lloró. Me prometía que iba a cambiar, pero después volvía otra vez, una desgracia. No sé si cambió...

Alberto Sahagún de la Parra, padre de *Memo* y Marta, me habló de su hijo con sinceridad y un dejo de tristeza en la mirada.

Hubo un tiempo muy, pero muy difícil para nosotros. *Memo* no andaba bien y en algún momento casi quebramos por sus desarreglos. Mi esposa y yo confiamos en él y le dimos nuestra firma y él casi nos quiebra, nos metió en un lío tremendo, que para pagar todo tuve que deshacerme de algunas propiedades que había comprado con muchísimo esfuerzo: una hacienda en Manzanillo y casas en México. Estábamos desesperados, fue muy duro. Me quedó una deuda de casi ocho millones de dólares, que terminé de pagar recién hace dos años.

Hoy Jorge Bribiesca Sahagún y *Memo* Sahagún Jimenez son socios en un negocio de exportación de varios productos, entre ellos el aguacate y el mango, y una empresa de viviendas. La sociedad se llama Sabrimex y tiene sede en Polanco. "Sé que hacen casas y también construyen edificios con oficinas que luego rentan", me aclaró el padre de Marta. "Hace tiempo que Jorge anda en ese negocio y creo que les va muy bien, pero, la verdad, no le sigo los pasos, es independiente", me respondió la madre. Lo que se dice, un muchacho muy listo.

> Mi papá no se casará por lo menos por un buen rato, ni con Marta Sahagún, ni con nadie. Si fuera así, yo sería la primera en saberlo. Nos dijo que no se casará durante todo el sexenio. Ella [Sahagún] es sólo una empleada, una colaboradora de mi padre y nada más, no somos amigas y esta relación no va más allá...

Entre todos los hijos, los propios y los ajenos, de la pareja presidencial, ninguno tendrá un papel tan relevante en esta historia como Ana Cristina Fox, la autora de la cita que abre este subapartado.

La primogénita del matrimonio Fox-De la Concha es la principal competidora de Marta Sahagún, su odiada Marta, la mujer que le arrebató el puesto de primera dama y, además, provocó indirectamente la mentira de Vicente, pues éste prometió para su hija las labores que Sahagún desempeña ahora.

Para Ana Cristina, Marta no es sólo una usurpadora sino la mujer que le robó el corazón de su "papi". Como en la vieja telenovela mexicana *Dos mujeres, un camino*, con la salvedad de que aquí las disputantes son esposa e hija; Ana Cristina y Marta protagonizan una guerra solapada en la que ambas compiten de manera feroz por la atención de *Chente*. Pero en algo son muy cercanas: en el afán por ser la primera, en la vocación protagónica.

De grandes ojos oscuros, rellenita, con nariz artificial, sensible y generosa, de apariencia conservadora y pacata, aunque auténtica cultivadora de fiestas, toros, desfiles de modelos y cocteles de la farándula, allí donde los fotógrafos de las revistas *Caras, Quién, Actual y Hola* puedan retratarla, siempre con carita de niña cándida, Ana Cristina Fox de la Concha, la mayor de los cuatro pimpollos presidenciales, fue la que más furiosamente se opuso a la boda de su padre con Marta María Sahagún Jiménez. Y la que más sufrió.

Sé que nunca antes la primogénita del presidente se sintió tan mal, tan enojada, como el día que su progenitor contrajo nupcias con su vocera.

Ella misma le había pedido a su "papi" que le prometiera que jamás se iba a casar con *na-die*. Regresando de un viaje oficial a China, en junio de 2001, Vicente Fox le confirmó: "Te juro por Dios que no me caso, que no tengo nada que ver con Marta. Te juro Ana Cristina que tú serás la primera dama mientras dure el sexenio, te lo prometo".

Y papá Vicente no cumplió, le mintió y, encima, juró el nombre de Dios en vano. Ella, aunque ama a su padre, nunca logró superar el sentimiento de traición que la dominó por la mentira pocos días antes del casamiento, además del desprecio que siente —irremediablemente— hacia la nueva esposa.

Y aunque comparten territorio presidencial, es decir, ambas (hijastra y madrastra) conviven en la residencia oficial de Los Pinos —en diferentes cabañas (ubicadas a pocos metros), gracias a Dios—, Ana Cristina no tiene relación con la segunda esposa de su padre.

"Nunca le va a perdonar haberle quitado el puesto que su padre le había prometido", confiesa un compañero de la Universidad. Ella siente, por otro lado, que Marta Sahagún controla mucho a su "papá", al extremo de que en los últimos tiempos hasta le quitó la intimidad que mantenía con él, las largas conversaciones, las comidas a solas en la cabaña.

Hace tres meses, según la primera dama, el clima entre la ex vocera y las niñas Fox-De la Concha habría mutado. Para bien o para mal, nunca se sabe, pero asegura que comenzó a cambiar.

Parece mentira, pero después de tantas diferencias y silencios, ellas están más accesibles conmigo. No sé qué les pasó ni por qué cambiaron, pero ahora hablamos cordialmente. Sobre todo me preocupaba Ana Cristina, que era la más dura conmigo. Yo las acepto como son y sé que nunca me faltaron el respeto, creo que nunca hablaron mal de mí por ahí. Jamás traté de imponerme, hubiese sido el peor error de mi vida. O hay química y buena onda, o no, pero el amor no se impone por la fuerza. Las entiendo, todavía son niñas y Vicente es su papá. Y ya sabemos de la relación entre las hijas mujeres y su padre. Lo digo por experiencia personal. Yo nunca les quité el espacio con él, a tal punto que un día a la semana Vicente va a comer con Ana Cristina y Paulina a su cabaña, los tres solos. Y esto no va a cambiar, no me meto para nada. Esperé con paciencia y ahora hablamos y comemos juntos… ¡como una familia!

Con esas palabras calificó Marta María de Fox la relación con sus hijastras, acomodándose con la mano los grandes aretes de oro y brillantes, mientras conversábamos en el jardín de entrada a la cabaña que comparte con Vicente, su "amor", como ella llama en la intimidad al presidente de la República.

Los grandes ojos —exageradamente maquillados y algo manchados por la transpiración—, relampagueaban bajo el sol del mediodía de abril. Eso sí, a cada rato, como impulsada por un resorte interno que no le permite estarse quieta un instante y prestar atención a su interlocutor, cortaba la entrevista y se levantaba para dar la bienvenida a funcionarios y empresarios que llegaban a visitar a su marido, aún convaleciente por la operación de una hernia en la columna.

"Bienvenidoz, ézta ez su caza, ya eztoy con uztedez…", susurraba la mujer fuerte de México, con la pronunciación que la caracteriza y que ha sido motivo de divertidísimas parodias en teatro y televisión. Una clara demostración de su permanente ansiedad y de que nada en el poder se escapa de sus ojos, de su cabeza y de sus oídos.

Desmintiendo a su madrastra, tanto Ana Cristina como su hermana Paulina gritan a voz en cuello con sus íntimos todo lo contrario. "No la soporto, la odio, es una vieja bruja que nos robó a nuestro papá, es mala…"

Hay una anécdota que refleja exactamente el estado de la relación. En las habituales comidas que Vicente Fox tiene con sus hijas en la cabaña de las niñas, un día y sin que nadie la invitara, Marta se acercó al lugar y abrió la puerta.

—Ay, ¡qué rico huele!, ¡qué bien! Toda la familia unida, pero parece que se han olvidado de mí…, —exclamó tintineante la Sahagún y se instaló lo más campante, ante la mirada espantada de las muchachas.

—Mira Marta, si quieres quedarte a comer, quédate, pero quiero aclararte bien que aquí no te queremos, no eres bienvenida. Ésta es una reunión que tenemos con nuestro papá, a solas, y odiamos las interferencias —la encaró una furibunda Ana Cristina. Marta, con lágrimas en los ojos, miró a su marido y, como éste permaneció mudo con la mirada clavada en el plato, se levantó y se marchó.

Cuando era presidente electo, Vicente Fox llevó a sus hijos a unas cortas vacaciones a una isla de Cancún donde les prometió que nunca se iba a casar, ya que solito era "muy feliz". Poco después del viaje a China, ese pensamiento lo recalcó todas las veces que pudo, en privado y en público, como para convencerse a sí mismo —quizá— de que no iba a transar con la idea de quienes empujaban su segundo casamiento. Justo él, que detestaba tener que decidir, que los conflictos lo espantaban al punto de paralizarlo, que la inseguridad y sus propias contradicciones le desgastaban el cerebro y casi no podía dormir.

"Mi decisión es quedarme así como estoy, así estoy feliz, y así pienso seguir por lo menos un buen rato." Y eso a pesar de que su "noviazgo" iba viento en popa.

Marta no dejaba ni a sol ni a sombra al *grandote* guanajuatense, que le huía al desposorio. Es más, quienes alardean de entender los vericuetos de la psiquis presidencial, dicen que Vicente Fox comentaba abiertamente que "se sentía muy presionado" por Sahagún, que "ella lo quería casar a toda costa", pero que él no estaba dispuesto a renunciar a su soltería "así porque sí". Es más, en algún momento, quiso regresar con su ex mujer Lillian, con la que convivió hasta que resolvió tirarse a la red.

Por sus fuertes convicciones religiosas —al gigante le aterroriza "vivir en pecado", aunque de hecho vivió así mucho tiempo mientras compartió cama con Sahagún en la residencia oficial de Los Pinos— y, sobre todo, porque no quería "hacer sufrir" a sus cuatro retoños.

Ana Cristina, frenética, llegó a decir —de manera poco afortunada— que no era la primera vez que a su padre se le ligaba sentimentalmente con otras mujeres, y que si los chismes seguían por ese camino, hasta lo vincularían con "Rigoberta Menchú", la guatemalteca Premio Nobel de la Paz, lo que provocó que la periodista e historiadora Sara Sefchovich la tildara de "ignorante y racista". Pero la niña guardó silencio cuando su "papi", ya electo, la llamó al orden por sus inapropiadas quejas públicas.

En julio del 2000, Ana Cristina y su hermana Paulina asistieron como invitadas especiales al programa *Otro Rollo* que conduce el popular comediante Adal Ramones.

—Y Papá Fox, ¿está enamorado? —preguntó el transgresor y simpatiquísimo conductor de Televisa.

—No —dijo Ana Cristina.

—No —dijo Paulina.

—Pero ¿hay alguien enamorado de Papá Fox? —insistió el conductor, casi con doble sentido.

—No —dijo Paulina.

—No —repitió Ana Cristina.

Ambas con caras de pocos amigos.

—Pero un día se tiene que casar, ¿ustedes estarían felices por su felicidad? —volvió a la carga Ramones.

—Sí, claro que estaríamos muy felices si encontrara una mujer que estuviera enamorada de Vicente, pero no de Fox-pre-si-den-te [*sic*]. Si ella quiere a la persona de Vicente está muy bien, pero ahorita mi papá está muy contento y no tiene tiempo —reviró Ana Cristina.

La heredera mayor tenía 20 años cuando su "papi" se convirtió en presidente de la República. Era estudiante de Derecho de la Universidad Iberoamericana. Todo un acontecimiento para la infanta provinciana y sus hermanos, que, aunque habituados a los brillos del poder guanajuatense, no tenían idea del poder asociado con la Presidencia de la República.

La sencillez de la vida pueblerina era bisutería frente a la sofisticación y el vértigo del DF, donde Ana Cristina se instaló presurosa con sus hermanos Paulina, Vicentillo y Rodrigo. Y si bien al principio no pensaban vivir en Los Pinos, Rosa María Puente, actual "asistente personal" de la protagónica hija, cuidadora de los chicos luego de que Lillian de la Concha abandonó a Fox y "enamorada platónica" del presidente, los encaró: "Vengan a Los Pinos, ¿cómo ustedes que son los hijos van a vivir en otra parte y 'ésa' se va a instalar allí?". Los entendidos del poder aseguran que la relación entre Rosa María Puente y Marta fue y es muy mala. Ese día, la "niñera" atacó donde creía más conveniente para sus intereses y el de sus queridas "niñas".

Ana Cristina había participado activamente de la agitada campaña foxista con el deseo de estar junto a su padre y con la curiosidad de convertirse en la primera damita virtual del México de la transición, "representar a los jóvenes y a las mujeres mexicanas", emulando a sus famosas antecesoras latinoamericanas: Zulema María Eva Menem y Keiko Fujimori, hijas mimadas, respectivamente, de los ex primer mandatarios argentino y peruano, y que fungieron como primeras damas en su momento.

Paradójicamente, las tres arrastraban tras de sí una historia familiar escandalosa y de chismes que las llevó a adoptar una actitud parecida: se colocaron al lado de su progenitor, corrieron con desesperación a las féminas que los acosaban y pugnaron hasta el cansancio porque "papi y mami" volvieran a "estar juntos como antes". Como en un cuento de hadas.

"Mi padre nunca se volvería a casar. Nunca. Porque mi familia se separó por la política. En el fondo mis padres se siguen queriendo mucho. Por alguna razón los dos siguen solos, ¿no? Fíjate que apenas pisó Siria, parece que lo traicionó el inconsciente, y cada vez que se refirió a mi mamá dijo: 'Mi señora Zulema'. Cuando sean viejitos, van a terminar viviendo juntos...", me confesó Zulemita, en medio del viaje oficial que su padre hizo a Siria en 1994.

"Es su decisión, una como hija quiere ver a sus padres unidos. Afortunadamente llevan una muy buena relación, siempre la han llevado... Claro que me gustaría verlos juntos. Pero los respeto, siempre y cuando estén contentos y no atenten contra sus principios y los valores que ellos mismos nos inculcaron. Mientras nos eduquen con el ejemplo, no hay problema", declaró Ana Cristina a Fanny Carrillo, de la revista *Quién*.

Sin conocerse, ambas pensaban y decían lo mismo acerca de sus padres. Es curioso. Y en la intimidad manejan abiertamente sus odios hacia las mujeres que se atrevieron a casarse con sus "papis".

A diferencia de Zulemita, que después del matrimonio de Carlos Menem con la ex Miss Universo chilena, Cecilia, *Chechi*, Bolocco, no volvió a dirigirle la palabra a su padre y, loca de celos, amenazó con suicidarse —en realidad lo intentó un par de veces antes—, revelando al mismo tiempo todo lo que sabía de la corrupción del gobierno menemista, Ana Cristina es emocionalmente más equilibrada y sin signos de perversidad, como la chica rioplatense.

La mexicana es un poco cándida, pero no tiene maldad. Y además, habla inglés, mientras la ex primera damita argentina no maneja ni uno solo de los secretos de la lengua de Shakespeare. Paulina Fox no canta mal las rancheras en el terreno de los idiomas. Además del inglés, tiene buen dominio del francés y del italiano, que aprendió en sus años en el Viejo Continente, donde terminó la "prepa".

Según un amigo de la universidad, "Ana Cristina se hace la ingenua, lo que dice en las revistas no es lo que piensa y no sabemos por qué habla así. Es poco ostentosa, aunque se le han subido los humos a la cabeza y eso se nota". Esto no quiere decir que a las tres, el complejo de Edipo (mejor dicho, el de Electra) les haya pegado muy fuerte, al punto de seguir de una u otra manera aferradas afectivamente a los pantalones de sus padres.

La niña Fox no tiene novios a la vista o éstos le duran muy poco, y en "sus sueños adolescentes" está "encontrar un hombre que se parezca a papá", como declara cada vez que le preguntan. "Físicamente me gustan altos, morenos, que no les dé miedo mi situación de 'hija de…'", dice solícita y aclara que su "príncipe azul" aún no ingresa en su dorada vida.

El galán de Ana Cristina no es Guillermo Arena Barroso, aquel joven apuesto y rico de León, que perduró dos años, aguantó la campaña electoral y pasó con ella su cumpleaños número 21 en el rancho de San Cristóbal, con la abuelita, el papá y los hermanos. Tampoco lo es otro de dudosa procedencia y por el que *Chente* puso el grito en el cielo. Ni tampoco el musculoso y violento habitante de la primera edición del *reality show* Big Brother: Gabriel, *El Rasta*, Fuentes, que declaró, cuando le preguntaron por ella: "de vez en cuando le echo un grito para salir o ella me invita a reuniones. Es una relación de amigos en la que nos vamos a cotorrear un rato y ya".

Eso sí, siempre dice que le gustaría casarse a los 25 años y que "jamás" se divorciaría, por todo lo que sufrió con sus padres. "El matrimonio es de una vez y para siempre."

Paulina es dueña de una personalidad especial: austera, serena, enemiga de los reflectores y la fama, intelectualmente brillante y fervorosa militante de los Legionarios de Cristo, quienes la ayudaron en los tiempos difíciles de Roma. Concurre regularmente a retiros espirituales en zonas indígenas y está de novia —"muy enamorada y feliz"— de Luis Carlos Aguilar Pizarro Suárez, de 25 años. De carácter conciliador, ella es la que balancea las pasiones familiares.

Los lenguaraces de Los Pinos y de Guanajuato aseguran que la relación de la "prima niña" azteca con su padre es "muy especial" y distinta a la que ésta mantiene con su madre, Lillian. A él la jovencita le cuenta todo: sus angustias, sus deseos y, sobre todo, sus caprichos, materiales y de los otros. Él, solícito, da la orden de satisfacerlos. Nada le da más placer al presidente que darle gusto a sus pimpollos.

"Él llega todos los días a la cabaña chiflando, como en forma de aviso, y ella sale corriendo a abrazarlo y besarlo, esté quien esté en la casa. Lo adora y él también", cuenta un joven, asiduo visitante a la morada que Ana Cristina comparte con su hermana, una cabaña idéntica a la de su "papi", a unos pocos pasos; la misma que ordenó construir López Portillo para los huéspedes de la residencia oficial y remodelada por el arquitecto del clan, Humberto Artigas, el mismo que se encargó de remodelar todas las propiedades del primer mandatario.

En ese lugar es habitual que las chavas realicen fiestas privadas, con "abundante comida, alcohol y muy buena música", a las que acuden sus amigos de la Ibero y "los amigos de sus amigos".

"Mi papá es muy trabajador, muy luchón, muy cariñoso y preocupado por sus hijos. Muy exigente y, eso sí, muy celoso. Siempre está controlándome los horarios, como si fuera una niña. Pero nos escucha y respeta nuestros comentarios", explicó Ana Cristina en una revista rosa.

Las dos hijas, aunque en menor medida Paulina, vivieron intensamente la campaña electoral de su padre, mucho más que sus hermanos. Por este motivo, la mayor abandonó la Universidad durante seis meses. Aparecía a su lado, sonreía, aplaudía fervorosamente como una militante más y no dejaba de hacer la V de la victoria, símbolo del foxismo o de la Alianza por el Cambio. Todo un desafío para la chica de Guanajuato que recién comenzaba a saborear las mieles del poder, pero que acometió con el mismo ímpetu inconsciente con el que enfrentaba sus estudios.

La joven de 20 años —sumamente posesiva— no dejaba que ninguna mujer se acercara a Vicente Fox más de lo necesario y disputaba ese lugar con Marta, a la que entonces ya había declarado la guerra abierta. Todo comenzó en aquel viaje a Asia, en 1997, cuando la vio por primera vez, muy temprano, salir de la suite de su "papá". Marta traía el cabello mojado y ese detalle sembró en la primogénita la sospecha de que había perdido la batalla. Luego vendría el episodio ya relatado en el Hotel Fiesta Americana, donde todo cobró inusitada claridad y llamó a su mamá bañada en lágrimas para informarla del romance. A partir de ahí, no le dirigió la palabra, no la miraba, no podía soportar verla acompañando a su papi.

El entusiasmo político fue trasladado al frente estudiantil, donde, favorecida por los vientos del cambio, muchos de sus compañeros la siguieron con fervor. Llegó a dar discursos —con muy poca habilidad— y declaró todo el tiempo, a la menor provocación, su "amor por los niños pobres, por las mujeres y por los jóvenes", a los que aconsejó "portarse bien y no tomar alcohol"; y, obviamente, por su padre también, con quien siempre estaría hombro con hombro todo el tiempo que "él me necesite", porque "prefiero hacerlo yo a que mi papá ponga a una persona o se vuelva a casar". Eso sí, se encargaba de aclarar que el mote de "primera dama" no le gustaba, ya que las antiguas consortes presidenciales habían sido un "adorno" en la vida de sus maridos.

Cuando ganó mi papá fue una semana muy difícil para mí. En lugar de ser la semana más maravillosa de mi vida, fue de las más pesadas. Todo lo que hacía antes por la campaña, era por la campaña, mi trabajo era justo ése, y cuando ganamos ya no tenía para qué levantarme. De hecho el 3 de julio yo pensé: ¿a qué me levanto?, ¿para qué voy a salir?, ¿cuál es mi motivo para meterme a la regadera? Hoy no tengo agenda, no tengo nada que atender. Entonces fue ahí donde dije: Y si le hablo a fulanita o a sutanito, ¿qué les digo?, ¿para qué les hablo?,

explicó —con la profundidad que la caracteriza— a la periodista Fanny Carrillo.

Su aparente ingenuidad no la salva de otra denominación: "voluble", como la define un compañero de clases de la Ibero mientras acompaña sus palabras con señas descriptivas sobre su cabeza. "Eso hace que muchos de nosotros no sepamos cómo tratarla, ya que nunca sabemos cómo va a reaccionar. Hay que tener cuidado, es un poco rara, desconfiada, algo paranoica. Pero por curiosidad vamos a sus fiestas, porque la pasamos 'padrísimo'. Es increíble esto del poder, los guaruras nos dejan hacer de todo, todo nos está permitido, nos dejan entrar a todas partes y tomar los mejores lugares…"

A Ana Cristina le gusta contar que está adelantada en su carrera de Derecho, pero la información de la Universidad asegura lo contrario: está atrasada y es poco dedicada a los estudios; sus notas dejan bastante que desear. Todo lo opuesto a su hermana Paulina, de 19 años, que, según dicen, es muy buena alumna, con 9.8 de promedio, en la Anáhuac, la universidad de la élite mexicana.

A la frustrada primera dama le gusta dar consejos públicos a los jóvenes, conminarlos a "no beber y portarse bien", mientras ella degusta todo lo que encuentra a mano —como cualquier chavo de su edad, lo normal— en sus noches de "pachanga", según confiesan los amigos que acostumbran acompañarla. "Un joven educado y preparado está alejado de la drogadicción y el alcoholismo, de todos esos vicios" es una de sus frases favoritas.

Eso sí, es generosa: todos regresan alucinados por el poder de la niña y su hermana, cuando, por ejemplo, visitan un antro de León y ordenan cerrarlo en exclusiva para sus cuates, quienes estarán así "más tranquilos" y con todo el mundo a sus pies, como corresponde a dos reinas. O por ejemplo, cuando van a la residencia presidencial de verano en Acapulco y compran champaña o tequila "del bueno, del reposado". Al final, todos los cuates retozan hasta el amanecer en la alberca.

Ya lo advertía mamá Lillian, hace varios años, con bastante premonición: "La carrera política de su padre les ha traído descontrol, aunque he tratado de mantenerlos con los pies sobre la tierra. Comenzaron a perder su vida normal. De pronto tuvieron escolta, empezaron a entrar gratis a las discotecas, hubo amigos que se acercaron a ellos por ser hijos del gobernador".

En algún momento, Ana Cristina promovió la "abstención sexual" entre sus pares como método de cuidado, y lo único que generó fueron carcajadas por lo absurdo de su propuesta. Se vio obligada a dar marcha atrás y negar haber dicho lo que en los medios se difundió. También prometió trabajar para los pobres, las mujeres y los niños enfermos, pero muy pocas veces se le vio entrar en un hospital y jamás en un barrio de indigentes, de los tantos que pueblan la urbe y a los que hacen falta las necesidades más primarias.

—Cada vez que intento programar algo, *esa vieja* se entera y me gana de mano, aparece ella en los lugares que pienso visitar. El otro día me invitaron a un asilo de niños y ella llegó antes cargada de juguetes —le cuenta la chava, con amargura, a su mamá y a sus amigas.

—Para las mujeres mi padre tiene una propuesta muy concreta que es la formación del Instituto Nacional de la Mujer. Se trata de brindarles ayuda en lo legal, laboral y familiar —prometió en campaña. Al principio del gobierno, realizó alguna tarea perdida para la Unicef, para el DIF y habló en una colecta de la Cruz Roja, en Los Pinos, donde pidió dinero prestado a un ministro del gabinetazo, pues, como siempre, su padre tampoco contaba con dinero en los bolsillos.

Ana Cristina Fox ama las botas excéntricas, como su papá, y, como Zulemita Menem, siempre aparece en las fotos de revistas rodeada de canes súper cuidados, limpios y perfumados, al estilo diva de Beverly Hills —no entiendo este afán perruno de los famosos—. Es pachanguera, le encanta la música —lo mismo que a su hermana— y en su cabaña no faltan los CD de Alejandro, *mi rey*, Fernández y Ricky, *papito*, Martin, como ella los llama, sus predilectos.

155

Aficionada a los toros —amor transmitido por su padre desde niña—, Ana Cristina admira al rejoneador Pablo Hermoso de Mendoza y su torero favorito es *El Juli*. "Me acuerdo que una vez en el rancho me aventé a torear una vaquilla y ésta me dio un revolcón. Desde entonces ya no lo volví a intentar", afirma la que tal vez hubiera querido más ser torera que rival de su madrastra.

Otro de los eventos en que se la vio súper entusiasmada —aunque reconoció que de ello no sabía un comino— fue la carrera de autos categoría *Cart*, solamente porque participaba su admirado Adrián Fernández. "No soy muy aficionada, en realidad no sé nada, pero estoy a tiempo de aprender esto y agarrarle el gusto. Lo importante es que nos estemos dando a conocer, que otros países se vayan quitando la imagen que tienen de México, que me he encontrado cuando viajo, pues piensan que México es un país como de las películas", explicó en Monterrey en marzo de 2002, ya estrenando nueva nariz.

En la entrevista con Fanny Carrillo, declaró:

No, vivir en Los Pinos no ha cambiado mi forma de pensar ni mi manera de ver las cosas. Lo que me ha cambiado han sido las experiencias: la gente que me rodea me ha abierto mucho el panorama. Ya no estoy en mi "cajita", ahora veo una realidad más allá de mi casa, de mis amigos de la universidad y de mis amigos que siempre he tenido; ahora conozco mucho más gente y eso mismo me ha hecho conocer otras circunstancias y realidades. Me siento privilegiada, me siento contenta. A veces lo quiero ver como si no me hiciera falta nada, y a veces, como ¡híjole! todo está perfecto, pero estaría muchísimo mejor si tuviera otra cosa [...] Pero no puedes planear todo, no puedes forzar la vida. Y eso es lo malo, porque a mí me gusta tener todo bajo control: saber a qué hora voy a hacer cada actividad, si voy a comer, a dónde voy a ir, etc. Me gusta *agendarme* y que cuando organice algo me salga.

En contraste con su hermana Paulina, que cultiva un llamativo y prudente bajo perfil, todo indica que Ana Cristina Fox no tiene intereses más allá de las cámaras y las reuniones de la *socialité*. Y por supuesto —algo que comparte con sus hermanos— recuperar a su padre, arrancarlo, de una vez y para siempre, de las garras de su madrastra.

Ella asegura que no es verdad que sus intereses sean nulos, que es sensible y de lágrima fácil: la hacen llorar los "niños pobres, el desamor y las películas con final triste". Y aquí, tal vez y sin quererlo, Ana Cristina coincide en algo con Marta Sahagún, a la que cualquier cosa la sumerge en un torrente de lágrimas.

"Estoy encantada de salir en *Hola*, es la revista de cabecera de mi mamá. Siempre me ha gustado, la había leído desde chiquita, cuando mi mamá la compraba. Se me hizo chistoso pasar de leerla a estar en ella", dijo hace poco y días después de posar para la portada de la publicación española, sentada con las piernas cruzadas, *jeans* con alfileres dorados y jersey negro, sobre sillones amarillos y con su infaltable perrito peludo gris.

Fanática de las telenovelas, el *shopping*, la ropa de Versace y Armani —como si entre los dos modistos italianos existiera algo en común—, Ana Cristina lleva ahora el cabello corto sin las extensiones —obra del salón Jacques Dessange de Polanco— que fueron su pasión en 2002, cuando había logrado bajar diez kilos. Asegura que su libro de cabecera es *Cien años de soledad*, de Gabriel García Márquez, pero sus compañeros de clase me aseguran que no es verdad: "Si uno le pregunta por Macondo, es capaz de decir que existe y que queda en México. Lo dice para quedar bien…".

"Si alguna virtud tiene la moda es la capacidad para sintetizar el momento en que se vive. La tendencia mundial del 'vístete como quieras' no encuentra eco en estas tierras", dice la socióloga y periodista argentina Sylvina Walger.

Sara Sefchovich, en *la suerte de la consorte*, explica muy bien:

La mujer mexicana no tiene buen gusto para vestirse. Ellos [los modistos] lo atribuían al afán de copiar las modas de otros países, que las hacen ponerse cosas que no van con su tipo de cuerpo, ya que la mujer mexicana tiene una figura especial: cuello corto, busto y caderas amplias y, por otra parte, que las mexicanas hacen demasiada mezcolanza con la indumentaria. Se ponen igualmente un vestido de satín brillante o uno de seda artificial en la mañana que en la noche...

El furor, casi compulsión, de los neomillonarios por las marcas y por ostentarlas, no importa el cuerpo que tengas, muestra, como ninguna otra cosa, lo que uno es. Señoras resucitadas por el bisturí y ataviadas como un árbol de navidad, cubiertas de colgajos de colorines y rutilantes oros, y más preocupadas por parecerse a sus hijas, inundan las revistas del corazón vernáculas. Y a esta tendencia no escapan los políticos, su curiosa parentela y la rastra de amiguetes que llevan a todas partes.

Las mujeres y los hombres del poder atiborran las páginas de sociales y son tratados como si fueran héroes nacionales, descendientes de alguna monarquía o premios Nobel. Por ejemplo, el ex canciller Jorge Castañeda Gutman eligió la revista *Quién* para hablar por primera vez, luego de su salida del gabinetazo. La mismísima Marta Sahagún, en cada entrevista, hace alardes de sus gustos en ropa y zapatos, de sus vestidos exclusivos —elegidos por sus amigas—, de las elegantes tiendas de la calle Masarik, concretamente Frattina y Chanel.

Distancia abismal entre las discretas casas de moda de Celaya —en realidad una sola— que la vistieron hasta que dio el brinco a Los Pinos, y el furor por las *boutiques* exclusivas. Lo mismo pasa con las chavas Fox-De la Concha y sus atuendos rancheros antes que "papá" llegara a la Primera Magistratura. Nada que ver con lo que muestran hoy. Tal como se titulaba una famosa obra del teatro cómico argentino: *¡Éramos tan pobres!*

Hace poco nos enteramos de que en la vida de la *prima* niña presidencial, Gianni Versace ha cedido su lugar a Roberto Cavalli, el diseñador que hace estragos entre los *nouveau riche* latinos. Paulina Rubio, Thalía, Jennifer López, Shakira, Verónica Castro y su nuera Gabriela Bo, Cristina Aguilera, Mariana Tort de Peralta (y hasta su amado chimpancé) y la diva de la televisión argentina Susana Giménez figuran entre sus clientas más famosas. Ana Cristina no podía quedarse atrás ante tanta luminaria, y es una pena porque se vería mejor con atuendos menos recargados.

Javier Arroyuelo, columnista de moda de la revista *Vogue*, dice acerca de Cavalli:

> Su estilo *kitsch* posmoderno tiene *glamour*, pero uno lo prefiere en una chica mona, inteligente, que maneje el *deuxième dégré* y no en mujeres cuya única gesta cultural es apretar el control remoto. A la sombra del Popocatépetl, Cavalli debe parecer un efecto de la contaminación del aire; lo que para uno, con ojo internacional en las pasarelas, es una fantasía divertidísima, en los salones de Iberoamérica se vuelve una cachetada que te hace ver simpático a don Cuauhtémoc Cárdenas.

Vulgaridad, exageración y desenfado son el signo de la marca europea, con su sede local en la avenida Presidente Masarik de Polanco y cuya representante en el país es la voluptuosa Mariana de Peralta, quien no deja pasar ocasión para exhibir, con sus atributos físicos de Barbie, las últimas creaciones: la cocina o el dormitorio de su hijo viene bien para mostrar los brillos de apretadísimos pantalones, transparentes camisas de seda y leotardos.

El cuerpo de Ana Cristina, al revés que el de su hermana, es todo un problema para ella —y para quienes la aconsejan cómo vestirse—, una verdadera obsesión. Hace años que lucha con uñas y dientes contra una gordura que la persigue desde pequeña. Los frijoles, la paella, el jamón serrano y los mariscos —esto último herencia de su padre y su abuela *Meche*— la pierden irremediablemente. Conflicto que no tiene Paulina, dueña de un físico agradable y delgado, sin ser anoréxica, y un estilo discreto y casual en el vestir, que le sienta muy bien.

Gimnasia todos los días, decenas de pastillas para ayudar a bajar de peso —que seguramente contienen anfetaminas—, tres litros de agua diaria y dietas rigurosísimas son la rutina de la mayor, según ella misma confiesa. "Y aun así, le cuesta mantenerse...", dice una amiga. "Yo no puedo camuflarme, si subo de peso, la gente me da el teléfono de su nutriólogo; cuando bajo, me dan el de doctores que atienden anorexia", declaró a la revista *Quién*.

Tenía dos meses cuando llegó a casa del matrimonio Fox-De la Concha, que no podía tener hijos. Al presidente le gusta contar la anécdota del "amor a primera vista" que tuvo con Ana Cristina, porque apenas se la trajeron para que la viera, él la levantó en brazos y ella le dedicó una sonrisa. Al poco tiempo, llegaron sus hermanos Vicente, Paulina y, por último, Rodrigo, el más pequeño, hoy de 15 años.

Sin embargo, el sueño de la *happy family*, que embargó desde siempre al hombre de Guanajuato, se hizo trizas y las batallas del matrimonio se convirtieron en cosa de todos los días, situación que trastornó la vida de los retoños, más aún cuando mamá Lillian abandonó el rancho y partió con otro hombre.

"A los trece años aprendí a manejar y hacía las compras del súper para ayudar a mi padre, que estaba solo. Cuando mis padres se separaron, se me cayó el mundo, pero a la vez el divorcio me hizo madurar", contó Ana Cristina. Y es verdad, sobre sus espaldas de niña recayó todo el trabajo de mantener cierta normalidad en la casa, con sus hermanos y su padre, mientras extrañaba horrores a su mamá.

Las dos hijas son sumamente cómplices de su madre Lillian, pues aunque un día se fue, otorgándole la custodia de los niños al padre, siempre tuvieron una buenísima relación que se afianzó en el tiempo que vivieron con ella en Italia y, sobre todo, después de que Vicente Fox contrajo nuevo matrimonio. Hoy es habitual ver cada semana a Lillian preparando la comida en su piso de Santa Fe para agasajar a sus hijos.

Ana Cristina cuenta que —al revés de la mayoría de los jóvenes de su condición— jamás tuvo la curiosidad por conocer su origen. Ni a ella, ni a sus hermanos.

> No seré hija biológica, pero yo sé que para ellos no existen más hijos que nosotros, ni para mí más padres que ellos. La verdad, no me interesa conocer a mi madre biológica y nunca me ha interesado. No por mala onda, pero yo no tengo más padres que Vicente y Lillian.

Y agregó: "No sentimos la adopción como algo trágico, porque desde chiquitos mi papá y yo rezábamos por mi mamá que está en los cielos. No hubo ningún momento en que dijéramos que somos adoptados. Por el contrario, yo recuerdo que de más grande, mi mamá, mi papá y mis hermanitos siempre le pedíamos a Dios por otro hermanito. Así que la adopción fue lo más normal", contestó para el diario *Reforma* antes de ingresar a Los Pinos.

Y aunque los cuatro chavos tienen entre sí muy buena relación, los varones son los que menos resistencia abierta pusieron al casamiento de Fox con Sahagún, de tal manera que vivieron —Vicentillo hasta que se casó— en la cabaña presidencial con el flamante matrimonio.

"Para ganarse a Vicentillo y a Rodrigo, Marta hizo todo lo que estuvo a su alcance y lo logró: desde costosos regalos hasta ordenar

—a escondidas de Fox— la custodia oficial de los jóvenes, que hacía todo lo que los chicos pedían", describió una colaboradora del círculo íntimo.

Hace pocos meses, Rodrigo acompañó a su madre a Miami para visitar a unos tíos. Y ante el asombro de la misma, el adolescente de 15 años sacó de su maleta de mano un fajo de siete mil dólares para sus gastos.

—¡Rodri!... ¿quién te dio este dinero? —lo interrogó Lillian estupefacta.

—Marta me lo entregó antes de viajar, me dijo que me comprara lo que quisiera.

Otro día, llegó Rodrigo de un viaje a Bélgica con un Rolex de 10 mil dólares en su muñeca. "¿Por qué andas con este reloj de narcos?", exclamó la madre. Su hijo le respondió que Marta Sahagún se lo había obsequiado un día que salieron a pasear.

Un motivo más de tensiones fue la decisión de Marta de contratar a una chica que diera clases de regularización al joven para sus estudios. La mujer llegó de Guanajuato y no resultó una maestra sino una enfermera que cautivó al hijo menor de Fox, quien le hablaba cada noche después de verla.

—Mira, Vicente, Rodrigo es nuestro hijo y todavía es muy pequeño. Si no le pones fin a esta situación, te armo un escándalo público como nunca te lo armé —le dijo una furibunda Lillian de la Concha al presidente, tras enterarse de las clases de regularización tomadas por Rodrigo.

—Pero *Sota*, ¿qué pasa? —respondió un impertérrito Vicente, que no comprendía la furia de su ex esposa desde el otro lado del auricular.

—Esa mujer que se encierra con Rodrigo todos los días en el dormitorio va a pervertir a nuestro hijo.

—*Sota*, pero si es sólo una maestra, ¿qué mal hay en todo ello? —insistió *Chente*.

—¿Tú vas al cuarto cuando ellos están juntos? Oye, papá, no es una maestra sino una enfermera. Ella tiene 23 años y Rodrigo 15 —remató Lillian ante el mutismo del hombre de su vida, y añadió, nuevamente alterada: "Soluciona este problema y sácala de ahí porque te juro que te armo un escándalo".

Lillian tenía poco tiempo de descubrir las llamadas telefónicas de su hijo con la enfermera; conversaciones, a su juicio, inapropiadas para la edad del muchacho. Cuando ella le preguntó a Rodrigo si tenía novia, éste respondió que hablaba con una chica muy bonita conocida de Marta.

Al poco tiempo de la llamada con Vicente, no se volvió a ver por Los Pinos a la cándida enfermera presentada por Marta como maestra.

En los últimos tiempos, cada vez que llegaba a León, Vicentillo organizaba estridentes saraos y se mostraba en conocidas discotecas con exuberantes mujeres de vida irregular, agitando la tarjeta de crédito dorada que su padre entregó a cada uno de los hijos luego de ser presidente, y con la que se iba de fiesta junto a sus exultantes cuates. Después, terminaban todos pasados de copas en el rancho San Cristóbal, donde el joven vivía.

Cuentan que la pasión del chavo por la noche, los antros —con una escandalosa pelea a trompadas en una disco de León— y una ajetreada vida sentimental preocupó tanto al primer mandatario que éste exigió severamente a su hijo "reformarse" ante el miedo de que la misma se ventilara en los medios.

Quienes conocen mucho a Vicente Fox piensan que, en realidad, el motivo de alarma para el padre era la propensión del heredero a menearse públicamente con "esas mujeres" y en estado de ebriedad.

El peso de la rígida formación católica hace que estas situaciones comunes se conviertan en un "pecado mortal" para el primer mandatario, pues "Dios todo lo mira y todo lo castiga, y siempre se corre el riesgo de terminar en el infierno", que, como se sabe, da pánico a papá Vicente.

Nadie mejor que su ex mujer Lillian podría aclararlo:

Para nosotros lo religioso es más importante que lo legal, eso es lo que rige nuestras vidas. Ni Vicente ni yo venimos a este mundo para ser él presidente y yo primera dama. Venimos para llegar al cielo, por algo Dios nos puso juntos.

Al poco tiempo, Vicentillo se apareció con la noticia de que su novia desde hacía cuatro años, Paulina, *Pigui*, Rodríguez Dávila, una discreta y sonriente niña de León, hija de un matrimonio de respetables médicos, estaba embarazada, y la situación los obligó a casarse sobriamente en la residencia presidencial de Los Pinos, para alegría de sus progenitores.

—Quizá con Paulina este chavo se tranquiliza —dijo Fox a un amigo.

Sin embargo, a los dos meses, Vicente hijo fue internado en la clínica de rehabilitación *Oceánica* contra su voluntad y la de su madre, pero no así de Marta, la principal promotora de dicha estancia. Ahí permaneció 20 días y salió espantado porque "su caso no tenía la terrible característica de los demás".

—Vicentillo, te vas a internar. Marta dice que es lo mejor, que ese lugar te va a hacer bien…—le pidió un suplicante Fox con la bendición de su nueva esposa.

—Papá, ¿por qué? No quiero ir, me voy a curar solo, no es grave… —exclamó el joven, asustado.

—Marta cree que te ayudará, y por lo tanto, harás lo que te digo, aunque sea por mí... —replicó Vicente, el grande.

Como su hermana mayor, Vicentillo también tiene problemas de peso que combate haciendo *gym* y pesas, aunque su pasión por las mujeres y las diversiones nocturnas no lo hace estable en el cuidado de su físico, debilidad que le cuesta superar con creces.

Las ocupaciones actuales del chavo no se conocen con exactitud, tampoco el alcance de sus estudios, a los que nunca dedicó demasiado tiempo. Hasta 2002 tenía un maestro particular con el que pretendía terminar la preparatoria y, según él, ingresar luego a estudiar ingeniería civil. Hoy nada se sabe, ni de la marcha de sus estudios, ni del maestro. Tiene un puesto ejecutivo en la empresa de camiones Estrella Blanca —al que casi nunca va— y sigue entusiasmado con su negocio de tequila, junto al empresario Pedro Haces, miembro de una acaudalada familia de Tlalpan, y Xavier Fox.

Tal cual lo revelo el prestigioso columnista Raymundo Riva Palacio en *El Universal* en 2002,

el nuevo tequila promete causar revuelo, aunque no necesariamente por su calidad, que aquí no se pone en discusión. Empezará desde la botella misma, en cuyo vidrio tiene grabado un dibujo que se asemeja a la banda presidencial y bajo un "Mi México" que aparece en la parte superior de la botella, se encuentra impresa la figura de un cactus sobre tres letras de un apellido que asemeja un águila mocha, que es símbolo del gobierno de Vicente Fox. En la tapa negra del tequila aparece en letras de plata el nombre Fox. Este tequila reposado tiene un nombre oficial, "Xavier Fox". Algo huele podrido en esta pequeña Dinamarca tropical. ¿Habrá sido capaz el presidente Fox de haber aceptado por omisión o comisión, que su hijo entre a un negocio?, ¿alguien hubiera invitado a un joven sin experiencia para tal lucrativo negocio si no fuera hijo del presidente?

Y esta faena del jovencito es conocida en todo el Bajío. "Al chico Fox le encantan los negocios y el dinero, es muy astuto, todo lo contrario de su padre."

El Tequila Fox es para exportación exclusivamente, viene en una botella opaca y de elegante diseño, y cada mes envían 50 mil botellas al exterior, envasado por la Compañía Tequilera de Arandas, en Jalisco. Esto me hace recordar a los vinos de las bodegas Menem, con las que el ex presidente trató de hacer creer a los argentinos que solventaba la borrascosa y lujosa vida suya y la de su familia. ¿Le enviará Vicentillo Fox a Fidel Castro botellas de tequila de regalo, tal como Carlos Menem hacía con sus vinos?

Vicentillo se casó en Los Pinos el 5 de octubre de 2002, pero la fiesta, por suerte, no tuvo nada que ver con las anteriores y suntuosas bodas de familias presidenciales. Fue discreta —asistieron 90 invitados, entre ellos pocos funcionarios— aunque muy elegante. Amenizaron la reunión la Camerata del Ejército y la Fuerza Aérea Mexicana y un conjunto de mariachis. Entre los comensales se dejaron ver Lino Korrodi, Arturo Sánchez, el dueño de Estrella Blanca, y Gustavo Bustamante.

Después de cuatro años de relación, con alguna interferencia, el heredero de Vicente Fox desposó a Paulina Rodríguez.

La novia se recogió el pelo con flores naturales y lució un vestido color manteca de la diseñadora española Purificación García, elegido en una casa de Polanco, mientras el novio portó un traje oscuro con camisa blanca y corbata al tono. Paulina llevó dos ramos de tulipanes y ofreció uno de ellos a la Virgen de Guadalupe; el otro lo lanzó a sus amigas y la favorecida fue nada menos que Ana Cristina.

A la ceremonia asistió Lillian de la Concha, que no podía faltar porque sería ella quien acompañaría a su hijo al altar. Vestida de negro con medio escote, la ex señora de Fox se reencontró frente a frente, después de mucho tiempo, con Vicente. El clima en la residencia estaba cargado de tensión, tanto en la cabaña de las niñas como fuera de ella. El aire se cortaba con una navaja.

—Por favor, mamá, por favor te lo pido, sé fuerte, pero tranquila, no quiero escándalos ni líos, es mi casamiento —rogó Vicentillo angustiado.

Paulina se vistió de novia en la cabaña, ayudada por su suegra Lillian, y hasta conversaron animadamente sobre las controversias desatadas alrededor de la comida para la fiesta. Marta Sahagún, sin avisar y ni siquiera consultar, tomó en sus manos la organización del evento hasta en sus más mínimos detalles.

Marta asistió a la boda ataviada con un vestido largo de seda verde, y había resuelto, con anterioridad, encargar el menú a la empresa de banquetes Mayita, la misma que se encargó de alimentar al Papa y su comitiva en la última visita a México del jefe del Estado Vaticano.

El menú fue motivo de controversias y sombrerazos. Marta decidió servir gallinita de Guinea, crema de morillas, filete de res al vino tinto y, de postre, tarta de frambuesa y chocolate blanco. Fue ella también quien ordenó instalar la carpa que resguardaría a los invitados en medio de las mortecinas luces de las velas. Un comunicado de la Presidencia aclaró que todos los gastos corrieron a cargo de Vicente Fox.

—Estoy mal, esta mujer acaparó todo. ¡Es mi casamiento, mi fiesta, tengo derecho a decidir sobre la comida, lo que ella eligió es una porquería! A mí no me gusta la gallinita de Guinea —exclamó la novia envuelta en sollozos frente a Vicentillo y sus cuñadas.

—¡Ve y enfréntala! ¡Dile que no te gusta lo que eligió! ¿Quién se cree que es? —la empujó Ana Cristina, hasta que, luego de varias trifulcas por los manjares, llegaron finalmente a un acuerdo: la gallinita de Guinea se la comió la noche y fue sustituida por *carpaccio* de salmón.

En la ceremonia religiosa, oficiada por el legionario Santiago Pérez Santana, el presidente se sentó en la primera fila y Marta Sahagún detrás, pero tan cerca como para ser visualizada por los medios. Desde muy temprano corría nerviosa por los jardines de la residencia. Ese día, más que nunca, reclamaba su ansiedad y agitación. La presencia de Lillian de la Concha la perturbaba. Esa noche ambas se miraron, midiéndose, recordando de golpe el pasado de turbulencias y traiciones. Vicente Fox, el hombre al que las dos amaban, permanecía encerrado en su mutismo. Cuando llegó el momento de darse las manos y desear la paz, Lillian, ante la mirada de furia de Marta, se acercó a Vicente Fox y le dijo:

—Vicente, te deseo la paz y que Dios te bendiga. ¿Te das cuenta, papá? Se nos casó Vicentillo...

El presidente se levantó, la tomó de ambos brazos y la apretó tan fuerte que le dejó las marcas de sus dedos en la piel; bajo el influjo de la conmoción que sentía por volverse a reunir con su ex mujer en un momento tan singular como es el matrimonio de un hijo, lloró.

Al salir de la capilla, a Lillian le tocaba ser acompañada por su ex marido. Después de todo, eran los padres del joven que se casaba. Según relato de varios testigos, Marta se adelantó, jaló del brazo a su marido, apretó fuertemente su mano y dijo fuerte:

—Rodrigo, ¡ve con tu madre, sal con ella!

Doña Mercedes Quesada contribuiría con su grano de arena a caldear los ánimos. Al encontrarse con Lillian, también después de mucho tiempo, la abrazó fuertemente y le dijo casi en tono de súplica:

—Lillian, espera a *Chente*, sé por qué te lo digo, espéralo.

Después de esa turbulenta noche de reencuentros y desencuentros, Vicentillo y Paulina pernoctaron en Los Pinos antes de viajar a Manzanillo, Colima, para su luna de miel.

Hace muy poco, el chavo y su novísima esposa le dieron al presidente su primer nieto, Vicente, que nació sin mayores problemas en

el Hospital Militar. La pareja vive en una casa de Lomas del Hipó-
dromo que les regaló el primer mandatario cuando se casaron.

—Los adoro a ambos; Vicentillo es un sol, pero con Rodrigo ya
no sé qué hacer, qué regalarle, cómo expresarle mi amor, porque ese
chico me tiene comprada totalmente, nos queremos muchísimo
—me explicó una Marta Sahagún categórica aquel mediodía de abril
en Los Pinos, cuando le pregunté por su relación con los hijastros.

Camino a Ciudad Sahagún

El camino a Los Pinos —mejor conocido como Ciudad Sahagún desde que Vicente Fox fundó una figura inédita en la política mexicana: la pareja presidencial— fue largo y sinuoso. Nunca imaginó el ranchero guanajuatense que ocuparía la silla presidencial y hoy, después de casi tres años del suceso, parece que todos los días se sienta sobre ella a regañadientes y dando tumbos. En su "recuento autobiográfico y político", Fox se preguntaba qué podía ofrecerle al país, y en una frase que sonaba más a declaración de principios, respondía: "Honestidad, trabajar un chingo y ser poco pendejo".

Desde el 2 de julio de 2000, ante propios y extraños, la gestión de Fox ha parecido una carrera de obstáculos por mantener estático, sin mucho éxito, el adjetivo "poco", que se expande como una avalancha de nieve para alcanzar su contrario: "mucho".

Marta María Sahagún no sólo fue la sombra de Vicente Fox desde que éste se lanzó a la carrera por la Presidencia. Fue su mano derecha y su mano izquierda, su olfato, mirada y oído. Encargada de la relación con los medios cuando el vaquero era gobernador, Marta no lo dejó ni a sol ni a sombra en toda la campaña. Era ella quien giraba instrucciones y se ocupaba de los detalles: el *shampoo* para la caspa, el anudado de la corbata, la elección de los trajes, el toque de maquillaje en las entrevistas para televisión. Omnipresente, la michoacana asumió un papel de misionera en la empresa en construcción Los Pinos, S.A., al extremo de intimidar a Lillian de la Concha el 2 de julio. Ella misma confirmó su papel en una entrevista con Guillermo Rivera: "detesto la manipulación, no considero a mi trabajo actual un trabajo, sino una misión. No lo hago por imposición, lo disfruto, lo vivo con pasión". Fox no llegaría solo a la silla presidencial, tendría un custodio al que nada turbaría, nada espantaría: Ciudad Sahagún, planeta Sahagún.

De acuerdo con María Teresa, *Tere*, Mendoza, secretaria particular de Sahagún durante años, confidente mayor y compañera de mil batallas desde el malogrado intento por conseguir la alcaldía, Marta nunca iba sola a San Cristóbal. *Tere*, la fiel escudera, siempre la acompañaba y, mientras su jefa trataba asuntos con Fox, ella se encargaba, por instrucciones precisas de Marta, de hurgar en las habitaciones para verificar si había fotos de Lillian, la ex esposa. Ante la confirmación de su secretaria, la futura primera dama lloraba a raudales, pues no podía creer lo que era un rumor a voces y Vicente se empeñaba en ocultarle: la reconciliación de la pareja que crió cuatro hijos.

Rumores semejantes rodearían a la propia Sahagún cuando se reveló que, siendo todavía vocera, vivía en las famosas cabañas de Los Pinos. En mayo de 2001, a unos meses de contraer matrimonio con Fox, Sahagún confesó a la revista sonorense *Mujeres Avante* que estaba enamorada del presidente y que solía verlo más como hombre que como presidente, pero aclaró que su relación era meramente profesional y un posible matrimonio "estaba en manos de Dios". Por su lado, una revista canadiense presentó a la michoacana como la mujer detrás del hombre, sobre lo que Marta simplemente comentó: "ése es mi trabajo".

Para el *grandote* las cosas serían muy distintas y su camino a la Presidencia fue una suerte de gran compensación por la crisis moral que sorteó en la primera mitad de la década de los noventa. En efecto, después de una etapa tan crítica como la de 1991 y 1992, Fox conocería la plenitud del regreso.

A finales de 1995, Lillian, quien visitaba una vez a la semana a sus hijos en Guanajuato por decisión de su ex marido, buscó un acercamiento con un dócil Vicente dispuesto a escucharla, tal vez porque seguía amándola. En ese intercambio de palabras, los esposos ante las leyes de Dios (Lillian confesaría a la revista *Milenio* que "lo religioso es más importante que lo legal") decidieron intentarlo de nuevo y vivir otra vez juntos, primero en plan de novios y después con la expectativa de volverse a casar si la vida les sonreía. El propio Vicente había prometido a *Sota*, como cariñosamente la llamaba, formalizar el reencuentro si llegaba a Los Pinos.

—*Sota*, si gano, nos casamos de nuevo por el civil.

Aunque Fox afirma que fue el 6 de julio de 1997 cuando emprendió la peregrinación para conseguir la candidatura de su partido a la Presidencia de la República, lo cierto es que desde 1992 empezó a trabajar para alcanzar dicho propósito cuando apoyó, con el auxilio de Creel, la reforma al artículo 82 constitucional. Resulta improbable que el ánimo de Fox fuera sólo combatir la xenofobia implícita en la versión original del artículo.

Vacilante como siempre, el guanajuatense no hizo proselitismo entonces, e incluso en mayo de 1996 todavía negaba que él tuviera tan aviesas intenciones. Sin embargo, un año después, en abril de 1997 (y no en julio como él afirma), durante una entrevista para la cadena estadunidense Univisión, confesó: "¡Sí, sí quiero y voy a ser el presidente de México. Ya llevo 15 días pensándolo, llevo mucho tiempo queriendo decirlo y ya lo dije".

Desde entonces, Fox tuvo como uno de sus principales opositores a la línea dura del PAN, representada por el ahora senador Diego, *El Jefe*, Fernández de Cevallos, dueño de una riqueza invertida en ranchos de Querétaro y con el suficiente tiempo, además, para utilizar los privilegios que le confiere su investidura, demandar al Estado y ganar juicios que son incosteables para cualquier secretaría de gobierno. En su momento, cuando Fox cuestionó la actitud de Cevallos, quien aprobó la quema de boletas electorales para eliminar cualquier evidencia de fraude en los comicios presidenciales de 1988, *El Jefe* contratacó al guanajuatense al reprocharle que usara al PAN como un "hotel de paso".

Sin muchos grupos de apoyo y con la hostilidad partidista, el escenario fue campo fértil para la creación de la asociación civil Amigos de Fox, que con su título irónico recordaría que si de algo carecía el futuro presidente era precisamente de amigos. Y probablemente el único que tenía, José Luis, *El Bigotón*, González, creador del innovador concepto, tomó distancia de Vicente en plena campaña.

Amigos de Fox nació en febrero de 1998, ni siquiera un año después de su confesada intención por llegar a Los Pinos. Al mismo tiempo, su equipo comenzó a trabajar en un cambio de imagen a través del plan Millenium, autoría también de *El Bigotón*. De ahora en adelante, Vicente usaría vestimenta formal en sus viajes al Distrito Federal, en contraste con la indumentaria más desenfadada para el interior de la República, donde portaría el emblemático cinturón con su apellido grabado en la hebilla, pantalones vaqueros y siempre en mangas de camisa. El propósito era subrayar una imagen que rompía con la solemnidad y la retórica priistas. Además, el lenguaje florido de Fox contrastaría con la ilegibilidad de sus contrincantes.

La estrategia consistía en aprovechar del PAN lo aprovechable (es decir, algunos postulados ideológicos como la apelación a la doctrina tomista del bien común) y reivindicar una parte del ideario tradicional de la izquierda: combate a la pobreza, búsqueda de la equidad social, reconocimiento de las luchas indígenas, invocación del 2 de octubre como un capítulo esencial en la democratización del país, etcétera.

El estratega José Luis González, un genio de la mercadotecnia que conocía a Fox desde los tiempos de Coca-Cola, es economista de profesión, dueño de la empresa Quan, ex presidente del Consejo Nacional de Publicidad y célebre por haber inventado el concepto del jugador número 12 para referirse a la afición del futbol mexicano cuando fungía como publicista de la Selección nacional. Sus sucesivos éxitos —creador de "la ola Coca-Cola" y el *jingle* "quisiera al mundo darle hogar y llenarlo de amor"— le permitieron dedicarse a los negocios propios y estar cerca de Fox tanto en el proceso electoral de 1991 como en el de 1995. Decir que era el encargado de la dirección y planeación de mercadotecnia es un mero eufemismo, pues *El Bigotón* fue el auténtico cerebro detrás de Amigos de Fox. Él fue quien diseñó el plan de reclutamiento y cotización; gracias a él la asociación rebasó por completo la estructura del PAN, que terminó montándose en su novedosa mecánica para conseguir votos.

La suscripción a Amigos de Fox era muy sencilla, pues no existían requisitos de religión, edad o sexo. El desarrollo de la apuesta por internet consiguió extender ramificaciones en el extranjero y en cada uno de los estados de la República. Además de la invitación a participar y comprometerse, Amigos de Fox ofrecía las mejores condiciones para recibir aportaciones, que se pedía que fluctuaran entre cinco y mil pesos. Vicente usó su código empresarial para promover lo que fue la principal plataforma de apoyo; en su autobiografía escribió:

> miles de nombres de ciudadanos [...] han invertido recursos para tener un país democrático, exitoso y triunfador. A mucha gente le llama la atención que alguien quiera invertir en democracia, procesos electorales justos y equitativos, pero ésa es la mejor inversión, hoy por hoy.

Con un exceso de confianza que podríamos llamar ingenuo, pero que en realidad estaba lejos de ser cándido, Fox rechazó una a una las acusaciones que sobre malversación de fondos y aportaciones fuera de la ley recibió la asociación casi desde sus comienzos. Según el presidente, su equipo contaba con los controles suficientes para

> evitar que dinero de dudosa procedencia se infiltre en la campaña. Cualquier depósito que supere los diez mil pesos y cuya procedencia no se pueda precisar con exactitud, es automáticamente rechazado por el banco que maneja la cuenta. Todo el dinero que se rechaza se destina a obras sociales. Que quede claro: la organización está registrada ante la Secretaría de Hacienda y Crédito Público, cumple cabalmente con las leyes fiscales, entrega en tiempo y forma sus declaraciones de ingresos y egresos sustentadas con facturas. Aquí no hay nada chueco.

Ya en la Presidencia, Fox tuvo que tragarse sus palabras cuando Santiago Creel, el secretario de Gobernación, informó que se actuaría con estricto apego al derecho y que no se le escatimaría ninguna información a las autoridades encargadas de emitir una sanción. En lo que podría interpretarse como un arreglo negociado, Amigos de Fox quizá dormirá el sueño de los justos en esta administración.

¿Pero cuándo comenzaron los problemas? La primera resquebrajadura de la asociación ocurrió, justamente, con la salida de José Luis González. Fox nunca fue explícito y apeló al políticamente correcto "por motivos personales" para explicar la renuncia de su viejo compadre a mediados de abril de 1999.

En una entrevista para el semanario *Milenio* del 26 de abril de 1999, González señaló que Vicente había dejado de escucharlo y que "para no afectar nuestra gran relación de amistad preferí poner algo de distancia entre dos viejos buenos amigos". La razón del rompimiento tuvo nombre y apellido: Marta Sahagún. En los primeros días de abril, González confesó a Lino Korrodi, el encargado de las relaciones públicas con los empresarios y coordinador de Finanzas del equipo de precampaña, que ya no soportaba más "a esa pinche vieja". Efectivamente, el protagonismo de Marta inquietó a más de uno y, en el caso de *El Bigotón*, el conflicto de personalidades se sumó a las dudas abrigadas por el publicista sobre las capacidades de Sahagún para llevar a buen puerto las relaciones con los medios, que ésa era la encomienda de la futura esposa del presidente.

José Luis insistió en buscar a alguien con un perfil semejante al de Emilio Gamboa, el encargado de esa área en el equipo de Francisco Labastida. Empero, Fox no dio marcha atrás y le preguntó directamente si estaba sugiriendo quitar a Marta. José Luis asintió y el dilema quedó resuelto por el propio ranchero cuando ante la pregunta "¿o ella o yo?", dijo simplemente: "es obvio que ya has tomado la decisión". La respuesta de *El Bigotón* no podía ser menos elocuente: "Es claro, Vicente, que yo no puedo competir con ocho horas de sábanas".

Para convencer a todos de su supuesta integridad, las declaraciones de Marta después del 2 de julio mostraron a una mujer centrada, con los pies en la tierra, sin ningún ánimo de poder. El volcán explotaba en la trastienda.

En una entrevista con Guillermo Rivera, aclaró que, para ella,

el poder existe únicamente en el sentido del servicio. La esencia de mi persona sigue exactamente igual: una mujer pueblerina, sencilla, que no tuvo carencias, pero que fue enseñada que lo que se tiene se debe compartir. Sigo apasionada de la libertad. Este compromiso lo he adquirido por convicción, con un profundo amor a mi pueblo, lo otro no tiene importancia, es superfluo, hoy se tiene el poder y mañana ya no.

No obstante la salida de González, la asociación continuó y superó todas las expectativas imaginables. Fox creyó que los Amigos sumarían un millón de personas, pero al término de la campaña, José Luis Fernández, el coordinador de la misma, habló de cinco millones 480 mil miembros, que no sólo se suscribieron sino que aportaron recursos. Como apunta Miguel Ángel Granados Chapa, esta situación generó "un problema de fiscalización del gasto".

Guillermo H. Cantú, en su crónica de campaña publicada con el emblemático título *Asalto a palacio*, señaló que durante la precampaña se reunieron 90 millones de pesos. Lino Korrodi habló de más: 120 millones en efectivo y 40 millones en especie, sólo en 1999. Cantú destaca que el propio Korrodi aceptaba "cualquier aportación, lo mismo en efectivo que en especie, o intercambios entre compañeros y muchas formas más de contribución un tanto ocultas, pues todavía prevalecía el temor de que los verdugos del sistema la tomaran en contra de ciudadanos que habían decidido ayudar a la oposición". Durante más de mil días se recogieron "dinero, cheques posfechados, donativos en especie, pagos directos a proveedores, hoteles, aviones, combustibles, camionetas y camiones, medios de comunicación"…

El crecimiento exponencial de Amigos de Fox despertó sospechas en más de uno, y los rivales políticos, especialmente el PRI, investigaron el origen de muchos de los recursos. El diputado Rafael Oceguera dudó de la información proporcionada por la página web de la asociación, que del 11 de abril al 16 de mayo de 2000 incrementó el número de afiliados de tres a cuatro millones, para lo cual hubiera sido necesario que cada segundo, durante las 24 horas del día, solicitaran su ingreso 23 personas simultáneamente.

El registro no sólo podía llevarse a cabo vía internet. En sus recorridos por toda la República, el equipo de Fox repartía fichas que eran llenadas por los interesados y después incorporadas a la base de datos del sitio en la red. En todo el país hubo 262 locales que siguieron funcionando incluso después de junio de 2000, cuando la asociación supuestamente se cerró legalmente.

Amigos de Fox fue el brazo financiero y político de la campaña. En más de un sentido, fue la más efectiva promotora del voto útil, mucho más incluso que el propio Fox, preocupado casi solamente por exterminar "víboras prietas" y oscilar entre la mentira y la verdad.

El segundo y aún vigente descalabro sobre el caso, pues todavía no culmina la línea de investigación abierta por el Instituto Federal Electoral, ocurrió pocos días antes de las elecciones. Fue el diputado priista Enrique Jackson quien ventiló los primeros datos de la inyección de dinero ilícito a la asociación. De acuerdo con un reportaje de Pascal Beltrán del Río y Antonio Jáquez de la revista *Proceso*, publicado el 2 de marzo de 2003, fue a través del Cisen y del entonces secretario de Gobernación, Diódoro Carrasco, como Jackson recibió, en junio de 2000, toda la información del muladar foxista.

Era 21 de junio de 2000, en una sesión de la Comisión Permanente del Congreso, cuando Jackson mostró copias fotostáticas de 60 cheques y registros de transferencia hasta por 300 mil dólares recibidos por Amigos de Fox. El origen de estos fondos fue un financiamiento clandestino atribuible a Lino Korrodi, pues los cheques presentados se endosaron desde el extranjero a nombre de empresas con las que el ex empresario cocacolero tenía alguna relación.

Los montos se utilizarían después en el pago de servicios recibidos por la campaña y no precisamente para una labor social. Korrodi explica a sus íntimos que la propia Marta Sahagún fue favorecida con dinero en efectivo, mucho dinero, que jamás entregó a la Asociación y usó para fines personales, además de no tener empacho en comprarse ropa y enseres con él, "porque Manuel no me da dinero y no tengo qué ponerme".

Jackson describió la compleja red seguida por esos fondos internacionales, elaborada así para ocultar el origen de los recursos. La ley electoral prohíbe recibir cualquier financiamiento del extranjero. Miguel Ángel Granados Chapa explica alguna de las triangulaciones en beneficio de Amigos de Fox.

Por ejemplo, una empresa domiciliada en Amberes, Dehydratation Technologies Belgium, remitió 200 mil dólares al Instituto Internacional de Finanzas con sede en Puebla, que los reenvió al Grupo Alta Tecnología en Impresos, con sede en Monterrey —y administrada, según el líder legislativo [Jackson], por Lino Korrodi, responsable de las finanzas de Fox y su amigo personal—, que a su turno los transfirió a una cuenta personal a nombre de Carlota Robinson. De esa cuenta salieron diez cheques, el 15 de junio de 1999, todos destinados a Amigos de Fox. De la misma cuenta salieron otros cheques, de procedencia nacional a otros destinos, al cabo de los cuales aparecía la asociación civil foxista. En otro caso citado por Jackson, el mencionado Instituto Internacional de Finanzas —uno de cuyos ejecutivos, Miguel Hakim, formaría después parte del equipo económico de relevo— enviaba a través de sus filiales en León o Monterrey los fondos a otras empresas dirigidas por Korrodi: K Beta, S.A. de C.V. y ST & K de México, S.A.

Una hija de Korrodi, Valeria, es la titular de una cuenta en el Bank of West, en El Paso, de donde salieron el 4 de abril del 2000 diez cheques por un total de 85 mil dólares. Fueron depositados en otra cuenta a nombre de Carlota Robinson en Banca Ixe de donde inmediatamente, el 6 de abril, partieron tres cheques para cubrir facturas de publicidad foxiana a TV Azteca. Todavía más: de una cuenta neoyorquina del City Bank se enviaron 33 690 dólares a Fox Brothers, la nueva empresa de la familia de ese apellido, que a su vez giró cheques a Amigos de Fox y a empresas que prestaron servicios publicitarios, un procedimiento admitido en general por Korrodi.

Ante las evidencias, Fox, ya como presidente, demostró que él no tenía amigos y, además de lavarse las manos, ha dejado en boca de Santiago Creel todas las aclaraciones y posturas de su gobierno ante el entuerto. Actualmente, el propio Creel es investigado por el Instituto Electoral del Distrito Federal debido a la sospecha del uso de recursos por vía de Amigos de Fox para la campaña del ahora funcionario en su búsqueda de la jefatura de Gobierno de la capital mexicana.

El caso Amigos de Fox, sin embargo, no fue más allá inmediatamente después de las elecciones, pues para abundar en los datos sobre la ruta del dinero ilícito era necesario violar el secreto bancario y, por tanto, incurrir en un delito. La lentitud de la Comisión de Fiscalización del Instituto Federal Electoral para pronunciarse sobre el particular fue un factor adicional que contribuyó a desdibujar lo que parece un escándalo de proporciones inimaginables aún en curso de sancionarse.

La maquinaria estaba en marcha y Fox no se detendría ante nada. Su campaña recordó mucho las estrategias mercadotécnicas en el lanzamiento de una marca, tan en boga en la política estadunidense. "Inviertan en mí, soy un buen producto", parecía la consigna. El procedimiento fue funcional y efectivo gracias a un equipo coordinado por Pedro Cerisola. Marta estaba en todos los detalles y siempre tuvo un grupo de jóvenes (su famoso *Kindergarden*) dispuesto a ayudarla. El plan de ataque se dividió en siete campos de trabajo: el candidato, el mensaje (plataforma y propuestas), plan de medios, voceros, alianzas, organización y financiamiento.

A pesar de los dimes y diretes entre Fox y sus correligionarios, el 1 de julio de 1999 se publicó la convocatoria para elegir candidato a la Presidencia y el PAN no pudo más que reconciliarse con su oveja descarriada. No obstante los llamados de *El Jefe* Diego para "acotar" los esfuerzos de Fox en aras de "no dañar la institucionalidad del partido", sería el propio ranchero quien obligaría al blanquiazul a aceptar al militante incómodo.

El PAN decidió elegir a su candidato de una forma novedosa según sus costumbres: ahora sería por medio del voto universal y directo de sus afiliados. Fox se inscribió en la contienda el 12 de julio, y el 20, fecha del cierre de la convocatoria, no había otro postulante. El eterno portador de botas acudió a las oficinas del PAN con sus partidarios después de un mitin en la Ciudad de los Deportes. Dado que no tenía opositor político dentro de su partido, al cabo de 73 días Vicente no pudo conseguir que los afiliados panistas acudieran a granel para darle su apoyo. De un padrón de 358 mil miembros, el día de la elección votaron menos de la mitad.

Una vez ratificado, Fox y el PAN se dedicaron los meses de julio, agosto y septiembre a construir los términos para una alianza con otros partidos, especialmente con el PRD, la otra fuerza electoral de peso que, una vez más, había decidido elegir a Cuauhtémoc Cárdenas, el líder moral, en lugar de Porfirio Muñoz Ledo, como candidato para los comicios presidenciales. Este último respondería con su salida del PRD y buscaría cobijo en las siglas del PARM, aunque al final decidiría apoyar a Fox después del primer debate entre candidatos.

Además del PAN y el PRD, a las negociaciones se sumaron los llamados partidos chiquitos, que veían en la coalición una forma de granjearse curules para su partido y no perder el registro electoral. Los partidos interesados fueron el del Trabajo, el Verde Ecologista, Centro Democrático, Convergencia por la Democracia, Alianza Social y Sociedad Nacionalista. Ni el PARM ni Democracia Social se unieron a las negociaciones.

Las expectativas de un hecho insólito en la cultura política del país por los principios ideológicos tan dispares de las fuerzas interesadas en la alianza fueron muchas. Sin embargo, el punto de controversia fue el método para elegir candidato entre Fox y Cárdenas, pues cada uno de ellos, era obvio, deseaba el triunfo. Los partidos optaron por crear un Consejo de 14 ciudadanos notables que, de manera imparcial, construyera los consensos para generar el mejor procedimiento de elección del candidato: elecciones abiertas a la ciudadanía o sólo entre los militantes. Cuando finalmente se propuso, el 17 de septiembre, un camino intermedio que satisficiera a los involucrados, seis de los ocho partidos aceptaron de inmediato, pero no el PAN, que cuestionó un mecanismo que podría ser favorable al PRD.

Acción Nacional pidió al Consejo rectificaciones, que implicaban volver a negociar con todos los partidos. Ya no había tiempo, pues el plazo legal para registrar la coalición terminaba el 10 de diciembre. El martes 28 de septiembre, ante la imposibilidad de llevar a feliz término la negociación, el Consejo consideró inútil su labor y decidió apartarse. Aunque Fox manifestó algunas diferencias con la inflexible postura del PAN, decidió alinearse y dio al traste con toda tentativa aliancista.

Finalmente se enfrentaron en la carrera hacia la Presidencia, además de los partidos individuales, dos alianzas: Alianza por México —PRD, Partido del Trabajo y tres partidos más— y Alianza por el Cambio —PAN y Partido Verde Ecologista de México—. A partir de entonces, Fox comenzaría su larga antología de dislates, de frases ofensivas, de autodesmentidos propinados por él mismo. El primero de ellos surgiría apenas comenzada la campaña.

En diciembre de 1999, el Consejo General del IFE dio el visto bueno al emblema de la coalición que apoyaba a Fox, donde se veía la figura del candidato con la mano en alto. Sin embargo, PRI y PRD impugnaron la decisión del IFE e interpusieron un recurso ante el Tribunal Electoral, ya que, de acuerdo con la ley, en la boleta debe aparecer sólo el emblema de cada partido, no el retrato, pues eso significaría propaganda el mismo día de la elección. El fallo del organismo fue favorable y a ello respondió Fox con el estilo que lo distinguiría de ahí en adelante. Llamó a la resolución una "marranada" e incluso solicitó juicio político en contra de los magistrados.

Con una diferencia de días, Fox dio mayores muestras de desinformación y de nulos hábitos de lectura cuando se pronunció sobre la conducta, a fines de diciembre, de Francisco José Paoli, presidente de la mesa directiva en la Cámara de Diputados. Fue muy sonado el momento en que el susodicho legislador abandonó el recinto justo antes de votar un polémico presupuesto. Sin saber a ciencia cierta cuál era el motivo de la votación y sin tener información sobre las propias declaraciones de Paoli, quien había alegado una ridícula excusa, Fox pidió una investigación por si su compañero de partido hubiera sido sobornado.

Tras la resolución del Tribunal, Fox se registró como candidato el 10 de enero de 1999. Pocos días después, el 15, protagonizó uno de sus ya innumerables actos circenses, pues por quedar bien con todos sólo consigue enredarse en sus propias declaraciones, que serán corregidas horas o días después por él o sus más cercanos colaboradores. En un encuentro con cristianos evangélicos, el guanajuatense confesó sentirse identificado con ellos porque debían enfrentar "una fuerza dominante y la falta de equidad". Nadie podía dudar de que el poder aplastante sufrido por esta congregación religiosa era la Iglesia católica, una suerte de PRI eclesiástico que se escandalizaría con la declaración. Frente a esta digresión, Fox respondería con muestras de religiosidad nunca antes exhibidas por candidato alguno. Asistía a misa, comulgaba, decía encarnar al cura Miguel Hidalgo y portaba, en algunos de sus mítines, un estandarte con la imagen de la Virgen de Guadalupe.

Pero Vicente no tenía freno.

La ola de denuestos alcanzó a todo aquel que se opusiera a sus propósitos. El candidato del PRI, Labastida, era un mariquita y, en un juego de palabras poco gracioso para su contrincante, lo remató al llamarle "la vestida" o mandilón, mientras a los colaboradores del priista los trataba de "jilgueros" y "achichincles"; en suma, todos eran alimañas, tepocatas y víboras prietas. En los actos masivos, recurría a reptiles de plástico para aplastarlos con sus botas. Con Cárdenas fue, al principio, moderado y respetuoso, pero después le propinó insultos como "no saca un perro de una milpa", e incluso tuvo expresiones poco corteses para doña Amalia Solórzano viuda de Cárdenas, madre del contrincante.

Sin embargo, parecía no haber más ofendidos que los depositarios de los insultos y sus seguidores, pues Fox ganaba simpatías y llenaba las plazas, lo mismo en Guadalajara que en Monterrey, en Cozumel o en Morelia. El favor lo ganó no sólo de los ciudadanos cansados y ávidos de cambio, que tal vez sin estar muy convencidos con él, engrosaron las filas del voto útil, sino también de figuras relevantes de otros partidos que se sumaron a la avalancha. Ya mencionamos el caso de Porfirio Muñoz Ledo, pero también lo fue el de Héctor Castillo Juárez, hijo nada menos que de Heberto Castillo, uno de los más legendarios y respetados hombres de izquierda del país. Héctor pedía a Cárdenas que actuara como su padre, quien en 1988 declinó su candidatura en favor de él. Aunque la influencia política de Héctor Castillo no era tan importante, pues es sólo un científico respetable sin trabajo partidista, no fue el caso de Joel Ortega ni el de Francisco Curi, perredistas fascinados con el ranchero.

Un dato curioso fue el *comic* diseñado por el caricaturista Sixto Valencia, dibujante de *Memín Pinguín*, como estrategia de campaña. Era obvio que el receptor de las tiras cómicas era una clase popular consumidora de historietas. El lenguaje no sólo era soez sino fecundo en insultos personales. Lo mismo ocurriría con la invocación de otro héroe de historieta típicamente mexicana: Kalimán, que encarnaba, a decir de sus publicistas, el ideario político del guanajuatense.

Un terreno donde Fox pudo evidenciar todas sus capacidades y todas sus miserias fue en los debates entre los candidatos. El 25 de abril sería el primero de tres. Sólo en éste participarían todos los candidatos a la presidencia de la República. El triunfo fue innegablemente para Fox y, en menor medida, para el representante de

Democracia Social, Gilberto Rincón Gallardo, quien logró una inusitada popularidad y se incorporaría después al gobierno de Fox. Porfirio Muñoz Ledo aprovechó el marco de esta contienda para expresar, posteriormente, su adhesión al foxismo.

El 15 de mayo, veinte días después, los resultados de las encuestas arrojaban márgenes muy estrechos entre Labastida y Fox, apenas de dos por ciento, pero pronto serían rebasados por el guanajuatense.

El camino estaba allanado para el segundo debate, que tendría lugar el 23 de mayo sólo entre Labastida, Cárdenas y Fox. Tres días antes de la fecha pactada, un comunicado conjunto señalaba que los negociadores de los candidatos no habían podido "culminar favorablemente" las pláticas para llevar a cabo el debate.

Inflamado por la buenaventura que le acompañaba desde los sondeos de opinión posteriores al debate del 25 de abril, Fox clamaba por un formato dinámico y flexible con preguntas abiertas, mientras Labastida y Cárdenas descartaban la presencia de terceros en la formulación de interpelaciones a los contendientes. Las posturas fueron irreconciliables y, al final, Vicente apareció como el inflexible.

El lunes 22 de mayo tuvo lugar el segundo debate en un espacio informal e impredecible: una pantalla de televisión. Sin ser el propósito de los candidatos, el ríspido intercambio entre ellos tuvo toda la apariencia de un debate. Cada uno de los candidatos prendió fuego y aprovecharon la televisión para sustituir la ausencia del debate anunciado. El noticiario de Joaquín López Dóriga, transmitido por canal 2 de Televisa, fue el punto de reunión de Labastida, Cárdenas y Fox, quienes por espacio de 30 minutos, cada uno en su despacho, discutieron a distancia. Fox y Labastida se enfrentaron de manera directa, mientras Cárdenas deslució todo el tiempo. Fue él, sin embargo, el autor de la propuesta para que ellos planearan los términos del debate sin mediadores. El *grandote* le tomó la palabra y minutos después esa alianza resultaría algo vergonzosa para el ranchero.

Después de la transmisión en Televisa, Canal 13 haría lo propio pero sólo con Cárdenas y Fox. Aquí, el futuro presidente cometería un error que le costaría caro: afirmó frente a Cárdenas que la expropiación petrolera había ocurrido en 1936, cuando en realidad fue dos años después. Cárdenas no perdió la oportunidad para sacar provecho de la ignorancia de su contrincante, hacía apenas unos minutos su aliado.

Todo estaba listo para el día siguiente: el llamado martes negro de Fox. Esa mañana, el panista tomó las riendas y pactó vía telefónica, con la presencia de los medios de comunicación, un encuentro a las cinco de la tarde en la casa de campaña de Cárdenas. El guanajuatense alimentaba la esperanza de realizar esa noche el debate, como en principio estaba programado.

Eran varios los escenarios posibles: uno, la improbable aceptación de Labastida y Cárdenas para que se llevara a cabo esa misma noche el debate; dos, la transmisión del encuentro desde alguna de las televisoras, para lo cual Marta Sahagún negociaba con Televisión Azteca y Televisa la posibilidad de cristalizar el evento en forma conjunta; y tres, posponer el debate. Para cada una de las posibles soluciones, José Antonio Sosa Plata, Ana García y Darío Mendoza, bajo las instrucciones de Sahagún, habían redactado sendos discursos.

Los hechos, empero, no serían favorables a Fox y terminarían por rebasarlo completamente.

Labastida arribó a casa de Cárdenas veinte minutos antes de la hora pactada; lo que le permitió tener una plática a puerta cerrada con el perredista. Además, llegaría inesperadamente Joaquín Vargas, presidente de la Cámara de la Industria de la Radio y la Televisión. En presencia de los medios, Fox, sombrío, se empecinó en que el debate fuera ese día. Al son de "hoy, hoy, hoy" insistía, sin escuchar a Cárdenas, en que se negaba a diferir el encuentro. El amante de las motos y los caballos dijo que estaban por llegar los faxes donde las televisoras consentían transmitir el debate esa misma noche.

A las seis y media de la tarde, Cuauhtémoc dijo al panista: "Creo que no podemos estar esperando más, Vicente. Dijimos que esperaríamos hasta las 6:30 y ya son, la confirmación no ha llegado, vamos a lo que sigue, no podemos estar a tu capricho". Acto seguido, se levantó y dio por terminado el encuentro; lo propio hizo Labastida, mientras Fox se consumía en su hoy, hoy, hoy.

De acuerdo con Guillermo Cantú en *Asalto a palacio. Las entrañas de una guerra*,

[el] acto terminó con el compromiso de Vicente Fox de presentarse en las instalaciones de Televisión Azteca y, con su aparente negativa de asistir al debate del viernes 26 de mayo, propuesto por la dupla recién integrada, para plasmar un inusitado partido entre antiguos camaradas. El guanajuatense regresó a su cuartel general. Reinaba un ambiente de sepelio. Llegó con la camisa azul sudada profusamente en las axilas y dijo a los que lo recibieron: "Perdimos una batalla, no la guerra". Enseguida intentó ponerse el saco, supuestamente suyo, sólo que no le sirvió ni para una manga, así de nerviosos estaban el mozo de espadas y la figura. Atendió entonces a los medios de comunicación y partió al estudio del Canal 7 a fin de cumplir el compromiso contraído. Ahí, de nuevo, se vio sudoroso, en un ambiente con luces demasiado brillantes que lo deslumbraban, y visiblemente cansado. Solamente José Antonio Sosa Plata se atrevió, sinceramente, a animarlo: "Bien Vicente, muy bien", dijo, ante la mirada dispersa del candidato y la incredulidad de sus asistentes, que querían matar al asesor sin comprender, quizás; que a pesar de todo la estrategia había funcionado, según lo mostrarían las encuestas y las reacciones esperadas por el comunicador político en los medios de comunicación.

En efecto, Fox lograría sacarle la vuelta a los pésimos comentarios que sobre su conducta le dedicaron los principales diarios de circulación nacional, que lo tildaron de mentiroso, arrogante, injurioso e intolerante. Con ayuda de sus publicistas, hizo del "hoy, hoy, hoy" su tabla de náufrago. Tras mostrarse renuente al debate del viernes pactado por Labastida y Cárdenas, el guanajuatense decidió acudir y, contra todo pronóstico, elevar sus bonos de popularidad. Mientras Labastida se centró en enlistar las ofensas que Fox le propinó desde comienzos de la campaña, el ranchero reviró con gran habilidad y le dijo: "A mí tal vez se me quite lo majadero, pero a ustedes lo mañosos, lo malos para gobernar y lo corruptos no se les va a quitar nunca".

Al grito de "¡Ya somos más!", "¡Ya, ya, ya!", "¡Ya ganamos!" y el multicitado "¡Hoy, hoy, hoy!", Fox avanzó y dejó atrás el estrecho margen que lo separaba de Labastida. Santiago Pando, el esotérico publicista del guanajuatense, veía en su cliente a Hans Solo, el héroe de *La guerra de las galaxias*, y a su contrincante como Darth Vader. El equipo del panista confiaba en obtener 42% de los votos y 5% de diferencia, pero su umbral fue superado al recibir, el 2 de julio de 2000, 43.5 por ciento del total de sufragios, siete puntos sobre la votación para el PRI.

Ya sin José Luis González, el primer círculo de Fox se constituyó por una triada que aún hoy le es fiel y permanece cerca de él: Ramón Muñoz, el psicólogo nacido en Jalisco que contribuyó en gran medida a diseñar el perfil empresarial del gobierno foxista desde los años de la gubernatura en Guanajuato; Marta Sahagún, primero coordinadora de Comunicación, después vocera y ahora la mitad de "la pareja presidencial"; y Eduardo Sojo, el discreto economista guanajuatense egresado del Tecnológico de Monterrey, quien cumple las veces de superasesor de Fox.

Carismático, mal hablado, desenfadado, Vicente condujo una campaña donde lo mismo se burlaba de los gobiernos priistas que hacía promesas inviables: resolver el conflicto chiapaneco en 15 minutos, lograr un crecimiento anual del siete por ciento, no incrementar los impuestos; en suma, honestidad, eficacia y transparencia.

El candidato escogió para su cierre de campaña el estadio de futbol de León, donde, acompañado de su madre, doña Mercedes, hizo otro de sus *performances* al llevar un ataúd que simbolizaba al PRI y patearlo en público. La multitud, que se contaba por miles, lo aclamaba mientras él compartía su alegría con Porfirio Muñoz Ledo, Jorge Castañeda y Alfonso Durazo, entre otros muchos.

Según cuenta Guillermo Rivera en su libro *2 de julio. La historia no narrada*, el viernes 30 de junio, Liébano Sáenz, secretario particular del presidente Ernesto Zedillo, llamó por teléfono a Juan Antonio Fernández, responsable de la asociación civil más numerosa en la historia de México, Amigos de Fox, para pedirle el número al que podría llamar a Vicente el día de las elecciones. El gesto, desconcertante, podía interpretarse de mil maneras, pero era indudable que se trataba de una llamada de atención. Lo cierto era que todos los sondeos de opinión hechos por la Presidencia apuntaban a un solo resultado: el triunfo inobjetable del candidato de la Alianza para el Cambio.

El sábado 1 de julio, Vicente Fox y Juan Hernández, quien se encargó de agenciarle simpatías al guanajuatense en Estados Unidos, cabalgaron durante tres horas en el rancho San Cristóbal. Al final del recorrido, Vicente le pidió a Juan que lo dejara solo, únicamente con una computadora personal como compañía. "Ya todo está en manos de Dios", le dijo. Ese sábado no sólo era la víspera de las históricas elecciones, sino la antesala de su cumpleaños. Solo, con su madre y su hijo Rodrigo, que lo seguía como un paje, *Chente* se veía pensativo, ausente.

En realidad [escribe Rivera], más de lo que se cree, Vicente es un hombre solo, celoso de su intimidad. Vale decir la advertencia de que aquel que consigne que se lleve con Fox de "piquete de ombligo" está siendo presuntuoso. Vicente marca claramente las distancias y es, hasta para su propio equipo, a veces una incógnita. No hay hombres cercanos. Hay, sí, hombres que trabajan con él.

Después de los caballos vino un paseo en moto, otra de las aficiones de Fox, antes de dormir.

Marta Sahagún, por su parte, no conseguiría conciliar el sueño. Desde las cuatro de la mañana estuvo en vela. Al igual que Vicente Fox y Ana Cristina, tenía una habitación en el Hotel Fiesta Americana. Ya por esos días se hablaba de la fuerte influencia de Marta sobre Fox y, ante las frecuentes preguntas sobre su relación sentimental con el candidato, astutamente ni confirmaba ni desmentía.

Marta se sentía segura ese día y daba muestras fehacientes de su cercanía con el ranchero. Durante los trayectos en avión en tiempos de campaña, por ejemplo, Sahagún introducía su menudo pie entre los pantalones de Fox y, juguetona, le acariciaba la pantorrilla al guanajuatense en un gesto entre seductor, coqueto y demostrativo. No pocas veces lo hizo ante los ojos estupefactos de Lillian. Los conflictos estuvieron a punto de estallar el 2 de julio, pues para las hijas de Fox no había ya secretos. Ana Cristina se había encargado de decirle a su madre, expectante en San Cristóbal, con rabia en la voz, que "papi duerme con Marta".

Fox se levantó muy temprano, sin Marta, el día de la jornada electoral.

En el rancho San Cristóbal eran las seis de la mañana y el ranchero comenzó a ejercitarse en una caminadora de banda. Después, cuando decidió bañarse, se percató de que no había agua caliente, pues la bomba se quemó justo ese día. El propio *grandote* confesaría después que el 2 de julio se sentía

como estudiante a punto de presentar su examen final. Había estudiado bien, lo había hecho con tiempo, nada en la guía de estudios estaba descuidado, no había nada que temer. Sólo esa sensación de vacío en el estómago que, pese a todo, siempre da. Que se quita sólo cuando ya han pasado las cosas.

Ante la imposibilidad de darse un baño, se lavó la cara y pensó que cuando llegara al Distrito Federal podría asearse como de costumbre.

Mientras tanto, sus hijas corrieron hacia él, lo cubrieron de besos y le entregaron una carta que movió al vaquero a las lágrimas. Ya afuera, en el quiosco del pueblo, escuchó "Las mañanitas" una de tantas veces en ese día. Los medios estaban apostados ahí.

Vicente desayunó tacos de nopal y después abordó la camioneta blindada que lo conduciría a la capital del país, pero antes hizo una parada en León para recoger a su hija Ana Cristina y satisfacer el antojo de Rodrigo, quien anhelaba una torta de carnitas. En compañía de Lino Korrodi se detuvo en el establecimiento "Los Compadres", donde almorzaron.

Enfilados al aeropuerto de León, Marta llamó a Vicente para informarle que los votantes acudían por cientos a las casillas y que el pronóstico podría cumplirse. En la pista de aterrizaje esperaban el asistente personal de Fox, Felipe Zavala, Lillian de la Concha, Paulina, Ana Cristina y el comentarista de Televisión Azteca, Pablo Latapí. Eran las 10:30 de la mañana cuando el avión salió rumbo a la Ciudad de México.

A las once de la mañana la competencia era muy cerrada, pero a partir del mediodía Vicente despuntó y alcanzó, hacia las 13:30 horas, una ventaja de tres puntos sobre su principal competidor en las encuestas de salida. Desde las doce Vicente estaba en el *bunker* panista, la sede que el partido mandó construir en la Colonia del Valle.

A las dos de la tarde, las cifras de Televisa, TV Azteca, Bimsa y el propio PRI consignaban la ventaja del candidato de la Alianza por el Cambio. Marta Sahagún rompió a llorar cuando el equipo de encuestas le informó que, en realidad, Fox iba por lo menos cinco puntos arriba y que dicha tendencia era irreversible. La futura esposa pasó una nota a *Chente* en la que decía que incluso la Presidencia avalaba las cifras. No serían las únicas lágrimas durante ese día.

El llanto de Marta es una constante en su vida pública y privada. En una entrevista confesó que sí, que lloraba, la mayor parte de las veces de alegría. "Yo entiendo el llanto como una manifestación profunda del corazón. No sé por qué el llanto lo tenemos estigmatizado, como algo que se permite sólo cuando hay dolor. El llanto es una manera natural de comunicarse." De ello daría muchas muestras la futura señora de Fox ese 2 de julio.

Ovacionado y solicitado por la gente arrellanada afuera del edificio, Fox salió y sin hacer la "V" de la victoria aún, extendió sólo la mano para saludar al público. Se empezaba a fraguar el ánimo conciliador y sorprendentemente mesurado que emplearía esa noche y en sus primeros días como presidente electo.

Con días de antelación, Eduardo Sojo había trabajado en tres discursos ante los posibles escenarios: la derrota, la duda y la victoria. Tomó este último y se encerró a las cinco y media de la tarde para revisarlo y darle el toque final. El candidato lo leyó y pidió menos emoción y más institucionalidad. Sojo se reunió con Muñoz Ledo, Aguilar Zinser, Castañeda y Felipe Calderón para la lluvia de ideas.

Una segunda modificación obligó a Sojo a volver a encerrarse, pues Vicente le pidió que incluyera alguna mención al ejército.

Ernesto Zedillo llamó dos veces. La primera a las siete de la noche. El presidente fue muy concreto: las encuestas favorecían al candidato de la Alianza para el Cambio y faltaba sólo la confirmación del Instituto Federal Electoral para hacer el anuncio oficial. Vicente fue cauto y no cantó victoria todavía. "Aguanten, aguanten, mientras no sea seguro", pedía a sus simpatizantes, a su madre, a sus hijos, a Lillian y a su sombra: Marta Sahagún.

Cincuenta minutos después volvió a sonar el teléfono celular de Marta. "Vicente, Vicente, es Zedillo", gritó eufórica. El *grandote* se apartó y habló con el presidente a lo largo de nueve minutos que a la mayoría le parecieron eternos. El hombre estaba conmocionado y del rostro le brotaban lágrimas.

Su primer acto fue regresar a la habitación donde se encontraba con su círculo familiar íntimo y a la primera que dirigió unas palabras fue a su ex esposa:

—*Sota*, ¡llegamos a Los Pinos! —le dijo a la vez que la abrazaba. Todavía no terminaba de concluir su gesto cuando Marta se le colgó del cuello mientras gritaba entre lagrimones "¡Vicente!, ¡Vicente!".

Unas horas antes, la aparente armonía estuvo a punto de quebrantarse cuando un guardia se acercó a Lillian para pedirle que se retirara del edificio "porque no podía estar ahí". La tenía agarrada de un brazo y la jalaba hacia afuera. Ella, desesperada, buscó con la mirada a sus hijos, a alguien que llegara para socorrerla del custodio. Paulina, escandalizada, pidió una explicación al hombre que tomaba del antebrazo a su madre. La joven exigía furibunda:

—¡Déjela, es mi mamá!, ¿usted quién es?, ¿quién lo mandó?

—Me mandó la señora Marta —respondió el guardia, que no pudo cumplir las órdenes para no causar un escándalo de proporciones mayores.

Todo se había disipado. Ahora Fox cruzaba la puerta y gritaba "ya ganamos". Marta no se separaba de su lado, como si en realidad ella hubiese sido la ganadora. Zedillo le había advertido que en breve transmitiría un mensaje en cadena nacional para reconocer el triunfo del guanajuatense. Las relaciones entre ambos hombres habían sido distantes. Zedillo no acudió a la toma de posesión de Fox cuando fue nombrado gobernador constitucional de Guanajuato el 26 de junio de 1995. Su primer encuentro ocurrió un mes después, en la primera visita hecha por el Ejecutivo federal a un estado gobernado por un panista. En ella contrastó la informalidad de Vicente —que siempre le habló de tú al presidente y lo recibió en mangas de camisa— con la solemnidad de Zedillo —"Quiero ayudarle, señor gobernador", le decía—. El presidente regresó en febrero de 1996 y no volvió a ver al ranchero hasta el 3 de julio de 2000. Tuvo que estrechar la mano y dar un abrazo a quien en distintas ocasiones le llamó autista, timorato, inepto en materia económica no obstante su lustroso doctorado en Yale y autor de una política económica que era, en palabras de *Chente*, el verdadero chupacabras.

A las diez de la noche Vicente leyó el discurso preparado por Sojo, pero no la última versión sino la vieja, que por un error, quizá atribuible a la borrachera del momento, fue tomada por el presidente electo. El documento, "sorprendente por su mesura", es también una suerte de pacto de buena voluntad con aquellos a quienes les dedicó cientos de improperios durante todo el año. Todos lloraban. El presidente de Amigos de Fox confesó, incluso, que nunca antes había visto llorar de esa forma a Marta, quien se prendió emocionada de sus hijos. Esa jornada terminaría para Fox a las primeras horas del 3 de julio, cuando dedicó otro discurso a los reunidos en la Columna de la Independencia. Después de este acto, el ahora presidente electo se retiraría a dormir. Eran las dos de la mañana. "Tenía mucho sueño y dormí tranquilo por el cansancio, por ese tremendo cansancio que había acumulado con la campaña."

Lo que siguió fue habilitar la espectacular casa de Reforma 607 como oficina del presidente electo para recibir a cientos de personas. Vicente estaba inquieto porque olvidó su *shampoo*, el único que le ha funcionado para combatir la caspa, y Marta se entregó corriendo a la tarea de conseguir el artículo de limpieza. Sahagún habló a San Cristóbal para pedir a la hermana de Vicente el envío del producto.

Nadie se acostumbraba a la presencia del Estado Mayor presidencial. Ana Cristina y Paulina hacían lo que se requiriera, desde sacar copias hasta verificar las comidas de su papá, quien tenía una agenda apretadísima. La casa era muy pequeña para las necesidades del equipo de relevo. Los teléfonos no dejaban de sonar.

Rivera escribe:

> El contraste es pasmoso. Como sucede cada seis años, y esta vez tampoco es la excepción, el poder embarga la vida de un solo hombre y causa conmoción en quienes lo rodean. Es esa sensación imaginaria de estar en la cumbre de una inmensa pirámide azteca, en el vértice único, en el adoratorio de la transición misma, la sede de la alternancia en el poder.

El cantante vernáculo Alejandro Fernández, próximo a dar un concierto en el Palacio de Bellas Artes, invitó a las niñas Fox e incluso ofreció mandar un carro para pasar por ellas. Ana Cristina se mostraba fascinada por recibir las atenciones de quien en alguna ocasión dijo que era su ídolo y un "papito", en alusión a la galanura del intérprete.

Marta María Sahagún, mientras tanto, compartía su espacio con su inseparable Gina Morris, a quien conoce desde los años de la gubernatura en Guanajuato. Aunque Lillian anhelaba regresar con Fox y Ana

Cristina empezaba a verse a sí misma como la primera dama del país, sólo Marta Sahagún, *La Jefa*, tendría la astucia suficiente para atrapar al inatrapable. En efecto, como afirmó en su momento José Luis González, "nadie puede competir con ocho horas de sábanas".

La larga etapa de transición de cinco meses desgastó la imagen presidencial y fue el principio de los dolores de cabeza de Vicente Fox. Se cumplía el comentario de su ex esposa Lillian de la Concha, quien en una entrevista para la revista *Milenio* del 26 de abril de 1999, decía que Fox nunca pensó en ser político.

El autismo del presidente comenzó y muchos de sus antiguos colaboradores e incondicionales emigrarían a otras esferas a lo largo de estos casi tres años de gobierno. Su secretario ejecutivo, Felipe Zavala, por ejemplo, comenzaría a ser desplazado por el jefe del Estado Mayor, general José Armando Tamayo, así como por Ramón Muñoz y Alfonso Durazo, no obstante que era Felipe quien tendía los puentes entre Fox y la gente que deseaba hablar con él.

La primera tarea del presidente electo fue encomendar a Ramón Muñoz la contratación de un buscador de talentos —los famosos *headhunters*—. Cinco empresas participaron en el reclutamiento de "los mejores hombres y mujeres de México": Korn/Ferry Internacional, Spencer Stuart y Asociados, Smith Search, Amrop Internacional y Tasa.

Sin embargo, las buenas intenciones del nuevo grupo gobernante no tuvieron eco ni en el interior de su propio partido, que fue el primero en reclamar por verse escasamente representado en los principales puestos de la administración pública. En el caso del maltrecho PRI, difícilmente podría conseguirse algún tipo de colaboración después de setenta años en el poder. Por el PRD, Cárdenas había dejado muy claro en su discurso del 2 de julio que su partido era de oposición y no podía colaborar, por convicción ideológica, con un gobierno de derecha.

Pero no sólo los cazadores influyeron en la integración del primer círculo del gobierno, Marta Sahagún contribuyó al definir algunos puestos, como el de la embajadora de Derechos Humanos, Mariclaire Acosta —impugnada por el Senado después, pues debió ser ratificada por este órgano—, el de Sari Bermúdez —autora de una biografía sobre la vocera que causó escándalo por contener faltas de ortografía, puntuación disparatada y juicios desproporcionados en una edición muy cara— y el de Patricia Espinosa al frente del Instituto de la Mujer.

El escaso margen de maniobra no impidió que los *headhunters* escogieran a un equipo plural en el que destacaba un común denominador: inexperiencia en las tareas de gobierno. Fox mantuvo, no obstante, en el misterio absoluto la conformación de su equipo, y a pesar de que en los medios trascendieron algunos nombres, el acto teatral con que anunció a sus colaboradores inauguraba maneras insólitas en el panorama político de México.

En una entrevista con Juan Manuel Venegas publicada en *La Jornada* el 7 de noviembre de 2000, Fox encontró la palabra para calificar a su equipo:

Habrá intelectuales, empresarios, profesionistas, rectores de universidades, miembros apasionados por la defensa de los derechos humanos; va a tener la presencia de quienes luchan para combatir la pobreza y la marginación, de quienes desde un punto de vista social, socialista, han luchado por estas causas de tiempo atrás. Diría yo, no es un equipo, ¡es un equipazo, un gabinetazo!

La intriga y el recelo ya habían empezado a cocinarse desde el momento en que Fox comisionó a dos personas para visitar las dependencias del gobierno y estudiar su estructura. Un ejército de medio centenar de personas tuvo a su cargo las coordinaciones que prepararían el relevo. Algunos de ellos, como Jorge Castañeda, Ramón Muñoz, Marta Sahagún, Eduardo Sojo, Luis Ernesto Derbez, Santiago Creel y Rodolfo Elizondo, tenían un puesto asegurado.

Fox pronto debió retractarse de todos los denuestos que dedicó a la administración pública priista durante su campaña. Félix Arredondo, amigo personal de Sahagún y Fox, y colaborador de Javier Usabiaga en la Secretaría de Agricultura durante los primeros meses del nuevo gobierno, comentó que los nuevos habitantes de Los Pinos recorrieron las entrañas del poder tan impresionados "como aquellos revolucionarios franceses cuando entraron al Palacio de Versalles". El 11 de diciembre de 2000, ya investido con la Primera Magistratura del país, Fox dijo en su visita a la Secretaría de Agricultura:

> He señalado por ahí que fui una oposición aguerrida y fui un severo crítico del gobierno anterior. Y ahora que tuve la oportunidad de conocer las secretarías, de ver sus logros, me doy cuenta de que había —y que hay— bastantes avances y bastantes logros. Y sin embargo, nunca se tuvo la habilidad de comunicarlos a los ciudadanos, de comunicarlos y de informar a la sociedad lo que estaba pasando.

Inexperto e inseguro, Fox debió enfrentar la agenda nacional sin otro instrumento que su ligereza verbal. Empero, tuvo algunos gestos sorprendentes, como cuando desafió a las figuras más conservadoras del PAN al no avalar, en agosto de 2000, un mes después de su triunfo, la iniciativa aprobada por el Congreso de Guanajuato para castigar el aborto en caso de violación; o cuando logró obtener una votación unánime del primer presupuesto que sometió a la consideración de un Congreso en el cual su partido no dominaba. Desde entonces, el presidente ha fluctuado entre las muestras de sensibilidad política —como la suspensión del proyecto de nuevo aeropuerto en San Mateo Atenco a raíz de las manifestaciones multitudinarias, o su decisión de enviar, como primer acto de gobierno, los Acuerdos de San Andrés como proyecto de ley al Congreso— y las incongruencias, como pretender eliminar la tasa cero en alimentos y medicinas después de indicar reiteradas veces que no lo haría.

De ahora en adelante, los ciudadanos tendrían que acostumbrarse a los tropiezos políticos del "presidente del cambio" y a la incontinencia verbal de la que sigue haciendo gala.

El anuncio del gabinetazo rompería con la tradicional sobriedad del pasado. Como apunta Katia D'Artigues en su libro *El gabinetazo*, Fox la hizo de emoción. El 18 de julio de 2000 dio una conferencia de prensa en el Hotel Fiesta Americana, donde presentó a su equipo provisional. En ese encuentro con los periodistas afirmó que el gabinete definitivo se daría a conocer en agosto, después pospuso la fecha para septiembre y, finalmente, el anuncio oficial se hizo los últimos días de noviembre. Sin embargo, antes de los anuncios definitivos, el equipo de transición protagonizó un vergonzoso escándalo cuando se ventiló que cobraría, cada uno, 115 467 pesos mensuales, casi lo de un subsecretario de Estado, después de que el propio Fox afirmara —con el desparpajo que lo caracteriza— que todos trabajarían por puro "amor a la camiseta". Marta Sahagún intentó arreglar el desliz aduciendo que al difundir los salarios se daban muestras de "honestidad y transparencia", pues "nada se hacía clandestinamente", contradiciendo a su amante.

A decir de D'Artigues, la presentación en sociedad del gabinetazo foxista fue toda una puesta en escena. Montaje tan *kitsch*, habría que agregar, como una fiesta de quince años.

Una vez más, Marta Sahagún fue la protagonista del acto, pues en su calidad de vocera ella presentó a los integrantes uno a uno mediante la lectura del currículum del funcionario en turno. Después, amplificados por una pantalla gigante, los tecnócratas se encargarían de exponer sus planes inmediatos.

El gabinetazo fue anunciado en tres actos. El 22 de noviembre, en el Museo de San Carlos, se revelaron los nombres y cargos del llamado gabinete de Crecimiento con Calidad: Eduardo Sojo, supercoordinador de Políticas Públicas; Francisco Gil, secretario de Hacienda; Jorge G. Castañeda, secretario de Relaciones Exteriores; Luis Ernesto Derbez, secretario de Economía; Pedro Cerisola, secretario de Comunicaciones y Transportes; Ernesto Martens, secretario de Energía; Javier Usabiaga, secretario de Agricultura, Ganadería y Pesca; Víctor Lichtinger, secretario de Medio Ambiente; y Leticia Navarro, secretaria de Turismo. Se mencionaron también los nombres de Mario Laborín, director general de Nacional Financiera; John McCarty, titular del Fondo Nacional de Turismo; Ernesto Ruffo Appel, comisionado para asuntos de la Frontera Norte, y Marta Sahagún como coordinadora de Comunicación Social de la Presidencia.

El 24 de noviembre le tocó el turno al gabinete de Desarrollo Social y Humano, conformado por José Sarukhán, supercoordinador del área; Reyes Tamez, secretario de Educación Pública; Julio Frenk, secretario de Salud; Carlos Abascal, secretario del Trabajo y Previsión Social; y Josefina Vázquez Mota, secretaria de Desarrollo Social. Otros cargos fueron a parar en Luis H. Álvarez, comisionado para la Paz en Chiapas; Rodolfo Elizondo, coordinador para la Alianza Ciudadana; Carlos Flores, coordinador de Asesores de Planeación Estratégica y Desarrollo Regional; Xóchitl Gálvez, encargada de la Oficina para el Desarrollo de los Pueblos Indígenas; Juan Hernández, al frente de la Oficina Presidencial para Mexicanos en el Exterior; Víctor Flores, en Promoción e Integración Social de Personas con Discapacidad; Rafael Rangel, encargado del Consejo Nacional de Educación para la Vida y el Trabajo; Nelson Vargas, en la Comisión Nacional del Deporte; y José Luis Romero Hicks, viejo amigo del ranchero, como director del Banco de Comercio Exterior.

El 27 de noviembre fue la última presentación, ahora con el gabinete de Orden y Respeto, el que más expectación había despertado. Los favorecidos fueron Adolfo Aguilar Zinser como supercoordinador; Santiago Creel, en la Secretaría de Gobernación; Rafael Macedo de la Concha, en la Procuraduría General de la República; Ricardo Vega García en la Secretaría de la Defensa Nacional; el vicealmirante Marco Antonio Pierrot, como secretario de Marina; Francisco Barrio, en la Secretaría de la Contraloría; María Teresa Herrera, en Reforma Agraria; y Alejandro Gertz Manero, en la Secretaría de Seguridad Pública. Otros nombres ocuparon carteras importantes: Raúl Muñoz Leos, director general de Petróleos Mexicanos; Santiago Levy, al frente del IMSS, Benjamín González, en el ISSSTE, Cristóbal Jaime Jáquez, en la Comisión Nacional del Agua; Sara Guadalupe Bermúdez, como presidenta del Consejo Nacional para la Cultura y las Artes; Laura Valdés de Rojas, en la Lotería Nacional; Florencio Salazar, como coordinador del Plan Puebla-Panamá; Juan de Dios Castro, como consejero jurídico de la Presidencia; Alfonso Durazo, como secretario particular del presidente; el general José Armando Tamayo, como jefe del Estado Mayor Presidencial; Francisco Ortiz Ortiz, como coordinador de Opinión Pública e Imagen; y Ramón Muñoz, como jefe de la Oficina de la Presidencia para la Innovación Gubernamental. Los únicos dos funcionarios del sexenio anterior ratificados por esta administración fueron Alfredo Elías Ayub, como director general de la Comisión Federal de Electricidad, y Alfonso Caso Aguilar, en la Compañía de Luz y Fuerza.

El periodista y escritor Carlos Monsiváis expresó:

Me desalienta tanto casi todo el equipo, que no sé si se eligió porque eran de estatura considerablemente menor a la del presidente, o si se eligió porque el presidente no percibió con claridad cuáles eran los alcances. Lo que pienso en todo caso es que el gabinete es el fracaso de los *head hunters* y que como *head hunter* el presidente no resulta convincente.

Aunque en esencia se mantiene el mismo equipo, ha habido cambios importantes; casi todas las supercoordinaciones desaparecieron, ya sea por la renuncia de sus responsables —es el caso de Sarukhán— o por la remoción de algunos —como Aguilar Zinser, quien ocupa ahora la representación de México ante el Consejo de Seguridad de las Naciones Unidas, o Rodolfo Elizondo, que ocupa ahora la Dirección de Comunicación Social de la Presidencia.

La famosa disciplina practicada por los gobiernos priistas en el pasado rodó por los suelos en esta administración. Las controversias entre los funcionarios alcanzaron la esfera pública, como en el caso de Francisco Barrio y Francisco Gil, que limaron sus asperezas con la mediación de Santiago Creel; las de Macedo de la Concha y Alejandro Gertz; o las de Marta y Castañeda.

A lo largo de casi tres años, una buena parte de los funcionarios de primer nivel protagonizaron tantas pifias como su jefe. Y ni hablar de ella, la "señora de la casa".

Algunos dicen que por inexperiencia, pero lo cierto es que la falta de sensibilidad y la carencia de sentido común han proliferado en el gobierno "del cambio". Sería innumerable y materia de un solo libro repasar todas las contradicciones que los secretarios de Estado han exhibido. Baste comentar sólo algunas perlas de la diversidad del ridículo, desde el uso de las oficinas públicas por parte de Sari Bermúdez para celebrar el cumpleaños de su marido, hasta la caprichosa renuncia de Jorge G. Castañeda. En medio pueden destacarse la sorprendente ignorancia de Luis Ernesto Derbez, sustituto de Castañeda, en los temas de su nueva cartera; el terrorismo fiscal de Gil Díaz y sus desafortunadas declaraciones sobre los hábitos de lectura de la mayoría de la población; la indolencia de Pedro Cerisola en la violenta ocupación de las instalaciones de Canal 40 por parte de Televisión Azteca; la falta de sutileza de Javier Usabiaga, el llamado *Rey del ajo*, al referirse a las manifestaciones de campesinos en contra del Tratado de Libre Comercio; el diferendo entre María Teresa Herrera y Víctor Lichtinger cuando el segundo autorizó la tala de árboles que detonó la matanza de campesinos en Oaxaca, denunciada nada menos que por la primera; el papel de mera comparsa protagonizado por Reyes Tamez cuando Sahagún y Gordillo presentaron la cuestionada *Guía para padres*; la muerte de niños chiapanecos por negligencia médica mientras Julio Frenk estaba muy ocupado en promover su candidatura para presidir la Organización Mundial de la Salud; el catolicismo ultramontano de Carlos Abascal, quien consideró inadecuada para su hija la lectura de *Aura*, de Carlos Fuentes; las correcciones que en diversos momentos ha hecho Rodolfo Elizondo a causa de la retórica incontenible de Fox; las diferencias entre Aguilar Zinser y Castañeda, otrora amigos; el lanzamiento espectacular que hizo Francisco Barrio cuando reveló el tema del *Pemexgate* sin contar aún con todos los datos; el *toallagate*, que motivó el despido de Carlos Rojas, jefe de adquisiciones de la Presidencia.

Fox mismo ha tenido que sortear múltiples dificultades en casi tres años de gobierno: la violación del principio por él mismo enunciado en su toma de posesión ("el presidente propone y el Congreso dispone"), cuando vetó la aprobada Ley de Desarrollo Rural; la difusión del uso de mano de obra infantil en una de las sociedades de producción rural que forma parte de los negocios familiares; el insólito y desmedido ataque en cadena nacional al Senado de la República, que no autorizó uno de los viajes al extranjero del presidente; una más de sus solicitudes de clemencia y perdón —empezó a dar muchas muestras de ello desde el 2 de julio—, cuando engañó a todo el mundo al censurar las declaraciones del gobierno cubano, que dijo haber sido presionado por México para abandonar la Cumbre de Monterrey organizada por la ONU; la subsecuente vergüenza de verse desmentido cuando el viejo Fidel Castro difundió una grabación donde el mandatario mexicano, en efecto, se porta como lacayo de Bush y casi ordena al cubano su retiro de la conferencia internacional; la exhibición de su ignorancia literaria ante nada menos que académicos de la lengua cuando habla de *las novelas* de Octavio Paz y cita a *José* Luis *Borgues*; el aplauso sorpresivo que destinó al Senado después de que rechazaron su iniciativa de ley para dar un marco jurídico a los indígenas con los Acuerdos de San Andrés Larráinzar; su cálculo político al mostrarse como el principal promotor de la marcha zapatista en marzo de 2001 y después impedir la falaz ley aprobada, que no recoge el espíritu de la Ley Cocopa; su necedad al ceder ante el chantaje y manipulación de Jorge G. Castañeda, odiado por todos, quien en un artículo periodístico escribió:

> Conviene reflexionar sobre un dilema: si es razonable confiarle la reproducción de la cobertura norteamericana en México a reporteros nacionales quienes —porque no leen inglés o por simple flojera— se niegan a leer los editoriales del *New York Times* y exigen que se les resuma su contenido.

Después, muy orondo, el canciller faltaría a toda mesura política cuando permitió ser visto en una cena personal con Salinas en Bruselas en abril de 2000; no obstante el desprecio que Castañeda mostró por todas las instituciones públicas y la inteligencia de los mexicanos, Fox fue manipulado por él, quien decidió el momento de irse y, cuando lo hizo, le tuvo muy sin cuidado dejar sin titular la

Secretaría a su cargo. Y la cadena continúa, como con la conminación del presidente a una analfabeta a persistir en su condición para no leer los periódicos, pues en ellos sólo se reproducen falsedades, "mejor no enterarse" era la consigna; el comportamiento infantil de sus acompañantes durante su gira por China cuando, sin ningún respeto por los monumentos nacionales, algunos jugaron alrededor de los famosos guerreros de terracota; la difusión, con recursos públicos y a través de la Dirección de Comunicación Social de la Presidencia, de la imagen con el ultrasonido de su primer nieto, que muestra al bebé con la "V" de la victoria; o los más recientes cambios de opinión ante la guerra de Irak emprendida por Estados Unidos y Gran Bretaña, que se caracterizó por la veleidad declarativa del presidente mexicano.

Después de una larga convalecencia producto de una intervención quirúrgica, Fox regresó con el anuncio de una aparente renegociación del Tratado de Libre Comercio en un momento de gran tensión en las relaciones México-Estados Unidos. Sería desmentido inmediatamente por el gobierno canadiense y por el mismo Creel.

Los participantes de la reunión donde hizo semejante anuncio, en Palacio Nacional, lo vieron perdido, encerrado en sí mismo, hablando de un mundo ideal y maravilloso. "Hay que ser positivo, hay que reírse mucho, hay que ser optimista siempre", le repite cada mañana *La Jefa* y él está convencido de que, como la "señora Marta dice", las cosas funcionarán. Así como un día afirma que no hay ningún problema en el campo o que México tiene una envidiable estabilidad económica, al día siguiente corrige sus declaraciones y matiza su exacerbado triunfalismo. Autoindulgente y guiado por las visiones de primera impresión, el ranchero ha cavado con sus actos y palabras la fosa donde, a través del tiempo, yacerá su popularidad.

El presidente abrió, desde su llegada al poder, muchos frentes, tantos que, cuando cumplió cien días de gobierno, habló insólitamente de 100 programas: uno por día. Es cierto que las divisiones en el interior de su equipo son sólo uno de los muchos factores de un gobierno sin rumbo ni dirección.

La revista *Cambio*, en su edición del 28 de octubre al 3 de noviembre de 2001, hablaba entonces de cinco gobiernos foxistas. Es probable que ahora queden sólo cuatro con la renuncia de Castañeda, pero los identificables eran el llamado Grupo Los Pinos, controlado por Sahagún; el Grupo Bucareli, de Santiago Creel; el Grupo PAN, con el también renunciante Francisco Barrio a la cabeza; el Grupo Tlatelolco —ahora desarticulado y aniquilado—, bajo la batuta de Jorge G. Castañeda; y el Grupo Empresarial, comandado por Francisco Gil.

Las recomposiciones se han multiplicado, no así la falta de unidad, las intrigas, los chismes y las envidias, en la mejor tradición de una telenovela del Canal de las Estrellas. Fox —fielmente acompañado por *La Jefa*— no ha hecho, en este marco, más que poner su grano de arena, o su montaña… si somos objetivos con el caos prevaleciente.

Con su indecisión, con su temor a parecer autoritario, con el dominio que sobre él ejerce la personalidad recia y controladora de Marta, el presidente del cambio, la encarnación de los ideales de todos aquellos hartos del PRI, cobra forma, de repente, en ese león de la cinta *El mago de Oz*, que carecía de valentía y certidumbre.

En un encuentro con dos corresponsales extranjeros después de su renuncia, en un elegante hotel de Polanco, Jorge Castañeda, con la soberbia, pedantería y prepotencia de *junior* que lo caracterizó a lo largo de su gestión, dijo: "pues bien, se va el único miembro del gabinete que sabía leer y escribir". Ante la objeción de sus escuchas, que citaron el nombre de Julio Frenk, el ex secretario admitió que sí, que Frenk lo había hecho muy bien. Pero uno de los periodistas le recordó el capítulo de la muerte de los niños en Chiapas, a lo que Castañeda contestó:

—¿Y quiénes fueron los que se murieron? Los pobres, como siempre. Los pobres son los que siempre se mueren. No hay nada que hacer, ¿cuál es el problema?

Lapidario, esa declaración de uno de los "conspicuos" miembros del gabinete Montesori ilustra muy bien la torpeza y falta de sensibilidad política que recorre todos los órdenes del poder público en México.

Félix Arredondo comenta que muchos de esos "talentos" contratados por Fox no tenían la menor noción de las propuestas del presidente, así como del peculiar evangelio que les hizo jurar a todos el día de la toma de posesión.

> No estaban involucrados en esa mística que había llevado a Fox al triunfo. Algunos hasta habían sido opositores. No había, pues, un equipo que respondiera al logro de objetivos comunes, y muchos de los miembros de ese "equipo" jamás habían tenido la oportunidad de trabajar juntos y ni siquiera se conocían entre sí.

El psicólogo Ramón Muñoz, acusado de misticismo, pretendió resolver este problema a través de retiros y sesiones en los que aplicaba extrañas dinámicas de grupo que llegaban al extremo de lo ridículo cuando pedía a los recién integrados al equipo que se quitaran los zapatos y que entrelazaran las manos, como si en realidad participaran en un encuentro de lamas.

Sin embargo, hubo una Edad de Oro —la toma de posesión— en la que Fox fue rey por un día y los ciudadanos, aún embelesados con los desplantes del ex candidato, a quienes les despertaba ternura y simpatía, vieron con gracia sus peculiares formas.

El 17 de noviembre de 2000, unos días antes de la toma de posesión, una nota de Víctor Chávez para *El Financiero* anunciaba que el día anterior Fox recibió la séptima banda presidencial como obsequio para usarla el 1 de diciembre; una banda bordada con hilos de oro, seda francesa, italiana y española, y un costo aproximado de diez mil pesos.

Corrió el rumor de que Marta elaboró una de las siete bandas y fue ésta precisamente la empleada por el presidente en la asunción de su mandato, pues de esa manera *La Jefa* daba una dimensión simbólica a sus intentos por vencer todo obstáculo para cristalizar su matrimonio con el guanajuatense.

El encargado de la entrega fue Felipe González Maldonado, representante de ex trabajadores de la industria militar agrupados en la Asociación de Jubilados y Pensionados del ISSSTE, quien llevó, envuelta en un gran lienzo rojo, la banda presidencial "más grande de la historia", pues todas habían tenido una medida de metro y medio, pero, dada la estatura del *grandote*, se modificó la magnitud a dos metros de largo por 20 centímetros de ancho. Sin embargo, todo apunta a suponer que Marta tomó la delantera a una vieja costumbre que desde la toma de posesión de Miguel Alemán Valdés existió: entregarle una banda tricolor al nuevo presidente.

El 1 de diciembre de 2000, Fox empezó con una visita a la Basílica de Guadalupe, donde se postró ante la virgen en un acto privado que tuvo —con la anuencia del presidente— la cobertura de los medios de comunicación, gracias a la perfecta y diligente Marta. Después desayunó con niños de la calle, calculadamente elegidos, en el barrio de Tepito.

"Hola Ana Cristina, hola Paulina, Vicente y Rodrigo; honorable Congreso de la Unión" fue la frase con que comenzó su discurso de toma de posesión —rompiendo con todos los protocolos—, enfundado en un traje de Ermenegildo Zegna —obviamente elegido por Marta— y con unas botas "de vestir", encargadas a la fábrica de su familia en Guanajuato, justo para la ocasión.

Su arrojo y desparpajo provocó que la tradicional y aparatosa clase política le cayera encima con reclamos. No le importó. Y menos a la gente que lo miró con adoración.

No sólo eso, Fox incurrió en una violación al texto constitucional, que la Carta Magna prescribe como obligatorio, cuando al tomar protesta añadió la frase "por los pobres y marginados de este país". Muchos otros golpes teatrales tendrían lugar durante el resto de la jornada: la entrega que su hija Paulina, legionaria ella, le hizo de un crucifijo en el Auditorio Nacional y el juramento de un código de ética que todo su gabinetazo pronunció al unísono. Más tarde se quitaría el saco y bajaría al Zócalo capitalino para cantar con Mijares, poco antes del festejo principesco en el Castillo de Chapultepec durante la noche —a pesar de la insistencia de Marta por no organizarlo en ese espacio, el necio y obcecado Fox de siempre, como un niño, no estaba dispuesto a cambiar de sede: "si ¡hasta el comandante Castro estará entre los invitados!", decía.

Había cumplido 58 años y se sentía grande, el mundo le sonreía. Tenía a sus amados hijos, pero también allí lo aguardaba un pesado conflicto sentimental: Lillian y Marta.

—¿Qué haré con ellas? —se preguntó ante un amigo.

Pero aquel 1 de diciembre nada le importaba demasiado, sólo su propia gloria. Desde una gris gerencia de Coca-Cola llegó a presidente de México, y de un manotazo tiró abajo el mito de la derrota imposible del PRI. Después de todo, "¿por qué razón un presidente tenía que estar casado?".

Marta María Sahagún Jiménez tenía las cosas claras.

Desde que comenzó a trabajar en Guanajuato, había posado sus grandes ojos y su ambición en el entonces gobernador. Iba a atrapar al hombre como fuera, con las mismas armas que supo desplegar a lo largo de los últimos años en que trabajaron juntos: astucia, perseverancia y audacia. Cada mañana, al levantarse, rezaba una oración en la que repetía frases llenas de energía positiva, porque le dijeron que si las decía con frecuencia "se cumplirían". Primero pensó en rentar un apartamento en Polanco o en Las Lomas y hasta envió a uno de sus asistentes a iniciar la búsqueda. "Pequeño y elegante, porque iba a estar siempre muy cerquita de su amado ranchero."

Pero habló con sus amigas y tomó conciencia de que no era lo más apropiado para ganar la batalla. Tenía que avanzar como un tanque, sin importar lo que dijeran. Ya habían hablado lo suficiente y aguantó sin inmutarse, como cuando elaboró aquella carta que hablaba de ella y de todo lo que había abandonado por él; de sus virtudes, sus sacrificios y su peso providencial en la campaña. Al cabo, decía amenazante la misiva, si Vicente Fox no resolvía el romance en favor de ella, la carta terminaría en los medios nacionales. Y Marta María Sahagún sabía muy bien que Fox detestaba los conflictos y los escándalos. Para que el documento tuviera valor, lo hizo firmar por las treinta mujeres más relevantes de Celaya, las mismas que escuchaban sus quejidos, sus intrigas y sus penas de amor. Su amiga *Chilo* Nieto se la entregó personalmente a Vicente, una noche que éste llegó a Guanajuato. Desde su celular monitoreó la situación y la reacción de su amante. Cuentan que él la leyó y se quedó mudo.

Y con la rapidez que la caracteriza y el impulso que gobierna su vida, agarró sus pocas pertenencias y se instaló en Los Pinos. O en Ciudad Sahagún.

De ahí nadie se iba a atrever a sacarla.

Señora Presidenta...

—Mami, no dejamos solo a papá. Tenemos miedo de que esa vieja lo mate, que le cierre el oxígeno o le haga algo... —dijo Ana Cristina a su madre, que escuchó estupefacta.

Vicente Fox todavía estaba somnoliento por la anestesia en la habitación del Hospital Militar y el clima entre las niñas presidenciales y Marta María Sahagún andaba peor que nunca. Todo lo contrario de lo que la primera dama me había manifestado. La guerra femenina, desatada hace largo tiempo, parecía imparable y por esos días era un mar de tiburones.

El jueves 13 de marzo, sorpresivamente, y en medio de una terrible crisis con Estados Unidos por la inminente invasión a Irak, en la que México se manifestó negativamente en la ONU, el país amaneció con el presidente en el quirófano. Miles de versiones circularon en las calles y en los despachos oficiales corrió un pequeño escalofrío porque durante las cuatro horas que duró la operación, nadie gobernó. Y en un gabinete cargado de desidia, al que acompañaba más la suerte que la capacidad y el talento, con la ausencia del presidente, reinaba la soledad más absoluta. Hasta los priistas reunidos en el Senado hacían comentarios jocosos sobre la salud de Vicente Fox: "Despacha mejor desde ahí, desde el hospital".

Hacía varios días que Vicente Fox se sentía adolorido, al punto de que casi no podía tenerse en pie y debió abandonar la reunión de gabinete. Una hernia discal lo hacía devorar analgésicos y desinflamatorios como si fueran caramelos. Una mañana, el dolor lo quebró en dos y no pudo levantarse: la espalda, la cintura y la pierna izquierda estaban paralizadas. ¿La culpa de todo? Haber cargado en vilo a su adorada amazona Marta para subirla en ancas de su caballo. Era el tiempo en que la "pareja presidencial" participaba furibunda de la campaña del Estado de México, que de nada sirvió, ya que, a los pocos días, el PAN perdió estrepitosamente.

Marta llamó al prestigioso médico Héctor Peón Vidales, con 25 años de experiencia en el tema, pero que nunca había tratado al presidente. Vicente aceptó todo lo que decía su esposa sin chistar. El galeno explicó que tenía que "abrir una ventanita" de 7 centímetros en la espalda del mandatario, y extraer el nervio central que provocaba los dolores. Se pusieron de acuerdo y en el mayor sigilo se preparó todo. Fox dio instrucciones a sus acompañantes de siempre y funcionarios, y se mentalizó para la intervención.

A Santiago Creel le encargó que se hiciera cargo de la agenda nacional y a Luis Ernesto Derbez, de la internacional.

Sus hijos avisaron rápidamente a Lillian, quien le mandó una cartita a su ex marido, deseándole suerte en la operación y contándole que ella iba a rezar por él. Ana Cristina y Paulina, como sombras, no se despegaban de su lado, lo apapachaban y hablaban con su madre todo el tiempo, por el celular. Le transmitían paso a paso las novedades.

Marta, preocupada por dentro, no salía de la cabaña, salvo para una urgencia. Y se repetía todo el tiempo: "Todo va a salir bien, todo va a salir bien", como le habían enseñado los libros de autoayuda.

—¡Que no te vas a morir, Vicente! ¡No tengas miedo, carajo!... —exclamó *Pepe* Reyes Vázquez, del otro lado del teléfono. Tuvo que gritar a su amigo, para poder controlar la ansiedad. Y eso que el presidente tomaba ansiolíticos y Prozac, la mítica droga de la "alegría permanente". Pero ni así logró calmarlo.

Vicente Fox tenía un tono de voz agitado, estaba asustado. Era la noche del 12 de marzo y el presidente rogó a su viejo cuate que fuera a Los Pinos. Una vez allí, en la soledad del dormitorio de la cabaña, Vicente Fox le pidió a Reyes reconstruir el testamento e incluir en él a Marta Sahagún.

—No me voy a operar tranquilo si no soluciono este tema —dijo Fox al abogado.

Éste volvió a la carga: "¡Basta, *Chente*!, ¡que no te vas a morir!

Apenas Reyes salió de la habitación del primer mandatario, el psicólogo Ramón Muñoz lo abordó con la intención de averiguar cómo había quedado el legado.

—¡No, tú no tienes nada que ver con este tema! —respondió el hombre y se fue del palacio, rezongando contra Muñoz.

—No entiendo la influencia de este güey con *Chente* —comentaría luego con un amigo.

—A'i te encargo, pareja —le dijo Vicente Fox a Marta antes de entrar a la sala de operaciones y hasta se permitió algunas bromas con los médicos.

Cuatro horas más tarde, el vocero Rodolfo Elizondo anunciaba que la operación había sido un éxito. Por la tarde —y por consejo de su esposa—, Fox envió un mensaje al país desde la cama del hospital.

—Amor, tienes que hablarle a la gente, que hay mucha preocupación y tienes que mostrarte bien, con una sonrisa —susurró Marta.

"Estoy de regreso, activo. Ya he tenido contactos con algún secretario para ver cómo andan las cosas. ¡Qué bueno que está todo el país trabajando! En calma y funcionando como todos queremos." Marta Sahagún no salía de la habitación y tampoco las hijas de Vicente Fox, por razones obvias. Una desconfiaba de las otras y viceversa.

Mientras tanto, en Los Pinos, los guardias y los sirvientes especulaban acerca del verdadero motivo de la internación de Fox.

Algunos hasta decían que el presidente se "inventó" la operación para escaparse de la difícil situación política nacional e internacional. Otros, que estaba tomando sol en Los Cabos o en Acapulco. Bromas aparte, lo cierto es que tanto afuera como adentro, todo el mundo tenía conciencia de que Vicente Fox ya no era el mismo. Estaba "perdido", ausente, deprimido y hablaba de un mundo que sólo existía en su mente afiebrada.

"Calladito te ves más bonito", escribían en los diarios y decían los periodistas en la radio.

Después de 40 días de convalecencia, el *grandote* seguía como si nada, lo que es decir peor. Marta lo animaba y le decía que todo estaba bien afuera, que el mundo era maravilloso. Él la miraba apenas y continuaba sumido en su pantano. El 24 de abril, en su primera salida pública, provocó risas y desmentidos. Habló frente a los corresponsales extranjeros y se fue de boca. Afirmó que el Tratado de Libre Comercio iba a ser modificado, que las relaciones con Bush y con Aznar eran óptimas y, de paso, envió saludos a los respectivos presidentes a través de sus corresponsales. Un papelón internacional.

Ni Bush ni Aznar hablaban con él por teléfono desde el comienzo de la guerra. El remedio era peor que la enfermedad. Y lo peor del caso es que sus asesores y voceros, trataban de aclarar lo imposible, como si fuera el mundo del descalabro absoluto, del absurdo. "¿Y qué tal un año sabático?", se preguntó un columnista del diario *Milenio*.

—¿A ti te parece que por este hombre sacrificamos todo? ¿Para que termine así? ¿Y con esa mujer que lo domina? —repetía desanimado José Luis, *El Bigotón*, González.

—Papá ya no es el mismo, no come con nosotras; está cambiado, no habla, no escucha... Estoy segura de que ella le pone algo en la comida... —sospechaba Ana Cristina, preocupada.

—No le gusta gobernar, nunca le gustó y cuando hay problemas, sólo quiere escapar y a la única que escucha es a Marta —decía un altísimo funcionario que venía con él desde Guanajuato.

En la intimidad de la residencia de Los Pinos, la versión circula con fuerza desde hace tiempo, sobre todo entre los miembros del Estado Mayor presidencial, quienes también percibieron los cambios en el carácter del primer mandatario. Los más aventurados tienen una explicación: el toloache, una hierba milenaria que, según relatos, se utiliza cuando una mujer quiere "enamorar" a un hombre, y que, cuentan, utilizada en exceso produce somnolencia, aislamiento, confusión. Absurdo o no, un estrechísimo familiar del presidente, preocupado por la situación, consultó con un médico neurólogo acerca de la planta y éste le dijo que "era muy nociva y peligrosa".

Otros, atribuyen su estado anímico al Prozac y los menos, a que Vicente Fox siempre fue así: "es temeroso y ciclotímico, le escapa a los peligros y a la responsabilidad del poder". Caso contrario de Marta Sahagún, que arremete, es audaz y presumida, disfruta del poder.

¿Dónde estaba el caudillo de bototas que había logrado vencer al poderoso PRI? Después de la operación, ni siquiera le quedaban las botas, ya que por prescripción médica tenía prohibido usarlas por un largo tiempo. Y aunque la magia se había disipado, la espectacularidad de la boda con Marta estaba muy lejos, el debate por la pareja presidencial se había olvidado, la relación con Estados Unidos no existía, el escándalo por la organización Amigos de Fox era portada de todos los diarios y quedaban pocas cosas para sorprender o desviar la atención de la gente, el ranchero, según encuestas oficiales, aún mantenía un alto índice de popularidad. Quizá justamente por eso, porque no había nada más que eso. "Y no habrá más que esto, Vicente es esto y no un estadista, el que espera más, se equivoca", me dijo una mañana Lino Korrodi en su oficina de Reforma.

—¿Y Marta? —le pregunté.

—Ella en lo único que piensa es en el poder, no le importa otra cosa, nunca vi otra mujer con tantas ambiciones. Un día le dije a Vicente que ella le traería problemas, pero bajó la cabeza y se quedó en silencio. Me di cuenta de que no quería escuchar. Él es así, terco y caprichoso. Si no se cuida, si no escucha, esa mujer será su talón de Aquiles.

Y mientras Vicente Fox continuaba encerrado en sí mismo y hablando disparates, Marta Sahagún tomó la batuta y a "trabajar, trabajar y trabajar". "Creo que mi hija influye mucho sobre Vicente, no?", me preguntó Alberto Sahagún de la Parra, en su casa de Zamora. "No sé; lo digo por lo que veo: cuando están juntos él es un hombre muy parco y ella es muy activa, le gusta mandar, le gusta la política."

Apenas se casó con Vicente Fox, Marta María Sahagún ingresó en una nueva etapa de su vida como una marea incontenible. Nada fue igual a partir de allí, todo quedaba atrás: Zamora, las monjas, Celaya, Manuel, las amigas, las miserias pueblerinas, las necesidades económicas, los amores clandestinos, los enemigos y, por sobre todas las cosas, el anonimato. Su construcción no era política, era religiosa. Una mezcolanza extraña en la que entraba Santa Teresa, el Dalai Lama, Eva Perón, Deepak Chopra y las videntes. Se sentía predestinada, tenía —y tiene— una concepción mesiánica del destino; como Evita, creía que su actual lugar en el mundo no se debía al azar, que "tenía una misión que cumplir" y que la iba a llevar adelante costara lo que costara.

—¿No te gusta eso de primera dama? —le preguntó la revista *Quién* a cuatro días de su boda.

—¡No! Yo soy una mujer que voy a luchar por las mujeres y a trabajar a su lado. Ver la pobreza, el sufrimiento y la marginación me hace tener un compromiso pleno con nuestro país. No quiero trabajar sólo en un área determinada. Quiero estar en todo aquello en donde se me solicite. Mi compromiso será colaborar para sacar adelante este proyecto de nación que ha planteado el presidente Vicente Fox. Porque, obviamente, en mi casa no me voy a quedar.

—Para estar dispuesta a tomar las riendas de algo así, se necesita valor. ¿Qué más te has atrevido a hacer con muchos pantalones?

Absolutamente todo lo que he querido. No he hecho nada a la fuerza, solo hago lo que me hace sentir bien, porque los seres humanos estamos hechos para ser felices. Hablando de barreras, he roto muchas, pero siempre de manera sutil y fácil, aunque con toda la fuerza, la voluntad y la decisión de que nada ni nadie me iba a detener, como tampoco nada ni nadie me va a detener para seguir aportando al proyecto del presidente Fox y lo voy a lograr. ¿Les cuento algo? Cuando llegué a Comunicación Social de Guanajuato, hubo más de un respetuoso varón que no me auguraba éxito. No me daban ni seis meses en el cargo, "es mujer".

La mañana del 2 de julio de 2001 Marta María Sahagún comenzó a ser *La Jefa*, con todas las letras, la que manda, el poder detrás del trono, la mujer más discutida y polémica de México. Odiada y amada en partes iguales. Autoritaria, arbitraria, temida y generosa. No le importaba, si había llegado hasta ahí, iría por más. El mundo era suyo y el futuro también. Al casarse salió casi "expulsada" del gabinetazo, en el que más que amigos, tenía enemigos. Ya no era la vocera, era la primera dama. Habló con Vicente, con sus colaboradores más cercanos y con su propia imagen frente al espejo de cada mañana.

"Una Fundación, necesito una fundación para los pobres. Como Evita, yo tengo que ser Evita, yo puedo...".

El 25 de agosto de 2001, la revista *Cambio* trajo en su portada la imagen de la flamante primera dama en un gesto similar a la "reina de los descamisados" y el título: "Tras la huella de Evita, Marta Sahagún de Fox está haciendo gestiones para aplicar en México una experiencia popular semejante a la de Eva Perón en la Argentina".

El artículo, que no tiene desperdicio, y está firmado por los periodistas Andrés Becerril y José Vales, revelaba que "María Eugenia Hernández Begoña, una de las colaboradoras más cercanas de Marta Sahagún, habló hace pocos días con un ex funcionario mexicano, conocedor profundo de la historia política argentina y en especial del gobierno de Juan Domingo Perón". Allí se cuenta que la amiga de Marta platicó con el hombre sobre la historia y los detalles de la actividad de Evita y que éste le entregó una copia de los estatutos de la Fundación Eva Perón. Pocos días después de conocer los datos de la Fundación Eva Perón, Marta Sahagún dejó ver que el proyecto que tenía entre manos iba en serio. En una entrevista con Adela Micha, el 13 de agosto, explicó que le gustan las tareas domésticas y familiares, pero se mostró apasionada de la política. Definió esta actividad como la filosofía del servicio y, cuando la periodista le preguntó sobre cuál sería su función como primera dama, Marta respondió: "Hacer historia, pero no para mí. Quiero hacer historia para las mujeres mexicanas, pero sobre todo, para quienes más lo necesiten".

El camino estaba trazado, la dama sólo tenía que echarse a andar. Y aunque hacía afuera decía que no quería compararse con Evita, la verdad es que soñaba con ella, se sentía una Eva Perón moderna.

El 8 de julio de 2001, días más tarde de su boda, en el diario *Reforma*, Ivonne Melgar se preguntaba:

Yo como mujer que inicia en estas ligas, lo que puedo ofrecer y a lo que puedo comprometerme es que las 24 horas del día, de los 365 días del año de los años que me toque servir en esta responsabilidad o en cualquier otra, lo haré con un compromiso pleno, con una convicción total de que mi país lo vale, con un amor profundo por quienes lo habitamos, por ustedes, por sus hijos, por mis hijos y por todos…

Así concluyó su discurso la Primera Dama, ¿Hillary o Evita?

Y continúa Melgar, en *Reforma*:

"México saldrá adelante con el compromiso, con el amor, con nuestros valores culturales, con nuestros valores históricos, con nuestros valores familiares. Porque eso es lo que el mundo de hoy necesita: necesita inteligencia, pero también corazón."

¿Hillary o Evita?

En todo caso el futuro de la primera dama se proyecta entre las opciones de esa disyuntiva: la esposa que participa en el diseño de las estrategias gubernamentales o la que dice colocarse al lado de los débiles. O tal vez un híbrido a la mexicana. Y es que la corta historia pública y política de Martha Sahagún de Fox, cuenta con referencia en ambos modelos:

¿Hillary o Evita? Dos referentes emblemáticos y de alta complejidad para una mujer que sólo llevaba siete meses de funcionaria pública federal y en sus pininos de estratega de Estado y promotora de la asistencia social, igual figuran los bomberazos correspondientes a la seguridad nacional que la promesa de una silla de ruedas que hacía falta en alguna casa hogar.

¿Hillary o Evita?

No, tan sólo es la señora de Fox.

Acertadamente concluyó Ivonne Melgar.

Y hasta Kevin Sullivan, corresponsal del *Washington Post*, la había comparado con la legendaria "Abanderada de los humildes".

La señora de Fox ha roto con la tradición mexicana de ser la primera dama netamente decorativa. Sahagún ha estudiado cómo otras primeras damas desde Hillary Clinton hasta Eva Perón, han manejado el cargo, pero ninguna de ellas es precisamente el modelo a seguir. Ella promete ser una activista como ninguna antes hubo en México.

El 4 de agosto, en su programa radial *Fox contigo*, el presidente adelantó lo que se traía su mujer entre manos:

> Quiero aclarar y de manera muy tajante que no se trata de sustituir ninguna secretaría ni ninguna dependencia, que no tiene ni tendrá autoridad sobre ninguna de esas dependencias, que cada dependencia conoce bien sus responsabilidades, su autoridad y lo que tiene que hacer. La señora Marta sólo coadyuvará cuando así tengan a bien·invitarla, para desahogar y trabajar sobre esas inquietudes.

Ella, con un traje rosa, con cintas de seda y aretes de perla, concedió una entrevista a la revista *Líderes Mexicanos*, que la llevó en portada.

> Yo he dejado de ser parte del gobierno, pero soy una convencida de que sólo cuando se unen los esfuerzos de la sociedad y del gobierno, es cuando un país logra verdaderamente su progreso y su éxito, por ello estoy plenamente comprometida a trabajar por los más vulnerables, con los grupos indígenas, porque además, eso me permite seguir sumada al proyecto de Vicente Fox, obviamente cada quien desde su ámbito y responsabilidad.
>
> —¿Cómo va a ser ese trabajo? [preguntan los periodistas María Eugenia Moreno y Jesús González].
>
> —Es a través de una fundación privada. Mis acciones y mis hechos me permitirán comprobar el tamaño de mi compromiso. Como esposa del presidente, lo que generalmente sucede en este país es que formas parte del patronato del voluntariado del DIF, una institución que yo reconozco, que creo que es valiosa para nuestra patria; sin embargo, cuando yo pregunté qué más le daba además de mi presencia, me di

cuenta, que no había nada más de lo que he venido dando: todo mi entusiasmo, toda mi motivación, todo mi impulso para los programas institucionales que ya tiene, pero no le daba un presupuesto mayor, ningún otro tipo de programas adicionales a los que ya tiene.

—¿A qué se va a dedicar la fundación?

—Es una fundación que tiene dos vertientes principales: tener sus propios proyectos que no va a decidir Marta, sino que va a decidir su Consejo fundador, como trabaja cualquier otra fundación privada, pero por el otro lado tendrá la posibilidad de poder ayudar a otras organizaciones y fundaciones que ya existen y ojalá que existan muchas más.

—¿La fundación terminará su trabajo en cinco años?

—No, la fundación está constituida para que continúe de manera transexenal. No es que yo vaya a heredar a la siguiente señora ni mucho menos, es una fundación privada y cada quien toma la decisión de dónde quiere trabajar.

¿Más claro?

El 29 de octubre de 2001, en el Polyforum Cultural Siqueiros, de la Ciudad de México, Marta, acompañada del presidente —sin un solo miembro del gabinete—, presentó oficialmente "Vamos México", la fundación de sus sueños y ambiciones, la que le permitiría crecer, subir hasta la cima del poder, ser amada y aclamada.

Señoras elegantes, religiosas, muchachos jóvenes, comunicadores y mariachis se codeaban en el salón. Ese día, la agenda presidencial no registraba ninguna otra actividad, con la de su mujer bastaba y sobraba.

El "himno" de la Fundación de la *prima donna* fue compuesto por Alexis Sandoval, que lo entonó ese día, acompañado de palmas. La profundidad de su letra dice:

> Vamos México
> por nuestras niñas y niños

223

Vamos México
por un futuro lleno de luz
sin ti no estamos completos
Vamos México
juntos es más fácil llegar.

"El cambio se logrará si mejora la calidad de vida de los millones de niños y mujeres que padecen las consecuencias de la pobreza y la discriminación", dijo, en el clímax, enfundada en su vestido rosa pálido y con lágrimas en los ojos. A partir de allí, las miradas del país se colocaron en ella.

Una crónica de la ceremonia, escrita por Rosa Elvira Vargas, en *La Jornada*, comenta:

Testigo silencioso, sonriente y complaciente que certifica cada acción de ella, el presidente Vicente Fox vive un momento feliz. Se le refleja en la mirada hacia Marta, en la forma en que saluda a los que se acercan, en la atención que pone a los discursos, en la manera en que asiente a los comentarios de su esposa. Y es que los aquí reunidos, militantes convencidos de la ayuda, atienden la convocatoria de una nueva agrupación, que se sumará a cerca de 1700 instituciones privadas que tienen registro, pero que por si fuera poco, es organizada por la esposa del jefe del Ejecutivo Federal. Y por eso, quizá, nadie en el mundo de la filantropía acusa inasistencia.

Pero la perlita que faltaba Marta Sahagún ya la había entregado. Días antes se había realizado en el Castillo de Chapultepec, y con gran pompa, una cena-*show* con el fin de recaudar fondos para la flamante fundación "presidencial". Asistió el británico —algo *demodé* y viejo— Elton John y prominentes empresarios y funcionarios del gabinetazo, que por nada del mundo se quisieron perder la gran fiesta.

Ante las críticas, la biógrafa oficial, Sari Bermúdez, dijo:

La cultura popular es cultura y el señor Elton John está considerado entre los grandes de la música popular. Porque no crean que la señora Sahagún lo hizo allí por sus pistolas, ella llamó y preguntó qué posibilidades tenía de hacer el evento, yo me avoqué a investigarlo, porque ya no estamos en esa actitud de que lo pide Presidencia y entonces Conaculta es el que agacha la cabeza. Si lo quiere hacer allí, déjenla que lo haga. Si para ella su gran lucha van a ser los pobres y está buscando la manera de recaudar dinero. Qué fácil es decir háganlo de otra manera, pero yo no he visto a otra gente que lo haga de otra manera.

Sara Murúa, especialista en el tema y autora del libro *Asistencia privada, caridad o derecho*, le dijo a *Proceso*:

Vamos México tiene un objetivo político. El plan está pensado para la próxima campaña presidencial. Uno no crea de a gratis un proyecto de ese tamaño. Puede ser que se esté planeando la candidatura de Marta Sahagún a la presidencia, la reelección de Fox —aunque en este momento no exista— o en el peor de los casos lanzar a alguien del grupo de ellos. Está registrada como una asociación civil que trabaja en el terreno asistencial. No hay leyes, ni organismos que la fiscalicen. Jurídicamente el destino del dinero que se recaude no tendrá ningún control.

Del otro lado de las innumerables críticas, Marta Sahagún defendió su proyecto todas las veces que pudo.

Yo concibo "Vamos México" como un proyecto de nación. El gobierno no lo puede hacer solo ni la sociedad puede sola. Como esposa y representante del presidente [*sic*] tengo el derecho de usar los recursos federales. No conozco ninguna ley en la que se me diga que por ser esposa del presidente no puedo trabajar. Estos comentarios no me hacen mella, no escucho lo que no debo escuchar y las voces que no debo escuchar son las que pretenden frenar mi trabajo. Pero no lo van a lograr,

declaró a *Newsweek* en una entrevista que llevaba como título "No me frenarán".

Con sede en los exclusivos barrios de Polanco y Santa Fe, la fundación cuenta entre sus socios honorarios a los diez hombres más ricos de México: Carlos Slim, Roberto Arango, Alfredo Harp, Lorenzo Zambrano, Emilio Azcárraga Jean, Ricardo Salinas Pliego, Manuel Arango, María Asunción Aramburu Zavala, Fernando Senderos y Roberto González. Y entre sus fundadores, Sergio Díaz, Beatriz Sánchez Navarro, Amparo Espinoza, Roberto Plascencia y Liliana Melo de Sada, flamante e intimísima amiga de la "Señora Marta" y esposa de Federico Sada, presidente de Vitro.

El presidente de entonces ya era José Antonio Sosa Plata, quien jugó un papel importante en la campaña de Fox y es un hombre cercano a la profesora Elba Esther Gordillo.

Si pretendiéramos trabajar una institución con fines políticos electorales, el camino sería muy diferente, los recursos serían por otras vías. Lo que estamos haciendo y el modelo que estamos trabajando, no está inspirado en modelos de tipo político. Cuando se tomó la decisión de constituirnos como asociación civil y extender recibos deducibles de impuestos, vimos que la ley es muy clara, que no se puede entrar en el terreno de la actividad política, y si violamos esto se acaba la fundación,

explicó Sosa Plata al semanario *Proceso*, en 2002 y en medio de una intermitente oleada de críticas de organizaciones sociales y políticas.

Marta Sahagún es astuta y rápida para las decisiones y su ambición no tiene límites. Nada la asusta y ella misma me lo dijo, la valentía es sinónimo de temeridad. ¿Cuál es su techo o el destino de su vida política? Quien sabe. "No quiero ser presidenta. Me volveré al rancho con Vicente a descansar juntos [...] eso sí, la fundación seguirá", me aseguró —algo molesta— cuando platicamos, la última vez en Los Pinos. Lo cierto es que logró, gracias al lugar donde está instalada, tejer un mosaico de relaciones poderosas que contribuyen generosamente con Vamos México, aquí y fuera del país, lo que no ocurre con ninguna otra asociación civil privada. Firmó convenios con Tupperware, Corporativo Ardyssa, Asociación Nacional de Tiendas de Autoservicio, Televisa, Lotería Nacional, la empresa de camiones Estrella Blanca, la fundación de Bill Gates, el Banco Mundial. Y hasta Vicente Fernández, su hijo Alejandro y la *border girl*, Paulina Rubio, colaboran con Vamos México a petición de Marta. Y como si la presidencia de la fundación no le alcanzara, se hizo nombrar presidenta honoraria del Consejo Nacional para la Infancia y la Adolescencia y de la Cruz Roja.

Los problemas con Vamos México son varios: ¿quién se anima a decirle que no a la esposa de Vicente Fox? ¿Por qué los viajes y recorridos de la fundación se realizan en aviones o helicópteros de la Presidencia? ¿De dónde cobran los funcionarios de Vamos México que trabajan en Los Pinos? ¿Y las desconfianzas que la actividad despierta en la gente, atosigada desde siempre con organizaciones humanitarias que solicitan dinero para trabajos sociales y que después nadie fiscaliza? Cuando Vicente Fox deje de ser presidente, ¿qué ocurrirá con Vamos México? Obviamente, como es transexenal, quedará en manos de la actual primera dama.

A medida que transcurrían los días y los meses, desde su boda, Marta María Sahagún, cada día más influyente y poderosa, mutaba de vestuario y aspecto personal. Ya no colgaban en su guardarropa los aburridos trajes de falda y chaqueta, con hombreras abultadas y grandes solapas. Ahora su vestimenta era de marca, aunque a veces los modelos nada tenían que ver con su cuerpo o su estatura. Como aquel vestido negro largo, *strapless* y con olanes, que llevó en el encuentro con los reyes de España, en el primer viaje oficial a la península ibérica. Claro, su amado ranchero no se quedaba atrás: tenía puestas botas de charol negro, que fue el comentario jocoso de todos los periodistas. O el vestido de noche, con brillos excesivos, que usó para la clausura del encuentro con primeras damas que organizó en México, cuando las demás usaban trajes de falda corta y chaqueta. O el traje de vestido y tapado tres cuartos de seda brillante color verde agua que vistió para la reunión de día y que desentonó con sus homólogos. Chanel, Escada y Gucci son sus preferidas.

Por esa época —y por consejo de los estilistas— se quitó el fleco desmechado, se despejó la cara y resaltó sus ojos. Se hizo un retoque en el rostro con una técnica famosa en los años noventa: los hilos de oro; la misma que usaron para rejuvenecerse Sofía Loren y Catherine Deneuve, y que permite sostener los músculos del ovalo de la cara, de manera natural. Y para las arrugas superficiales, Marta se aplica Botox, la inyección con sustancia botulímica que borra por ocho meses las arrugas sobre la boca y alrededor de los ojos. "Yo siempre me río, todo el tiempo, y Vicente siempre me dice: 'No te rías que te saldrán arrugas pronto'", me contó. Apenas asumió en el cargo, los asesores de imagen se la disputaban, y da la sensación de que a algunos les dio la razón. Al revés de las anteriores primeras damas, Marta estaba decida a sobresalir, a ser tenida en cuenta como sea.

Según el experto de imagen consultado por el diario *Reforma*, Fernando Toledo: "Marta se inclina por un vestido sobrio y elegante que caracteriza a la mujer ejecutiva puesta al día. De esta manera recurre con frecuencia a trajes sastre clásicos y sencillos vestidos estilo Jackie, que combina con mascadas de Hermes". Sandra Rodríguez, otra experta consultada por el diario, asegura: "La primera dama es mesurada al vestir, usa pocos accesorios y prefiere los de buena calidad. Un complemento que la ayudaría serían las mascadas de estampados de tonos fuertes". Según Rodríguez, "hubo una falla en el conjunto nupcial de Marta, que consistía en un traje de tres piezas de ricos bordados. El saco se cerraba con cierres, elemento demasiado deportivo para la ocasión".

Ama las joyas desde siempre. En Celaya era famosa por sus colgantes, pulseras y anillos. Su ex marido cuenta que siempre le traía costosas alhajas para su cumpleaños o aniversario de bodas. Hoy sigue usando costosas joyas aunque a veces recarga demasiado y mezcla perlas con oros, por ejemplo.

Cuando hay perlas, el buen sentido dice que con eso alcanza.

Le gusta especialmente la marca Bulgari desde que Vicente le trajo un anillo de ese diseño italiano de oro amarillo con brillantes, que luce siempre en su mano izquierda. En la revista *Negocios*, que edita la Dirección de Comunicación Social de Bancomext, cuyo director es José Romero Hicks, hermano del actual gobernador de Guanajuato, Marta le dice a Guillermo Rivera, en una amable conversación:

—¿Siempre te ha gustado vestir bien, no?

—Sí, definitivamente sí. Yo creo que es un gusto que tengo. Ya lo tenía, tú me conoces. Desde siempre, vamos. Si tú ves fotos más de pequeñita, bueno, no quiero ser de ninguna manera vanidosa, pero era una niñita bien vestida, con mis moñitos y demás...

Su maquillaje también es centro de atención. Y pensar que en una época, para acentuar sus grandes ojos, utilizó pestañas postizas. Es que en sus años de Celaya, Marta nunca fue buena para acicalarse. A propósito, Rodríguez dice: "En cuanto a los ojos, la moda ya no recomienda el uso de delineadores líquidos de aspecto dramático. Hoy se prefiere algo más natural, por lo que la primera dama podría enmarcar sus ojos con sombras de color ahumado, bien difuminadas. Al aparecer frente a las cámaras, comúnmente utiliza un maquillaje de alta cobertura para ocultar imperfecciones. Es recomendable evitar productos pesados de acabado mate, pues tienden a cuartearse y acentuar las líneas de expresión". Que, como dice Vicente Fox, provienen de "tanta risa".

—¿Qué predomina en tu clóset? [preguntó *Quién* en mayo de 2002, que por esa época la eligió entre las diez mujeres mejor vestidas de México].

—El traje sastre. Cuento con un guardarropa que incluye ropa casual, vestidos ligeros y ropa de noche.

—¿Cómo está ordenada tu ropa?

—¡Perfectamente! La clasifico así: sastres, ropa *sport*, vestidos de coctel y de noche. También por colores. Separo lo de primavera-verano y o de otoño-invierno.

—¿Qué no puede faltar en tu equipaje?

—Aretes, pañoletas y ¡perfumes!

—¿Un tip para arreglarse en 15 minutos?

—Daré dos: un buen corte de pelo para que el peinado se realice fácilmente, y todo a la mano para un maquillaje sencillo. El orden ayuda mucho en la rapidez [*sic*].

—Tu accesorio favorito.

—Los aretes.

—Diseñador consentido.

—No tengo.

—Tienda o marca de ropa del diario.

—¡Hay tantas opciones!… Compro en México. ¡Ojalá tuviera tiempo para salir yo misma de compras!

Lo de comprar en México quizá se refiera a que compra en las sedes que las grandes marcas tienen en el país, concretamente en Polanco, ya que, por lo que me dijeron sus asesores, Marta sólo viste de marcas europeas.

Sus primeros meses como consorte la tuvieron en la cresta de la ola.

Marta —tal como asegura que nada ni nadie la para— abusó y arremetió contra las leyes y el protocolo, desafiando a quienes se colocaban a su paso. "Nadie me detiene", dice siempre. Y como un pájaro se trepó al avión presidencial todas las veces que fue necesaro.

El 25 de julio de 2001, a días de su casamiento, y en un acto considerado "sin precedentes para la diplomacia mexicana", viajó a la toma de posesión del presidente Alejandro Toledo, en Perú. Los medios del país andino la destrozaron y no entendían semejante acción, ya que no se sabía con qué cargo había arribado a Lima. El nombre oficial era "Jefa de la misión especial del gobierno mexicano" y por ello asistió a la cena ofrecida a jefes de Estado y sus representantes. En México, la oposición se quejó, pataleó, pero luego todo quedó en la nada. Más tarde, en enero de 2002, volvió a lo mismo: representar a su marido en la toma de posesión de Enrique Bolaños, en Nicaragua. Y por supuesto, no faltó a la cena ofrecida por el presidente saliente a los mandatarios visitantes. Según relato de María Scherer Ibarra, en abril de 2002, Marta Sahagún de Fox voló a Washington y mantuvo reuniones con organismos internacionales.

La reciente visita a Washington incluyó reuniones del equipo de Vamos México, con organismos no gubernamentales que trabajan a favor de la infancia, con miembros de la Cámara de Comercio de Estados Unidos y con James Wolfensohn, del Banco Mundial. Esta última fue la que causó mayores sospechas —asegura Scherer— vistos los planes del BM y del FMI para otorgar entre 2 500 y 5 mil millones de dólares anuales de programas de alfabetización.

Nada más y nada menos. "Aunque ha procurado la cautela y la moderación en sus presentaciones públicas desde su matrimonio, cuando Marta Sahagún reaparece nadie la para."

Sara Sefchovich, a propósito de esta breve incursión de Sahagún en el país del norte, dijo a *El Universal*:

> la esposa del presidente de la República no tiene existencia legal en nuestro país ni ninguna función establecida, de manera que no puede presentarse ante funcionarios y organismos internacionales en nombre de México y ni siquiera puede usar los recursos de la nación para tal efecto. Para tratar asuntos con el Banco Mundial y con la Cámara de Comercio de Estados Unidos se requiere más que buena voluntad, es decir, hacen falta conocimientos sólidos, por lo menos de economía, y la señora no los tiene. Doña Marta mezclará asuntos de cuestión oficial con cuestiones privadas, pues su fundación es una institución privada y no del gobierno. Entonces resulta que la señora va a Estados Unidos a cumplir funciones de Jefe de Estado y al mismo tiempo va como presidente de un organismo privado, con gastos pagados por el gobierno de la República. Por lo visto ni a ella ni al presidente les preocupa mayormente cumplir ni con las leyes, ni con los usos y costumbres.

Cuando le pregunté qué pensaba de las críticas, si las analizaba, si era rencorosa contra quienes no pensaban lo mismo que ella, Marta Sahagún respondió:

> Cuando me critican, miro hacia otro lado, no me quedo en las cosas negativas. Hagas lo que hagas, siempre te van a criticar. Lo que pasa es que hay gente que vive mirando el costado negativo de todo. Cuando una mujer llega alto y encima tiene éxito, es carne de las críticas. Y sobre todo, de las mujeres, que muchas veces son más machistas que los hombres. No me importa lo que dicen. Cada mañana me levanto y pienso en algo bueno, soy feliz, porque hago cosas por mi país, por mi gente y estoy al lado de un hombre como Vicente Fox, que como ningún otro, le da lugar a las mujeres. Soy muy afortunada por la vida que tengo. Todos tienen derecho a dar su opinión, las escucho, pero yo sigo adelante.

No soy rencorosa con nadie, porque el rencor afea, te llena de cosas malas, te quita la alegría. Me olvido rápido...

En octubre de 2002, otra vez, a la palestra. La revista *Proceso* decía:

El nuevo reglamento de la Ley Federal de Radio y Televisión y el decreto por el cual se derogó el pago de 12.5 por ciento de impuesto en especie fueron elaborados, aprobados y puestos en vigencia en un operativo *Fast Track* que incluyó, entre otras facilidades, la dispensa de trámites legales habituales en estos casos.

En una crónica firmada por Álvaro Delgado, se cuenta el acuerdo del gobierno entre los concesionarios de radio y televisión. Una negociación que a la primera dama azteca le quitaba el sueño y por el que la pareja presidencial recibió críticas de su propio partido. Aunque también es cierto que el matrimonio no tiene partido, que son foxistas o yoístas.

El papel de Marta Sahagún se observó ante las cámaras, cuando Bernardo Gómez, de Televisa, en agradecimiento, le estampó a la señora un beso en la mano. En *La Jornada*, Jenaro Villamil dijo:

La historia de las negociaciones entre los concesionarios y las autoridades foxistas para modificar el reglamento de los medios electrónicos se inició justamente el año anterior, en el acto cumbre de los mil 600 socios de la CIRT. En aquella ocasión, Marta Sahagún, ex vocera del presidente Fox y responsable durante la campaña de las inserciones y de los spots del candidato del blanquiazul, en 1999 y 2000, se comprometió a gestionar las demandas de los concesionarios, encabezadas por Bernardo Gómez, ejecutivo de Televisa y amigo personal de la esposa del mandatario.

Por su lado, Miguel Ángel Granados Chapa, en *Reforma*, escribió:

Mediante su cercanía con la primera dama, Marta Sahagún, con quien se permite el trato confianzudo que tenían cuando la señora Fox era aún vocera del presidente de la República, el director adjunto del grupo Televisa fue el motor para que el 10 de octubre, el mismo pudiera festejar la aparición de un nuevo reglamento y un decreto que redujo el monto del impuesto especial pagadero en especie que está vigente desde 1969 y que en rigor debe seguir en esa condición porque lo contiene la Ley de Ingresos del año 2002 y sólo el congreso puede suspender la vigencia de ese ordenamiento o modificar sus tasas.

Las críticas por el tema en el mismo diario continuaron con todo. Rafael Segovia Dijo:

El presidente Fox nunca ha tomado su cargo en serio. Hemos tardado dos años en darnos cuenta de su manera de hacer frente a las responsabilidades, o sea, de no prestarle atención a nada ni nadie: su única preocupación es durar, llegar al término de su mandato a cualquier costo. Ha regalado algo que no le pertenece: 12.5 por ciento del tiempo de la televisión propiedad del Estado al parecer por un acuerdo entre su esposa, apoyada por uno de los subsecretarios de Gobernación, sin que él ni el Secretario de Gobernación se enteraran de la operación: él, que se permite llamar mandilón a uno de sus competidores en la campaña electoral,

En realidad —y aunque luego fue desmentido—, el arreglo se llevó a cabo en una cena privadísima, realizada en el Hotel Sheraton, con música de Armando Manzanero —uno de los preferidos de la dama— y la voz de Alejandro Fernández. Marta y Vicente compartieron mesa con la cúpula de Televisa y allí se realizó con bombos y platillos el anuncio.

"El nuevo tratado entre los medios, la sociedad y el gobierno requiere definitivamente de estos cambios al orden jurídico. Sin ellos sería difícil construir de manera sólida, una relación trasparente, acorde con la realidad del México de hoy", declaró el ranchero, saliendo al cruce de los misiles disparados contra su media naranja.

La verdad de todo es que la artífice real de este acuerdo fue Marta Sahagún, y en un movimiento de la astucia que la caracteriza, convenció rápidamente al mandatario de que eso era lo mejor que les podía pasar. Y pensar que cuando Fox la llamó para trabajar en Guanajuato sólo repetía: "De esto [de los medios] no sé nada".

—¿Tú eres feliz? Dime, ¿eres feliz? —preguntó Marta Sahagún a un hombre en silla de ruedas, sin pies y con parte de su rostro devorado por la lepra.

A dos días de la derrota electoral del PAN en el Estado de México, Marta reinició su gira entre los desahuciados y enfermos. Era la mañana caliente del 11 de marzo de 2003. El pobre hombre la miró y no le respondió, por lo que ella, sin rendirse a las pruebas evidentes, volvió a la carga:

—¿Que si eres feliz? ¿Sí? [se respondió ella misma] Ay... cómo me reconforta el alma y el corazón saber que se puede ser feliz en el dolor. Cuando regrese le diré a Vicente que son felices... ¡Ustedes son mi mayor ejemplo!

El sol ardiente partía la tierra y 37 enfermos de lepra esperaban a la primera dama —derretidos por el calor y la desolación— sentados en el patio de un edificio descascarado y mugriento. Con privaciones de décadas. "El presidente necesita que lo apoyemos, mucho, mucho, necesita de ustedes. Qué contento se pondrá cuando le cuente que son felices en este sufrimiento", exclamaba ante cada enfermo. Hombres y mujeres sin pies, sin dientes, sin nariz, con los brazos chuecos por los padecimientos, le repetían que estaban con ella y el presidente. Ella les pedía que la llamaran "Señora Martita". Después de diálogos parecidos con todos, Marta los acompañó a la capilla a rezar a Dios y a la virgen. "¡Tenemos que ir mucho más aprisa! ¡Mucho más de prisa y trabajando todos todos! ¡Todos! ¡Porque aquí cabemos todos!"

Marta Sahagún llegó ese mediodía a Ixtapaluca en el helicóptero presidencial, acompañada por sus asesores y algunos integrantes de Vamos México. Camisa blanca, jeans azules, mascada de Hermes de tonos naranja y zapatos azules, clásicos, de Gucci. Acicalada, como siempre, por *Tony*. Después de las críticas virulentas de la campaña electoral, que la acusaron de realizar proselitismo encubierto, la dama había suspendido la visita a la zona. Fue el tiempo en que Vicente Fox lanzó al ruedo la frase "pareja presidencial" para referirse a él y a su esposa como si fueran un poder bicéfalo.

Al leprosario continuó una visita a un miserable barrio de ladrilleras, Santa Bárbara, territorio del PRI. Calles de eterno polvo, zanjas con olor a podrido, basura diseminada por todas partes, perros sarnosos, niños morenos con los mocos chorreando y marcas de la desnutrición en la cara, panzas hinchadas. La casa que Marta tenía designada para visitar era una cueva de chapas y piso de tierra, sin agua, sin drenaje, con una adolescente de 14 años embarazada y una mujer de 35 años que parecía una anciana, con cáncer de garganta, que la esperaba sentada en la cama. La mujer, María Aldama, no podía hablar porque se ahogaba por los tumores. Con voz apenas audible le dijo a Marta Sahagún que tenía ocho hijos, que quería vivir, que necesitaba que algún hospital la tomara. Marta Sahagún la abrazó, lloró con ella y dijo frente a las cámaras:

—Todo va a salir bien, María, no te preocupes. Entrega tu dolor a Dios, entrégale tu dolor a la Virgen de Guadalupe, que eso te va a hacer sentir mejor...

A los pocos días, el suplemento *Enfoque* del diario *Reforma* publicó una encuesta reveladora sobre los números de la "pareja presidencial". En la misma, 52 por ciento de los mexicanos aprueban que el presidente se refiera a él y a su esposa como "pareja presidencial". Mientras la mayoría de las mujeres, 66 por ciento, apoya que Fox involucre a la primera dama, 49 por ciento de los hombres entrevistados aprueba el hecho. Marta es reconocida en la encuesta como el personaje público que mayor influencia tiene sobre el presidente, sobre sus acciones y decisiones, incluso por encima de los miembros del gabinete, los principales miembros del PAN y el Congreso. Y cuando preguntan a la gente si la primera dama está buscando un puesto de elección popular, 55 por ciento sí cree y la opinión favorable sobre su persona es alta: 67 por ciento aprueba sus tareas como primera dama.

Siempre en la cumbre, en el centro de las controversias políticas. Su hiperactivismo, su ambición y sus ansias de ser, de brillar con luz propia, la han colocado muchas veces por encima de Vicente Fox. Y más aún en estos tiempos de presidente virtual.

El 10 de abril Marta cumplió 50 años. "Mira, mira este corazón, es el símbolo del amor que Vicente tiene por mí", me dijo, con los dedos en el dije de oro con la forma de la víscera que simboliza a los enamorados. Alberto Sahagún de la Parra y su nueva esposa, Cristina Rizo, estaban en la reunión familiar que Marta y Vicente realizaron en el jardín de la residencia de Los Pinos. Ella usaba un vestido con flores multicolores de bordes irregulares que no le sentaban muy bien. Su baja altura no la favorece para esta prenda. La revista *Quién* mostró al matrimonio en portada, dándose un beso en la boca. Como en la boda, como en el Vaticano, como en todas partes cuando Marta necesitó mostrar, que lo suyo es amor auténtico.

Marta María Sahagún manda en Los Pinos, es la oreja del presidente, la que opina sobre decisiones de Estado, la que conoce los secretos políticos, la que arremete con la *Guía para Padres* y se enfrenta con la Iglesia, con los medios de comunicación y con los educadores. La única que se anima y negocia con la cuestionada lideresa moral de los maestros, la rejuvenecida priista Elba Esther Gordillo. La que conocía los manejos de los Amigos de Fox y, sin embargo, quedó a salvo del desastre, la que marca con un lápiz *La razón de mi vida*, el mítico libro de Eva Perón, y llora repitiendo las frases de la reina de los descamisados, la que desafía al Papa y a los mexicanos y se arrodilla en su ilegalidad matrimonial eclesiástica y besa con unción el anillo, la que no dijo no, cuando frente a su marido la llamaron "señora presidenta", en la visita a Holanda, la que en el fondo de su corazón sueña con ser presidenta.

—¿Se había imaginado alguna vez que su vida tendría este rumbo, cuando vivía en Zamora? ¿O en Celaya?

—No, para nada, todo es tan maravilloso. Me recuerdo jugando con mis hermanos en la habitación verde de la casa de mis padres, una niña muy traviesa y mira donde me encuentro hoy... Nunca me imaginé esto y creo que no es cosa del azar, ni del destino, es mi misión.

A la esposa de López Portillo también le gustaba mucho el poder, pero afortunadamente no me parezco a ella, porque hubiera tenido que andar jalando pianos para arriba y para abajo. [...] He tenido un cambio. Con esta experiencia siento que valió la pena ser actriz. Cuando empecé a representarlo, mucha gente me decía que estaba loca, que no sabía cómo se manejaban las cosas en el poder y que me estaba arriesgando mucho. Entonces lo valoré: tarde o temprano me voy a morir y si no lo hago me voy a morir de aburrimiento y amargura. Además, antes de matarme, me tienen que llamar y decirme que le pare. Si llega ese momento, le paro y listo. [...] La diferencia con Marta es que lo dice abiertamente —la ambición por el poder— y para mí como mujer es una lección de vida. Las mujeres vivimos con muchos miedos y estamos limitadas por si somos bonitas, altas o jóvenes. Y esta mujer, contra viento y marea, se montó en un país machista y nadie ha podido hacer nada. No sé qué va a pasar cuando se acabe el sexenio, pero tampoco me importa, porque ya me demostré a mí misma que puedo.

Lo amterior lo declaró la actriz Raquel Pankowsky en *La Jornada*, quizá la mejor imitadora de la primera dama en "La Marta del Zorro", una maravillosa obra de teatro que lleva tiempo en escena, con la sala repleta y que ha recibido la visita de otra primera dama, con mucho menos perfil, Cecilia Occelli, divorciada de Carlos Salinas de Gortari. Si hasta para demostrar su buen sentido del humor y su amor por la libertad de expresión, Marta me dijo, con una sonrisa: "Un día de éstos me van a ver en la sala, me voy a encontrar con ella". Todo, con tal de estar, de ser noticia.

Sin duda habrá un México antes y después de Marta María Sahagún. Por lo menos en la historia de las primeras damas aztecas, ella tendrá un lugar de privilegio. El resultado de su gestión es un misterio. Todavía quedan cuatro años de gobierno, y en política son una eternidad. Su ambición desmedida camina al filo de una navaja y cualquier error puede ser fatal. Tendrá que ver la manera de enfrentar los conflictos familiares que se avecinan: los excesos de sus hijos, un día cercano, generarán un incendio que la puede quemar para siempre. La relación perversa con sus hijastros y sus manejos en Vamos México. Marta Sahagún jura que no quiere ser presidente ni quiere tener ningún cargo público, y que a lo único que aspira en su vida es a pasar su madurez con Vicente y sus nietos en San Cristóbal, mirando el campo y escuchando el canto de los pajaritos, cocinando y mirando películas en la televisión. No se nota.

Anda y se mueve por la residencia como si siempre hubiera sido su casa, como si hubiera llegado allí para quedarse. Cada mañana, su imagen en el espejo le dice que siga, que no hay límites, que basta el

239

aplauso de un desarrapado o una mujer abandonada en un barrio ignoto, para revivir las ansias y la fe. Ella está dispuesta a usar todas las armas, nadie va a impedir que se detenga. El vidente que llega cada semana de Monterrey le augura un futuro de gloria, y los lamas, la felicidad. "Pero en el cuadro de la novedad realizada por Dios hay otro aspecto importante: la superación del mal actual. Todo lo que incluso en esta primera creación constituye un peso y una dificultad para el hombre es considerado también por Dios como negativo. Cuando Él haya llevado realmente a cabo toda su obra, ya no se oirá jamás el lamento desgarrador de los que son víctima de la violencia; cesarán los gritos de los oprimidos que ven pisoteados sus derechos, y hasta el cansancio y el esfuerzo físico desaparecerán por completo", señaló obsesiva en uno de sus libros preferidos, *Apocalipsis*, de Ugo Vanni. "Porque el Apocalipsis no es el final del mundo como todos creen, ¿eh?", recalcó, al despedirnos.

Su futuro político dependerá de la historia y sus circunstancias políticas. De sus pequeños Apocalipsis. De sus virtudes y de sus miserias. De su astucia y habilidad. Sus detractores dicen que se la devorará el sexenio, el ocaso inevitable de Vicente Fox. ¿Será capaz Marta Sahagún de aguantar quedarse en el rancho mirando las estrellas? ¿Sin micrófonos, sin cámaras, sin alfombra roja, sin chofer, sin poderosos, sin lambiscones y obsecuentes?

¿Evita? Bueno, cuidado. La historia es muy cruel y también se puede ser Isabelita.

Fuentes consultadas

Historia política nacional

Arriola, Carlos, *El PAN, Fox y la transición democrática, Reflexiones sobre el Cambio*, A.C., México, 2000.

Bermúdez, Sari, *Marta. La fuerza del espíritu*, Gabriel Ediciones, México, 2000.

Cantú, Guillermo H. (ed.), *Vicente Fox propone*, Ediciones 2000, México, 2000.

Cantú, Guillermo H., *Asalto a Palacio. Las entrañas de una guerra*, Grijalbo/Hoja Casa Editorial, México, 2001.

D'Artigues, Katia, *El gabinetazo*, Grijalbo/Hoja Casa Editorial, México, 2002.

Fox, Vicente, *A Los Pinos. Recuento autobiográfico y político*, Océano, México, 1999.

González Ruiz, Édgar, *Conservadurismo y sexualidad*, Rayuela, México, 1994.

González Ruiz, Édgar, *Guanajuato, la democracia interina*, Rayuela, México, 1995.

González Ruiz, Edgar, *La última cruzada. De los Cristeros a Fox*, Grijalbo, México, 2001.

González y González, Luis, *Historia de Zamora*, Clío, México, 1997.

Granados Chapa, Miguel Ángel. *Fox & Co. Biografía no autorizada*, Grijalbo, México, 2000.

Ibargüengoitia, Jorge, *Estas ruinas que ves*, Joaquin Mortiz, México, 1981.

241

LOAEZA, Guadalupe, *Los de arriba*, Plaza y Janés, México, 2002.

MARTÍN HUERTA, Ramón, *Trazos de la memoria. La construcción de un futuro en Guanajuato*, edición del autor, León, 2000.

MARTÍN MORENO, Francisco, *México secreto*, Planeta, México, 2003.

MUSACCHIO, Humberto, *¿Quién es quien en la política mexicana?*, Plaza y Janés, México, 2002.

RIVERA, Guillermo, *2 de julio. La historia no narrada*, Ediciones 2000, México, 2000.

RODRÍGUEZ MORENO, Juan Pablo, *Guanajuato, donde la justicia no vale nada*, Plaza y Valdés, México, 1999.

ROMERO, José Rubén, *La vida inútil de Pito Pérez. Obras completas*, Porrúa, México, 1975.

SEFCHOVICH, Sara, *La suerte de la consorte*, Océano, México, 2002.

VANNI, Ugo, *Apocalipsis*, Verbo Divino, 1980. 8ed.
(http://www.verbodivino.es/VerboDivino/index.htm)

ARCHIVOS DE DIARIOS, OCTUBRE DE 1999 A MAYO DE 2003

Crónica
El Diario de Yucatán
El Economista
El Financiero
El Norte
El País
El Sol de México
El Universal
La Jornada
Milenio diario
Reforma

REVISTAS, ABRIL DE 1999 A MAYO DE 2003

Actual
Adcebra
Arcana
Cambio
Caras
Contralínea
Día Siete
Gatopardo
Hola
Impacto
La Crisis
Líderes Mexicanos
Milenio semanal
Negocios
Nuevo inversionista
Proceso
Quién
Siempre
Vanidades

Índice onomástico

Índice

La Jefa, de Olga Wornat,
se terminó de imprimir en junio de 2003 en
Compañía Editorial Ultra, S.A. de C.V.
Centeno N° 162-2, Col. Granjas Esmeralda
México, D.F.